Griechenland

Wolfgang Hachtel

Griechenland
Reisen, Kultur, Natur, Themen

Von Athen auf die Mani

(1964 und später)

Lesbos (2006, 2017)

Korfu (2011)

Chalkidiki (2012)

Naxos (2013)

Mani/Südpeloponnes (2014)

Athen (2015)

Korinthia und Argolis (2016)

Kreta (1991, 2017)

Bibliografische Information der Deutschen Nationalbibliothek

Die Deutsche Nationalbibliothek verzeichnet diese Publikation in der
Deutschen Nationalbibliografie; detaillierte bibliografische Daten
sind im Internet über http://dnb.d-nb.de abrufbar.

© 2014 Wolfgang Hachtel
3., erweiterte Auflage 2017
Satz und Umschlaggestaltung:
Wolfgang Hachtel
(Umschlag Vorderseite: Athen, Parthenon)
(Umschlag Rückseite: Kykladenidol)

Herstellung und Verlag:
BoD - Books on Demand, Norderstedt
ISBN: 9783744822749

Inhalt

Von Lafionas nach Petra
  Auf dem 40 Meter hohen Fels thront
  die Kirche der Madonna der süßen Küsse
Skala Sikamineas
  Der Anblick ertrunkener Flüchtlinge bleibt uns erspart
In den Westen nach Sigri und zum versteinerten Wald
  Auf dem erloschenen Vulkan steht ein Kloster
Argenós
  Hier leben Olivenbauern, Schäfer, Handwerker,
  hier wohnt auch Regina
**Wie wir auf Lesbos die Fußball-WM 2006
  wahrgenommen haben**
  Während die Welt nach Deutschland blickte, waren wir
  in der Ägäis
Abschied 2006
  Die *LesvosNews* kann man auch zuhause lesen
Im Flüchtlingslager Moria 2017
  Die schattenlose Zelt- und Containerstadt ist ein
  sogenannter Hotspot
2017: Ein Erdbeben in der Ägäis erschüttert Lesbos
  Das Erdbeben hat erhebliche Schäden angerichtet,
  eine Tote hat es auch gegeben

Korfu im Baedecker von 1888
  *Herren, die mit den Kutschern direct zu unterhandeln
  verstehen, fahren billiger*
Korfus Fan-Gemeinde ist groß
  Kaiserin Sissi von Österreich und Kaiser Wilhelm II.
  Der Historiker Ferdinand Gregorovius
  Der Schriftsteller Lawrence Durrell

Warum sollten die Menschen nach Säkularisierung rufen?
Sehen Sie sich die Menschen vor der Ikone vom Berg Athos an: Sie sind glücklich!
Dietmar unser Reiseleiter Ein Gedicht

Bist du etwa ein Griechenfreund?
„Ich würde es mir zweimal überlegen, jetzt nach Griechenland zu reisen"
Anreise
Meine Geldbörse ist weg
Der Pláka-Strand ist schön wie immer
Aber wie geht es den Gastwirten, Zimmervermietern und sonstigen Kleinstunternehmern in der Krise?
Wir erkunden Náxos-Stadt (Chóra)
Wie auf vielen Inseln heißt der Hauptort einfach Chóra
Wie das antike Griechenland nachwirkt: Dichter, Baumeister, Bildhauer
Friedrich Hölderlin aus Nürtingen: *Griechenland*
Bildhauerkunst auf Naxos: Kykladenidole und die Kouroi bei Flerió und Apóllonas
Was liegt denn da im Gebüsch? Das ist ja ein Kouros!
Antike Tempelarchitektur: Portára bei Chora, Tempel des Diónysos von Ýria und der Demeter bei Sangrí
Die Portara, das *Gigantische To*r, ist das Einzige, was übrig ist vom Tempel des Apollon
Vor dem Essen einen Kitro in Chalkí?
Dieser Insellikör wird nur auf Naxos hergestellt
Die *Panagía Drosianí*, eine frühchristlichen Kirche
Der Bilderstreit: *Ikonoklasten* (Ikonenzerstörer) und *Ikonodulen* (Ikonenverehrer, Bilderdiener)

Bergdörfer im Inselzentrum
Apíranthos, Kloster Fotodótis und Danakós
Industriedenkmäler im Schmirgelabbaugebiet
Schmirgel war das wichtigste Abbauprodukt von Naxos,
seine Ausbeutung ein Monopolgeschäft der Regierung
Délos und Mýkonos
Heute leben auf Délos nur die Museumsaufseher mit
ihren Familien
Von Náxos nach Athén
An Bord gibt es ein letztes Christoph-Picknick
Essen und Trinken
Vorspeisen sind die Domäne der griechischen Küche
Liedtexte – Singen mit Míkis Theodorákis
Kleines Boot am Strand

Träume im deutschen Winter
Wir sehnen uns nach Sand unter den Füßen und dem
Rauschen der Brandung
Die Akroktima Boukouvala in Vathi – Idylle am Meer
Oleander und Palmen, Feigen- und Orangenbäumen
Christoph – Musikfan und Spezialist für Altertümer
Von byzantinischen Kaisern, fränkischen Kreuzrittern
und osmanischen Paschas
Vasílis, ein deutscher Grieche, in Ageranós
Er ist der Wirt im *Thalami*. „Im Winter sind wir und
eine ältere Frau die einzigen Bewohner unseres Dorfs"
Gythio – Kleinstadt mit Hafen und Flair
In Gythio ist der Urlauber frei vom sonstigen
landesimmanenten Kulturzwang
So warn's, die alten Rittersleut' - Die Festung Passavas
Da ham edle Ritter g'haust, denne hat's vor garnix graust

Rundgänge und Ausflüge

In 50 Minuten *Athens by train*?

1. Rundgang

Metropoleus-Platz, Monastiraki-Platz, Griechische Agorá mit Hephaistos-Tempel und Museum (Attalos Stoa), Römische Agorá, Hadriansbibliothek

2. Rundgang

Akropolis, Theater des Herodes-Attikus und Dyonysos-Theater, Asklepieion, Philopáppos-Hügel, Lysikrates-Momument

3. Rundgang

Gräberstadt Kerameikos, Akropolis-Museum

4. Rundgang - Klassizistisches Stadtzentrum

Markthallen, Acharnisches Tor am Kotziá-Platz, Athener Trilogie, Schliemann-Haus, Syntagma-Platz, Regierungsviertel, Olympisches Stadion, Záppio

5. Rundgang

Anafiótika, Hadrianstor, Tempel des Olympischen Zeus, Erster Friedhof

Byzantinisches Athen

Kleine Metropolis, Kapnikaréa, Agii-Apostoli-Kirche

Noch mehr Athen

Archäologisches Nationalmuseum, Gazi, Lykabettus

Essen, Gastronomie

Die Wahl der Vorspeisen ist das Wichtigste

Ausflüge zur Insel Égina und zum Kap Soúnion

Tempel hier, Tempel da; auch sonst ist es dort schön

Wie geht es den Athenern im siebten Jahr der Krise?

Vielen geht es besch….

Ausblick

Sie sollten einfach wie Archimedes nackt durch die Straßen rennen und „Heureka!" rufen

Kloster Loukous

Der wunderschöne Garten macht den besonderen Reiz des Klosters aus

Myli (Lerna)

Hier hat Herakles gegen die neunköpfige Hydra gekämpft

Kilada

Fragen Sie am Hafen einen Fischer, ob er Zeit hat, Sie zur ‚Spileo' hinüber zu fahren

Die Dolinen bei Dídyma

Rote Felswände, üppige Vegetation und die kreisrunde Himmelskuppel über uns laden zum Verweilen ein

Poros

Achtung! Ein Vulkanausbruch ist nicht ausgeschlossen

Hydra

„Die Stadt, die in Form eines Theaters um den Hafen ansteigt, ist makellos." (Henry Miller, 1939)

Spetses

In dunklen Nächten kann man beim Schwimmen das Plankton im Wasser leuchten sehen

Seit Jahrtausenden eine Durchgangslandschaft

Der Kanal von Korinth

Sehenswert, doch für die Schifffahrt spielt er heute eine untergeordnete Rolle

Antikes Isthmia und **Kenchriae**

Die Isthmischen Spiele sind Hintergrund für Friedrich Schillers Ballade *Die Kraniche des Ibykus*

Nemea

Auch heute noch kann man in Nemea an Wettkämpfen teilnehmen

Eine Einführung   Von Minos bis Tsipras

Naturräumliche Gliederung und Vegetation

1991 hat der Autor an botanischen Wanderungen auf Kreta teilgenommen

Die Imbros-Schlucht

Die kleine Schwester der Samaria-Schlucht bietet ein herausragendes Natur- und Wandererlebnis

Strände auf Kreta

Kretas Küste ist über 1.000 km lang und für ihre Strände berühmt

Eine Kreta-Reise im Mai 2017   Die Höhepunkte

Knossós

Die bedeutendste archäologische Ausgrabungsstätte auf Kreta

Heráklion   Die größte Stadt der Insel

Museen in Heráklion

Das Archäologische Museum besitzt mehr Funde aus der minoischen Zeit als jedes andere Museum der Welt

Ausgrabungsstätte von Mália

Eine weitere Palastanlage aus minoischer Zeit an der Nordküste

Kloster Kardiótissa, Lasíthi-Hochebene, Zeus-Höhle, Krási

Einige Serpentinen muss man auf dem Weg zur Lassíthi-Hochebene schon überwinden

Agios Nikólaos

Ein besuchter Touristenort am Westufer der Bucht von Mirabello

Kritsá

Die kleine Kirche Panajia i Kerá ist für ihre ungewöhnlichen Fresken aus dem 15. bis 17. Jh. berühmt

Spinalónga

Auf der kleinen Insel in der Mirabello-Bucht wurden bis 1957 die kretischen Leprakranken isoliert

Von Agios Nikólaos nach Agía Galini

Von der Nord- zur Südküste

Ausgrabungsstätte Gourniá

Die einzige bislang fast vollständig ausgegrabene minoische Stadt

Ierápetra

Die südlichste Stadt in Europa und einer der wärmsten Orte in der EU

Gedenkstätte Áno Viánnos

Das Massaker am 12. September 1943

Agía Galíni

Günstiger Ausgangspunkt für Touren ins Um- und Hinterland

Festós (Phaistós)

Minoische Ruinen am Rand der Messara-Ebene

Agia Triada

Zweitgrößte minoische Anlage in der westlichen Messara

Górtys (Górtin)

Aus dem 5. Jh. v. Chr. stammt eine berühmte Inschrift, das Recht von Górtin

Mires

Belebter Marktort in der fruchtbaren Messara-Ebene

Chaniá, größte Stadt im Westen

Teile des alten Stadtkerns aus venezianischer und osmanischer Zeit sind erhalten geblieben

Réthimnon

Bauten der Venezianer und der Türken sind hier auf engem Raum konzentriert

Kloster Arkádi
Bekannt ist Arkádi vor allem durch die Tragödie des
Jahres 1866

Deutsche Besatzungszeit
Am 20. Mai 1941 begann die Luftlandeschlacht um
Kreta; die Kämpfe konzentrierten sich auf das Gebiet
um Chaniá

Quellen

Vorwort

Zum ersten Mal ist der Autor im Jahr 1964 auf den Balkan
und nach Athen gereist. 1987 war er längere Zeit auf dem
Peloponnes, in Elis, Messenien und Lakonien, dort auch auf
der Mani, in der Argolis, schließlich noch in Delphi, und
1991 und 1992 hat er Kreta besucht. Von diesen Reisen gibt
es handschriftliche Reiseberichte, für eine detaillierte Aus-
arbeitung war damals keine Zeit.
Nach dem Eintritt ins Rentenalter wurden die Fahrten nach
Griechenland häufiger. Nach der zweiten Mani-Reise im
Jahr 2008 entstand die erste Erzählung, *Von Athen auf die
Mani*, die auch an den Anfang dieses Buches gestellt ist.
Neben Athen und dem Peloponnes mit der Mani besuchte der
Autor mehrere im Charakter unterschiedliche Inseln: Lesbos
(2006), Korfu (2011), die Chalkidiki-Halbinsel Sithonia
(2012), Naxos und Delos (2013), Kreta (2017). Auf der Mani
war er zuletzt im Sommer 2017. Reisen nach Lykien (Süd-
türkei, 2007) und Zypern (2017) erweiterten die Bekannt-
schaft mit der griechischen Antike und Kultur.

Seit einigen Jahren findet der Autor es sehr angenehm und Gewinn bringend, die Dienste kleinerer Reiseveranstalter in Anspruch zu nehmen: Studien- und Kontakt-Reisen (SKR), vormals in Bonn-Bad Godesberg ansässig, jetzt in Köln, und Wikinger Reisen in Hagen. Beide Unternehmen bieten auf ihren Reisen für kleine Gruppen geführte Wanderungen und sonstige Ausflüge an, vielfältige Natur- und Kultureindrücke werden vermittelt.

Die von SKR und Wikinger beauftragten Reiseleiter waren stets auch unsere Wander- und Kulturführer und haben während des gesamten Aufenthalts ausschließlich unsere Gruppe betreut. Sie werden bei den einzelnen Reisen näher vorgestellt.

An dieser Stelle möchte der Autor sich bei allen Reiseleiterinnen und Reiseleitern sehr herzlich bedanken. Sie haben *ihre* Reisen zu ganz besonderen Erlebnissen für die Teilnehmer gemacht. Ohne ihre Expertise hätte dieses Buch nicht geschrieben werden können:

Regina Laboch (Lesbos), Dr. Christoph Löhr (Mani, Naxos, Athen, Kreta), Christine Michel (Korfu), Dietmar Hoos (Sithonia), Dr. Jens Rohmann (Korinthia und Argolis).

Bedanken möchte ich mich auch bei allen Mitreisenden, die für eine angenehme menschliche Umgebung gesorgt haben.

Mein ganz besonderer Dank gilt meiner lieben Freundin Doris Lemke, die auf allen Reisen der letzten Jahre meine Begleiterin war.

Bonn, im August 2017   Wolfgang Hachtel

Anmerkung: Frühere Auflagen (2014, 2015) sind unter dem Titel *Sommer in Hellas* erschienen. Hinzugekommen sind Argolis und Korinthia (2016), Lesbos (2017), Kreta (2017).

Von Athen auf die Mani (1964)

Prolog

Der alte Goethe, der nie in Griechenland war, suchte das
Land der Griechen mit der Seele. Das hatte Hans Maier am
Gymnasium seiner Heimatstadt auch getan, über viele Jahre. Nun, der Schule entwachsen und zu etwas Geld gekommen, wollte er dieses Griechenland endlich selbst bereisen.
Er war sich bewusst, dass er dort nicht das Griechenland der
Antike antreffen würde. Dieses Alte war längst vergangen,
auch wenn es sich durch zahlreiche Bau- und Kunstwerke
immer noch in Erinnerung brachte.
Fremde Völker hatten das Land im Lauf der Jahrhunderte
wieder und wieder erobert und sich mit den Ansässigen vermischt. Neue Kulturen lösten die antiken ab: Kaum waren im
Altertum die Perser abgewehrt, da eroberten, schon vor der
Zeitenwende, die Römer das Land, später fielen Goten ein,
und im Mittelalter regierten die byzantinischen Kaiser.
Während diese sich noch mit den Kreuzfahrern, den Franken, herumstritten, begannen schon die Türken, ihre Herrschaft zu errichten. Zwischendurch eroberten Venezianer
Teile des Landes. Nach der Befreiung von den Türken in der
ersten Hälfte des 19. Jahrhunderts waren die Bayern als erste
Mitteleuropäer der Neuzeit in größerer Zahl hier; aus dem
bayrischen Hause Wittelsbach stammte der junge Otto, der
als König eingesetzt wurde. Seine Bayern waren es auch, die
das moderne Sparta erbauten und die Hauptstadt von Nauplia
nach Athen verlegten.
Hans wusste auch von der deutschen Besetzung im zweiten
Weltkrieg und den Gräueltaten in jener Zeit. Zuletzt hatten
Griechen gegen Griechen gekämpft, in einem Jahre wäh-

renden, mörderischen Bürgerkrieg, Kommunisten gegen Nationalisten und Antikommunisten.

Alle diese Völker und Kulturen hatten ihr Spuren im Land hinterlassen, fühlbar, sichtbar, greifbar. Diese Spuren waren in den Genen der Menschen, sie fanden sich in ihrem Aussehen und ihrer Lebensart, in ihrer Kunst, in der Landwirtschaft und der Küche, in den Bauwerken, sei es für profane, religiöse oder militärische Zwecke, und in vielem anderem mehr. Solche Spuren wollte Hans entdecken, ihnen nachgehen, von der Gegenwart in die Vergangenheit. Vergangenheit und Gegenwart lockten ihn gleichermaßen.

Tage in Athen

An einem frisch-kühlen Abend im April des Jahres 1964 bestieg Hans, beladen mit einem riesigen Rucksack, in München den Hellas-Express und war knapp 36 Stunden später in Athen. Hellas, das ist die Bezeichnung, die von den Griechen für ihr Land schon seit dem 8. Jahrhundert v. Chr. gebraucht wird. Leider gibt es diesen Zug heutzutage nicht mehr; wer auch würde im beginnenden 21. Jahrhundert, im Zeitalter der Billigflüge, noch die Mühsal einer langen Bahnreise auf sich nehmen. Dennoch bedeutete eine solche Bahnfahrt, über Ljubljana, Zagreb, Belgrad, Skopje und Thessaloniki ein allmähliches Bekanntwerden mit dem Balkan und seinen Völkern.

In München waren die Fahrgäste noch in der Mehrzahl deutsche Touristen; daneben erkannte Hans einige mitteleuropäisch gekleidete Jugoslawen und Griechen, die nach Hause reisten. In Ljubljana stiegen Slowenen zu, später dann Kroaten, Bosnier, Serben, Mazedonier, schließlich Griechen. Bei jedem Halt im – damaligen – Jugoslawien erschien Hans die Mischung der Reisenden bunter, vielfältiger, orientalischer an Aussehen und Sprache, Kleidung und mitgeführtem Gepäck, und viele der Mitreisenden machten einen ärmlichen Eindruck. Lebhaft ging es zu, ein ständiges Reden und Lachen, das nur in den Nachtstunden abebbte. Alles schien friedlich zuzugehen in diesem Vielvölkergemisch, und Hans konnte nicht ahnen, dass auf dem Balkan dreißig Jahre später die Völker wieder aufeinander schlagen würden.

In Athen herrschte schon Trockenheit, und es war überraschend heiß. Hans kam es vor, als wäre bereits Sommer. Ab und zu blies der Wind von den Bergen, dann war es wieder schneidend kalt. Lebendig, laut und voller Extreme stellte Athen sich als das Gegenstück einer musealen Stadt dar. Wenn auch der Autoverkehr in den 1960er Jahren noch längst nicht das Ausmaß hatte wie heute, so war Hans doch froh, dass er nicht selbst mit dem Auto unterwegs war. Das Parkplatzproblem in der Athener Innenstadt war schon damals restlos gelöst, denn das Parken war generell verboten. Wo immer Autofahrer anhielten, wurden sie bestimmt und nicht eben höflich von den Taxifahrern verscheucht, denen anscheinend die Nutzung aller Straßenränder überlassen war. Taxen gab es noch und noch. Athen hat von allen Hauptstädten Europas die meisten engen Straßen, aber damals jedenfalls hatte es auch die breitesten und größten Taxen, zumeist amerikanischer Herkunft. Der Sinn für vernünftige Proportionen, der einst den Ruhm Athens ausmachte, schien verloren gegangen. Als sich das Taxi-Ungetüm, mit dem Hans sich vom Bahnhof in die Innenstadt chauffieren ließ, an einem anderen Fahrzeug vorbeischob, hörte er es blechern dröhnen: Der Fahrer schlug wie wild auf das Außenblech seiner Tür, denn in Athen war das Hupen verboten.

Sie fuhren von Hotel zu Hotel, es war schwer, ein freies Zimmer für einen Einzelreisenden zu finden. Die Hoteliers der besseren Herbergen gaben Reisegesellschaften den Vorzug, weil die Gäste pünktlich und zu fünfzig Stück gebündelt angeliefert wurden, weil alle gleichzeitig aufstanden, frühstückten, zu Stadtbesichtigungen fuhren, das vorgeschriebene Menu aßen und niemand mit dummen Fragen belästigten, denn dafür hatten sie einen Reiseleiter. Der Einzelreisende war nur Sand im Getriebe, weil er aufstand, wann es ihm passte, essen wollte, was ihm schmeckte, und damit den ganzen Betrieb aufhielt. Wanderer, kommst du nach Athen, komme im Haufen!

In der Nähe des volkreichen Omonia-Platzes fand Hans schließlich ein Zimmer; es lag über einer Garküche, aus der herrlich riechende Schwaden vom brutzelnden Hammelfleisch herauf zogen. Die ganze Gegend war voller Duftmischungen mit starker Knoblauchkomponente. Hier wollte er bleiben. Noch rechtzeitig erinnerte er sich daran, dass man ihm gesagt hatte, nicht mehr zu zahlen, als die Uhr anzeigt, auch wenn der Taxifahrer mehr verlangt, und höchstens zwei Drachmen Trinkgeld, etwa dreißig Pfennig.

Am Morgen wanderte Hans zur Akropolis. Wer nach Athen kam, kam in erster Linie, um die Akropolis zu sehen. Darin stimmten alle überein. Viele schienen sich zu beeilen hinaufzuklettern, als ob der Parthenon hätte zusammenbrechen können, bevor sie ihn fotografiert hatten. Wen dieses Meisterwerk des klassischen Altertums kalt ließ, der gab es selten zu. Der Grund und Boden, auf dem sie steht, sprach Hans Maier jedenfalls mehr an als die Akropolis selbst. Er sah die verfallenen Baracken, das Durcheinander, die Verwitterung, den anarchischen Charakter der Landschaft. Die Archäologen hatten die Gegend zerstört und weite Strecken des Landes brachgelegt, nur um einige alte Trümmer auszugraben, die in Museen versteckt wurden. Die ganze Basis der Akropolis glich einer Kraterlandschaft, in dem die Archäologen Friedhöfe der Kunst angelegt hatten. Touristen kamen und schauten mit feuchten Augen auf diese Ruinen. Die heutigen Griechen wanderten unbeachtet umher oder wurden sogar als Eindringlinge angesehen, obwohl gerade sie alle Maßnahmen, die die Akropolis betrafen, mit leidenschaftlichem Interesse zu verfolgen pflegten, weil sie zu diesem antiken Baudenkmal ein durchaus emotionales Verhältnis hatten.

Die beste Aussicht von der Akropolis auf die Stadt fand Hans dort, wo die griechische Nationalflagge von Sonnenaufgang bis Sonnenuntergang weht. Als die deutsche Wehrmacht im April 1941 in Athen einmarschierte, hisste sie hier die Hakenkreuzfahne. Einen Monat später holten zwei Studenten sie todesmutig im Schutz der Dunkelheit herunter. Das war damals der Anlass für die erste Vergeltungsmaßnahme der Besatzer gewesen. Inzwischen erstreckte die neue Stadt Athen sich über das ganze Tal und war uferlos an den Hängen der umliegenden Berge hinauf gewandert. Hans dachte, dass für ein Land mit nur zehn Millionen Einwohnern diese Stadt ein unerklärbares Phänomen sei.

Peloponnes, Lakonien

In Athen hielt es Hans nur wenige Tage. Er gedachte, seine Reise in den Süden mit dem Autobus fortzusetzen. Sein Ziel war der Peloponnes und dort wiederum Lakonien und besonders die Halbinsel Mani, wo er noch ursprüngliches Griechenland anzutreffen hoffte. Die Busse, die den Peloponnes befuhren, gingen von der Station Kifissou in der

Nähe des Omoniaplatzes ab. Von hier wollte er nach Sparti und Mistra und weiter nach Gythion fahren. Als Hans die Busse sah, die hier warteten, spürte er ein kleines Abenteuer auf sich zukommen. Die meisten waren von Ford, einige aber auch von Pontiac und Oldsmobile. Sie hatten in den USA schon einige Jahre Dienst getan und waren dann an Griechenland im Namen irgendeines Marshallplans oder Kreditvertrages verkauft oder verschenkt worden. Hier fuhren sie noch eine ganze Ewigkeit weiter. Die Griechen – wie auch andere Völker, die östlich eines gewissen Längengrads zu Hause sind – hatten offenbar eine besondere Begabung, einen Motor über jede fassbare Grenze hinaus am Leben zu halten. Auch die Karosserien und die Fahrwerke schienen hier keine Altersgrenze zu kennen. Für die griechischen Monteure waren Autos, Lastwagen und Busse wie Spielzeuge für große Kinder mit fettigen Händen; sie schienen einfach Freude an diesem Spiel zu haben und an der Herausforderung, die es mit sich brachte. Ein fast völliges Ignorieren von Sicherheitsnormen gehörte mit zu diesem Spiel. Dies alles ließ Überraschungen während der Reise erwarten, die sich rasch in Besorgnis und vielleicht gar in blankes Entsetzen verwandeln könnten.

Die Autobusse hatten riesige Karosseriegehäuse, einen ziemlich kleinen Motor vorn und zwei dicke Scheinwerfer und waren in einem aggressiven Grün angemalt. Sie erinnerten an monströse Käfer, von denen sie die ruckartige Fortbewegungsart, das abrupte Anhalten und das unvorhergesehene Starten übernommen zu haben schienen. Sowie Hans in das grüne Ungetüm einstieg, betrat er eine andere Welt. Vorn über dem Fahrer brannte rot eine kleine Nachtlampe und beleuchtet eine Ikone des heiligen Christophoros, Schutzpatron der Reisenden, und der Fahrersitz war von drei Seiten umgeben von Augen aus blauweißem Glas, die vor dem bösen Blick schützen sollten. Hier betete ein Bauer einen Komboloi ab, dort hielt sich eine schwarz gekleidete Bäuerin den Papierbeutel für empfindliche Mägen schon jetzt vor den Mund, weiter hinten bekreuzigte sich ein Pope das eine Mal ums andere. Diese Leute fuhren nicht einfach nach Tripolis oder Sparti, nein, sie brachen auf in ein unbekanntes, fernes und gefährliches Land. Dazu bedurfte es der Gebete, Lämpchen, Rosenkränze, der Augen und schützenden Heiligenbilder. Hans hatte mit der Anfechtung zu kämpfen, sich im Augenblick der Abfahrt ebenfalls zu bekreuzigen, um nicht wie der böse Blick zu wirken, der Querkopf, der alles in Gefahr bringt.

Es roch im Bus nach überhitztem Metall, das in der prallen Sonne gestanden hatte, nach menschlichem Schweiß, nach Benzin und nach Geflügelkot. Das Geflügel, das die griechischen Bäuerchen gern mit auf die Reise nahmen, war hinter den rückwärtigen Sitzen oder im Mittelgang verstaut. Während der ganzen Reise gluckte, gackerte und krähte es. Auf dem Dach waren Koffer, Körbe, Käfige, Matratzen und anderer Hausrat verstaut. Vorne neben dem Fahrer saß ein junger Mensch, der Gehilfe, der für den Service zuständig war, der die Fahrkarten knipste, das Auf- und Abladen besorgte, Wasser in den Kühler goss, Benzin nachfüllte; der die Türen öffnete und schloss, Fleischspieße und Limonade für den Popen besorgte, der sich nicht von seinem Sitz erheben wollte; der sogar den Frauen beim Erbrechen behilflich war, das sie auch durch häufiges Anrufen der heiligen Jungfrau nicht abwenden konnten.

Kurz hinter Athen sah Hans an einer trostlosen Ortseinfahrt ein Schild mit der Aufschrift *Eleusis*. Der Ort war schon damals ein hässliches Industriegelände, in dem sich irgendwo

24

das Demeter-Heiligtum verstecken musste, eine in der Antike hochheilige Stätte. Vorbei an Megara ging die Fahrt weiter über den Kanal von Korinth. Attika, das Felsenland, lag hinter ihnen, nun waren sie auf dem Peloponnes. Weiter ging es über die kurvenreiche, steil ansteigende und ebenso wieder abfallende Landstraße, bei abwechselnd gedrosselter oder wahnsinniger Geschwindigkeit. Der Fahrer bremste niemals mit dem Motor, und vor allem bei den Serpentinen-abfahrten wurden die Fahrgäste zeitweilig vor Entsetzen stumm und drückten sich enger aneinander. Willkommen waren die Fahrtpausen an Laubencafés direkt an der Straße, wo Spieße mit Lammfleisch gebraten und Gläser mit Limo-naden gereicht wurden. Am Ende der Reise durfte Hans sich sagen: Ich bin trotz allem heil angekommen.

Gythio

Gythio, die wenig mehr als fünftausend Einwohner zählen-de Hafenstadt am Lakonischen Golf, war eine Idylle. Die zumeist weiß getünchten, in der Mehrzahl noch neoklassi-zistischen Häuser stiegen amphitheatralisch die Berghänge hinan. Enge, verwinkelte Gassen durchzogen die Altstadt. In einem kleinen Familienhotel nahm Hans Quartier. Cafés und Tavernen reihten sich entlang der Uferpromenade. Auf dem schmalen Streifen zwischen Wasser und Uferstraße waren Tische und Stühle aufgestellt. Der frische Fisch aus dem Lakonischen Golf war in großen Glasvitrinen ausgestellt; die besten Stücke durfte man sich herausnehmen. Mit großem Appetit verzehrte Hans auch den berühmten Fisch-spieß, gewürzt mit Koriander und durchsetzt mit Lorbeerblättern, und trank dazu geharzten Retsina-Wein. Der schmeckte ihm wie kleingehackter Weihnachtsbaum und er dachte, dass dieser Wein mit Recht nicht jedermanns Sache sei. Das Essen aber war hier wohlschmeckend und ein Vergnügen; man konnte dabei auf den Hafen schauen, wo bunt bemalte Fischerboote an der Mole lagen. Drei Gitarristen zogen von Lokal zu Lokal und spielten alle zwanzig Minuten das Lied aus dem Film *Sonntags – nie*, von dem Schiff, das kommen und Kundschaft bringen wird.

Die kleine Insel *Marathonisi* am Rande der Altstadt kannte Hans aus der griechischen Mythologie. Sie war – so ist es von Homer überliefert – erster Zufluchtsort der Schönen Helena, Angetraute des Spartaners Menelaos, bei ihrer Entführung durch ihren Liebhaber Paris. Paris und Helena sollen dort auf der Flucht von Sparta nach Troja ihre erste Liebesnacht verbracht haben.

Spärliche Ruinen eines kleinen Theaters aus römischer Zeit, einige Sitzreihen nur, flankiert von zwei zerborstenen Säulen, und Sarkophage in einem vernachlässigten Museum waren alles, was Gythion aus antiker Zeit zu bieten hatte.

An der Uferstraße entdeckte Hans zwei kleine Läden, die sein Interesse weckten. Vor dem einen standen auf dem Bürgersteig verschiedene landwirtschaftliche Geräte aus früherer Zeit, ein alter Holzpflug beispielsweise, im Inneren waren viele weitere Antiquitäten angehäuft. An den Wänden hingen dicht an dicht Dolche, Krummsäbel, Epauletten, Vorderlader, Schleppsäbel, bäuerliche Wäschestücke, auf Tischen und in Regalen standen Petroleumlampen, Telefone der Jahrhundertwende, alte Nähmaschinen und Bügeleisen. Im Hintergrund hatte der Inhaber seine kleine Werkstatt. Er schien ein Kauz zu sein und wenig geschäftstüchtig. Wenn er den Eindruck hatte, dass zu viele Menschen in seinem Laden standen, das waren wohl schon zwei oder drei, und nicht kaufen, sondern nur gaffen wollten, komplimentierte er sie mit den Worten „I must close now" hinaus, schloss ab, um aber nur wenig später wieder zu öffnen. So sah Hans sich genötigt, mehrmals wiederzukommen, um alle Schätze in Muße studieren zu können. Sie schienen ihm einen Hauch des alten Hellas zu vermitteln.

Der andere Laden war der von Georgios Hassanakos, der ein Künstler und Fotograph war und hier seine Werkstatt hatte. Er bot großformatige Schwarzweißfotographien und Postkarten mit traditionellen Motiven zum Kauf an, auch Fotoalben, die er gern signierte, mit eigenen Fotographien von der Mani, dazu Bücher, Zeitschriften und kitschige Souvenirs. Er verkaufte seine selbstgeschaffenen Figuren des griechischen Schattenspiels, *Karagiozi* genannt, und seine maßstabsgetreuen Miniaturen von tatsächlich existierenden Wohn- und Wehrtürmen der Mani. Giorgios war ein vielseitiger Künstler und Handwerker. Er zeigte Hans, wie die Kinder früher Schiffchen aus ‚Blättern' des Feigenkaktus bastelten. In der Mani war Spielzeug, wie alle städtischen Dinge, nicht leicht aufzutreiben und für die armen Familien viel zu teuer. So war Phantasie und Einfallsreichtum gefragt. Zuerst mussten die Dornen vom Blatt entfernt werden. Erste Möglichkeit: Man nahm ein stark gewölbtes Feigenkaktusblatt, steckte als Mast ein kurzes, gerades Ästchen so aufrecht wie möglich hinein, befestigte daran ein Stück Papier als Segel, und fertig war das Schiffchen. Zweite Möglichkeit: Man nahm ein möglichst flaches Blatt und schnitt es in der Mitte der Länge nach durch; so hatte man zwei gleiche Hälften, Material für zwei Schiffchen. Mit dem Messer wurde dann das fleischige Innere entfernt. Mit einem größeren Hölzchen in der Mitte und zwei kleineren an den Enden wurden die beiden Seiten einer ausgehöhlten

Blatthälfte auseinandergespreizt, so dass sie die Form eines Bootes annahm.

In einer der Seitenstraßen gab es in einem Laden mit Rundfunkgeräten und Schallplatten auch Gewehre und andere Schusswaffen. Dass in demselben Laden zwei so verschiedene Artikelgruppen angeboten wurden, war für Hans zunächst überraschend. Dann überlegte er, dass der Inhaber vielleicht gedacht haben könnte, dass man sich gegen allzu aufdringliche Lautsprecher mit einer Schusswaffen am besten schützt gemäß dem alten Spruch: „Ein scharfer Schuss zur rechten Zeit schafft Ruhe und Gemütlichkeit". Der Ladenbesitzer musste ein Maniote sein!

Die Mani und die Manioten

Bei seinen Ausflügen und Wanderungen in der Region um Sparti und Gythion hatte Hans bewaldete Berghänge, fruchtbare Täler, grüne Wiesen, blühende Pflanzen, Zypressenalleen, ausgedehnte Olivenhaine und freundliche Dörfer angetroffen. Nun wollte er auch die Mani kennen lernen. Die Mani, was ist das eigentlich? Vielleicht denkt der eine oder andere, die Mani sei ein Dorf. Tatsächlich ist es eine ganze Region im Süden des Peloponnes; leicht vereinfacht ist Mani der Name für den mittleren Finger des Peloponnes. In der Mani prägen schroffe, nackte Berge und felsige, unzugängliche Küsten die atemberaubend wilde Landschaft. Die kleinen Dörfer mit ihren hohen Wehrtürmen und befestigten Wohnanlagen wirkten wie große Burganlagen. Schon in der Antike wurde die Mani immer wieder als Zuflucht gewählt. Im 6. und 7. Jh. n. Chr. zogen sich die Spartaner bei Überfällen nördlicher Eindringlinge in dieses schwer zugängliche Gebiet zurück. Später siedelten sich Piraten in den Felshöhlen an. Im 13. Jh. ließen sich aus Arkadien geflohene Griechen und Franken auf den kahlen Hochebenen zwischen Küste und Bergland nieder. Familien, die eine Art Feudalherrschaft ausübten, bauten seit dem 17. Jh. die Türme als Fluchtburgen. Sie boten Schutz bei den blutigen Fehden, die von den kämpferischen Manioten untereinander ausgetragen und über Generationen mit großer Hartnäckigkeit geführt wurden. Je größer das Turmhaus, umso mächtiger war die Familie. Mit dem Aufkommen der Gewehre verschärften sich die Auseinandersetzungen noch. Anlass war meist eine Verletzung von Besitzrechten; es ging um ein Stück Acker, ein Schaf, auch um die vielzitierte *Ehre*. Vermutlich waren ursprünglich der harte tägliche Kampf ums Überleben in einer extrem kargen Umgebung und die schlechte Ernährungslage der tiefere Grund für diese blutigen Fehden. Tote waren keine Seltenheit. Die Kämpfe ruhten nur bei Hochzeiten, Taufen und Begräbnissen. Schwarzgekleidete Frauen sangen tagelang schwermütige Klagelieder, die *Moirologia* oder *Miroloi*. Der endgültige Waffenstillstand zwischen den Großfamilien wurde erst kurz vor den Freiheitskriegen, 1821, durch den ungekrönten König der Mani, Petrobey Mavromichális, herbeigeführt. Nun ging es gegen die Türken!

In der Abgeschiedenheit der Mani war vielleicht länger als sonstwo etwas von der Urgewalt jener antiken Dramatik zu spüren, die sich in Blutschande, Mord und Kampfeswut der Griechen ausdrückte. Erst vor dieser Düsternis bekommt ja das Bekenntnis zum Menschen, das sich in jeder Statue, in jedem philosophischen Text, in jedem Tempelbau ausdrückt, seine Größe.

Hans nahm Quartier in einer Familienpension im Hauptort der Mani, einem verschlafenen Provinzstädtchen mit nur wenigen hundert Einwohnern. Es heißt bezeichnenderweise *Areópolis*, also Stadt des *Ares*, der die Mani als Gott des Krieges jahrhundertelang beherrschte. Eine freundliche Hauswirtin vermietete ihm ein liebevoll eingerichtetes Zimmer, familiäre Atmosphäre inbegriffen, in einem Haus an dem kleinen Platz bei der Hauptkirche.

Auf einem Plateau oberhalb der Bucht von Limeni gelegen wirkte Areópolis wie eine befestigte Stadt, mit gepflasterten Gässchen zwischen hohen Mauern, halbverfallenen Wohntürmen, von Mauern umgebenen malerischen Hinterhöfen. Das öffentliche Leben spielte sich an der Platia Awanaton mit ihren Cafés ab. Hier befand sich auch ein Heldendenkmal für die vielen Toten in den Kriegen zwischen 1821 und 1945.

Hier, in der abgelegenen Mani, in diesen verlassenen Bergen, zu Fuß unterwegs zwischen Felsen und hochgelegenen Dörfern, hoffte Hans, für eine Zeit all die Veränderungen zu vergessen, die in der Welt stattgefunden und sie so sehr verändert hatten.

Schon lange konnte die Mani-Halbinsel ihre Bewohner immer weniger ernähren. Das harte Leben in einer betont konservativen und patriarchalischen Gesellschaft hatte seit der zweiten Hälfte des 19. Jahrhunderts viele junge Manioten veranlasst, ihre Heimat zu verlassen. Sie hatten Arbeit in Athen gesucht oder waren ausgewandert, die meisten nach Amerika und Australien. Viele der kleinen Ölbaumhaine und terrassenförmigen Felder, von Mauern aus aufgeschichteten Feldsteinen und Hecken umgeben, wirkten verlassen und wurden nicht mehr bestellt. Die mit rundlichen Steinen gepflasterten Wege zwischen den Mauern schienen für die Ewigkeit geschaffen. Sie waren so breit, dass zwei Esel mit ihren Reitern und Lasten gerade aneinander vorbeikamen.

Aber nun waren viele halb zugewachsen mit stacheligen Disteln und dornigem Gestrüpp, sodass Hans sich bald eine Machete zulegte, um besser voranzukommen.

Die Landschaft von Areópolis bis hinunter zum Kap Matapan (antik und heute wieder: Taenaron) wurde zunehmend rauer. In den kleinen, fast menschenleeren Dörfern begegnete er älteren, schwarz gekleideten Frauen, bellenden Hunden, ein paar alten Männern. Die Menschen waren ihm gegenüber sehr zurückhaltend. Fremde kamen selten hier her. Kinder, die ihn in anderen Ländern neugierig, ja stürmisch und zuweilen aufdringlich begrüßt hätten, gab es keine. Die Frauen schauten zwar zu ihm hin, ihre Gesichter blieben gleichmütig. Die Männer antworteten ihm nicht mehr als nötig, wenn er sie ansprach. Nur die Esel, die herumstanden oder zwischen verfallenen Häusern das wenige Grün abweideten, wandten sich neugierig zu ihm hin. Auf seinen Streifzügen entdeckte er auch, auf der ganzen Mani verstreut, einige hübsche kleine Kirchen aus byzantinischer und späterer Zeit mit kunstvollem Mauerwerk außen und bunten Fresken und Ikonen im Inneren. Sie standen oft ein wenig außerhalb der Ortschaften, in der unmittelbaren Nachbarschaft der Friedhöfe.

Spiros, seine Freunde und sein Kafeneion

In Areópolis schloss Hans Freundschaft mit Spiros. Dessen Geschlecht lebte seit undenklichen Zeiten auf der Mani. Spiros war nach dem Ende des Zweiten Weltkriegs nach Kanada ausgewandert, allein. Dort, in Toronto, lebten aber bereits Vettern und Cousinen. Damals war er siebzehn. Als er achtzehn war, suchten in der Heimat seine Eltern eine Frau für ihn. Sie wurden mit den zukünftigen Schwiegereltern einig, und Sophia, damals vierzehn, reiste zu dem für sie ausgesuchten Mann nach Kanada, wo sie heirateten. Vorher hatten sie nur Fotographien voneinander gesehen. Siebzehn Jahre lebten und arbeiteten sie in Kanada; sie lernten englisch, verdienten gut und waren sparsam. Dann wurden die Eltern der jungen Frau krank, und sie beschlossen die Rückkehr. Spiros war auch in der Fremde ein echter Maniote geblieben. Sie ließen sich in Areopolis nieder, eröffneten ein Kafeneion und vermieteten Zimmer an Reisende. Er kaufte auch einige Olivenhaine und brachte sie wieder auf Vordermann.

Spiros' Kaffehaus war stets gut besucht. Ein Grieche ohne Kafeneion ist wie ein Wüstenwanderer ohne Oase. Jedes Stadtviertel, jedes Dorf hat wenigstens eins. Auswanderer nehmen diese Institution mit nach Chicago, Sydney oder Stuttgart, um ein Stück Heimat zu bewahren. Im Kafeneion werden die wesentlichen Fragen gestellt, die Fragen, die das Interesse an der Welt und dem Menschen bekunden: Wer bist Du? Woher kommst Du? Warum kommst Du? Wohin gehst Du?

Schon in Athen war Hans davon fasziniert gewesen, dass die Menschen im Kafeneion zumeist im Präsens denken und reden. Alexander der Große und Perikles wurden kritisiert, als wären sie Zeitgenossen von Karamanlis und Papandreou. Der Fall Konstantinopels 1453 oder die Kleinasiatische Katastrophe 1922 spielten in den Gesprächen eine fast so große Rolle wie Zypern. Phaidras Ehebruch wurde, nachdem man eine Aufführung der antiken Tragödie im Freilichttheater gesehen hatte, so besprochen, als beträfe er einen gerade akuten Fall in der eigenen Familie.

In den Dorfkafeneia saßen nur Männer. Sie kamen, um über Arbeit, Geschäfte und Geld zu reden, um zu diskutieren,

Altes und Neues zu erzählen, Menschen und Ereignisse zu beurteilen, um Zeitungen zu lesen, Karten oder Backgammon zu spielen. Auch der Dorfpope hockte oft hier und spielte Karten. Die Männer kamen auch ins Kafeneion, um der häuslichen Atmosphäre zu entfliehen. Sie hockten stundenlang auf unbequemen Holzstühlen mit Strohgeflecht täglich am gleichen Tisch, dessen Platte aus Marmor, Eisen oder Holz gefertigt war.

Spiros' Kafeneion war, wie viele andere auch, ziemlich kahl, ein Sinnbild der Bedürfnislosigkeit der Menschen hier. An den gekalkten Wänden hingen ein paar bunte Heiligenbilder, billige Illustrationen griechischer Geschichte und eine große Fotographie des Ministerpräsidenten Georg Papandreou, den Spiros schätzte. Männer, die nicht mit Papandreou übereinstimmten, wandten seinem Bild demonstrativ den Rücken zu. Kaffee gab es in vielen geschmacklichen Nuancen und auf verschiedene Art gekocht. Man konnte mindestens zehn Arten von bitter (pikrós, mé olígi) bis süß (métrios, glykís, glykís vrastós etc.), von schäumig bis durchgekocht bekommen.

Nachdem sie sich schon eine Weile kannten, fasste Hans sich eines Tages ein Herz und sprach seinen Freund Spiros auf den Abdruck eines Gedichts von Nikitas Nifakos an, den Spiros, in einen Rahmen gefasst, aufgehängt hatte: *Maniotische Gastfreundschaft*, in einer guten Übersetzung.

> Die Fremden, wenn es sich so traf,
> dass sie das Dorf betraten,
> man grüßte sie mit Höflichkeit,
> lud sie zu Wein und Braten.
> Doch wenn der Fremde gehen wollt',
> so konnt' er nicht entfliehen:
> er sei ihr Freund, so sprachen sie,

und ließen ihn nicht ziehen.
Wir woll'n, Gevatter, dir ja wohl,
drum höre was wir sagen,
und alles präge dir gut ein,
sonst geht's dir an den Kragen.
Und zieh dir deine Hosen aus,
den Gürtel und die Weste,
und, dass kein Feind sie nehmen kann,
die Stiefel, als das Beste.
Denn wenn dies alles nähme dir
der Feinde Räuberbande,
welch großen Schaden hätten wir,
und was für eine Schande!

Spiros lachte: „Solche Sitten gehören nun wirklich der Vergangenheit an. Aber früher war das tatsächlich so."

So kamen sie auf *früher* zu sprechen, und Spiros erzählte dem Fremden aus der Geschichte seiner Familie:

„Einer der wichtigsten Tage in der Geschichte meiner Familie war der Ostertag 1819. Meine Ur-Urgroßmutter war schon ganz früh in die Kirche gegangen. Als sie nach dem Gottesdienst zurückging, kam ihr Nikólas, ihr toter Ehemann, in den Sinn. Er fehlte ihr und den Kindern nun schon seit 18 Jahren, und er war noch immer nicht gerächt, denn ihre Kinder waren noch klein, damals. Sie zog die Kinder groß mit Liebe und Sorge, damit sie einmal stark genug wären, das zu nehmen, was das ihre war, was ihnen gehörte, was ihrem Vater einmal zu eigen war; ihrem Vater, den sie, unsere Feinde, ihnen und der Mutter geraubt und umgebracht hatten, sinnlos und ohne jedes Recht."

„In Schande hatten sie seither gelebt, die Mutter war nicht mehr unter die Menschen gegangen. An diesem Ostertag deckte sie ihren Tisch und legte sieben Teller auf: der siebte war für ihren toten Mann. Die Kinder kamen und setzten sich, schlugen ein Kreuz und fragten die Mutter: Mama, warum ist ein Teller zuviel? Der Teller, sprach sie, hatte einst diesen Platz. Es war der Platz eures Vaters, der noch immer nicht gerächt ist. Jetzt, da ihr erwachsen seid, ist endlich auch die rechte Zeit, dass jeder von euch seine Flinte nimmt und die Feinde jagt, wo er sie findet. Den mächtigen Pávlos, bringt ihn um, den Koutalídi, sobald er kommt, ihn, der der Anführer der Feinde ist und sich zu Pferd gern sehen lässt. An unserer Tür kommt er oft vorbei und hat vergessen, weil so viel Zeit vergangen ist, und denkt an allerlei anderes. Doch, wenn ihr nicht tut, was ich euch jetzt befahl, sprach die Mutter weiter, sollt ihr kein Glück mehr im Leben haben, und überall, wohin ihr auch geht, soll euch mein schwarzer Fluch beladen.“

„Da weinten die Kinder und sagten zur Mutter: Komm, setze dich zu uns her, iss vom Lamm mit uns und segne uns von Herzen und ganzer Seele. Wir wollen dem Vater Recht werden lassen, noch jetzt an Ostern. Rasch und behende wird es geschehen, wenn Pávlos Koutalídi mit seiner gestrickten Weste und den golddurchwirkten Gewändern vorbeikommt, um dem Koúbaris frohe Ostern zu sagen, denn sie sind Vettern, und so wird er kommen.“

„Kaum waren die Worte verhallt, als auch schon Pávlos zum Haus des Koúbaris ritt. Sie nahmen ihre Flinten und gingen zum Kreuzweg, um dort auf ihn zu warten. Der Kleinste, das war mein Urgroßvater, rief, als Pávlos herankam: Nimm, was wir dir schulden, wir tun unsere Pflicht! Sogleich flogen die Kugeln aus drei Flinten, und Pávlos fiel tot vom Pferd herunter. Dann ging der Kampf los, der Krieg war eröffnet. Mit allen feindlichen Männern hatten sie zu kämpfen, doch die Nacht brach herein und machte dem Treiben ein Ende.“

„Sie kamen in ihr Haus zurück, die Mutter stand unter dem Hoftor und sah ihnen entgegen. Mama, hier ist unser Geschenk an dich: wir haben uns unser Recht genommen und Koutalídi, den Dicken, erschossen, ihn, der der Schrecken des Dorfes war! Da umarmte die Mutter alle ihre Söhne, die sie von Herzen immer geliebt hatte, und dreimal schlug sie das Kreuz über ihnen. Sie rief: Ruhm und Ehre gewährt uns das Schicksal! Jetzt bin ich Mutter und habe Kinder, und vergangen sind endlich Schande und Schmach!"

„Zwei Jahre später fand auch diese blutige Fehde ein Ende, nachdem einer der Brüder meines Urgroßvaters getötet und er selbst mehrmals verwundet worden war."

Nachdem Spiros eine Weile geschwiegen hatte, fügte er nachdenklich hinzu: „Heftigen Streit zwischen benachbarten Familien gab es aber noch sehr lange, noch weit über das Ende des Bürgerkriegs, 1949, hinaus. In einer Welt, in der Status und Existenz so sehr vom Landbesitz abhingen wie noch vor kurzem bei uns, blieben Streitigkeiten um Flurgrenzen nichts Ungewöhnliches. In meiner Jugend stritten sich die Familien Daflakis und Kollios ständig über den Verlauf der gemeinsamen Feldgrenzen. Antonis Kollios, damals achtzehn, war ein Possenreißer, kein Unruhestifter. Stavros Daflakis war ein älterer Bauer. Er hatte den grünen Star und erblindete allmählich. Immer wieder kam Daflakis auf die Felder der Kollios gestürmt und behauptete, ihre Kohlköpfe drängen widerrechtlich in seinen Garten ein. Antonis Kollios jagte ihm dann mit Wonne einen gehörigen Schrecken ein, indem er einen Knüppel schwang, der beinahe wie ein Gewehr aussah. Der Alte konnte nur noch so wenig sehen, dass er den Unterschied nicht erkannte. Er erzählte allen, die es hören wollten, Antonis habe ihn mit dem Gewehr bedroht. Und Antonis schwor, gar kein Gewehr zu besitzen."

Der Witz, den ein Freund von Spiros erzählte, war einer für Leute mit schwarzem Humor:

„Vor dem Zweiten Weltkrieg bereiste ein Mitteleuropäer die Mani, um sie kennen zu lernen. Wie er so an Türmen, Kakteen und Feldern vorbeispazierte, begegnete er einem Manioten, der auf einem Esel ritt. Hinter ihm ging seine Frau, die mit einem Bündel Holz schwer beladen war. Der Fremde machte große Augen. ‚Was machst du denn da?‘ sagte er. ‚Nimm deiner Frau das Holz ab und lass sie voraus gehen, sodass du auf sie acht geben kannst, damit sie nicht fällt!‘ ‚Ach, lass mich doch zufrieden. Hier sind wir in der Mani, hier haben wir unsere eigenen Gewohnheiten.‘ Sie gingen auseinander.

Etliche Jahre später, der Krieg war zu Ende, der Alltagsrhythmus war ins Leben zurückgekehrt, kam der Fremde wieder in die Mani. Wie das Leben so spielt, traf er auf den gleichen Manioten, den er bei seinem ersten Besuch so zurechtgewiesen hatte. Aber – das Bild hatte sich geändert. Die Frau schritt voran, der Mann hatte sein Holzbündel auf den Esel geladen, auf dem er saß. ‚Bravo‘, meinte der Fremde und lächelte zufrieden. ‚Ich sehe, die Dinge haben sich geändert. Bald wirst du deine Frau auch auf dem Esel sitzen lassen.‘ ‚Nein, nein, die Dinge ändern sich nicht,‘ antwortete der Mann. ‚Es ist nur so …, vom Krieg sind noch so viele Tretminen übrig …‘“

Hans überlegte, warum der Grieche ihm diesen Witz erzählt hatte. Dann sagte er zu ihm: „Eselreitende Männer dieser Art gab und gibt es vermutlich überall auf der Welt, nicht nur in der Mani. Ich glaube, dass die Frauen hier in Wirklichkeit hochgeachtet sind.“

Die Männer im Kafeneion waren über diese Worte sehr erfreut.

Olivenernte

Im Herbst wollte Hans zurück nach Deutschland. Selbst die im Sommer so belebten Ortschaften an der Küste wirkten nun verlassen, die Strandpromenaden waren wieder zu schmalen Uferstraßen geworden. Die Souvenirläden wurden geschlossen, auch die allermeisten Restaurants und Tavernen. Die Autos mit den fremdländischen Kennzeichen und die Wohnwagen mit ihrem verbiedermeierten Interieur zogen ab. Die letzten Touristen verließen Griechenland im Oktober. Aber Spiros drängte Hans, doch noch hier zu bleiben. „Im November" sagte er, „beginnt für uns auf der Mani die *fünfte* Jahreszeit, die Zeit der Olivenernte."
Olivenhaine in der Mani waren etwas anderes als in Lakonien und sonst auf dem Peloponnes. Dort glich der Olivenhain einem Acker, auf dem eben Olivenbäume wuchsen. Die Haine erstreckten sich fast endlos über die Ebenen und zogen sich die terrassierten Hügel hinauf, auf breiten Feldwegen waren sie mit Traktoren und Fuhrwerken gut zugänglich.
Auf der Mani war der Boden steinig und felsig, die kleinflächigen Haine waren durch ein Gewirr von trockenen Steinmauern voneinander abgetrennt, kaum durchschaubar für den Fremden. Die Ölbäume, knorrige, dem Wind trotzende, verdrehte und verknotete Stämme schienen aus dem Fels der steilen Berghänge und Schluchten hervor zu wachsen, silbrig glänzend und immergrün, auch wenn es im Sommer nicht geregnet oder die Temperaturen im Winter die Null-Grad-Grenze unterschritten hatten.
Olivenernte hatte in der Mani, nicht zuletzt aus finanziellen Gründen, einen hohen Stellenwert. Alles, was Räder oder Beine hatte, wurde eingesetzt, selbst der alte Esel, der sonst

in der grünen Wildnis hinter dem Haus stand, wurde mit Körben aufgerüstet und musste antreten. Zwischen den Bäumen schauten dreibeinige Leitern hervor, es raschelten die viele Quadratmeter großen Folien, die unter den Bäumen ausgebreitet waren und die kleinen Früchte auffangen sollten. Mit grobzahnigen Rechen wurden die Oliven von den Ästen gestreift oder mit Stöcken heruntergeschlagen, in Jutesäcke gefüllt und zu den bereitstehenden Gefährten geschleppt. Jeder arbeitete mit, die Großfamilien traten geschlossen an, vom Kindes- bis ins Greisenalter; alle halfen zusammen. Wer einen festen Beruf ausübte, arbeitete nach Dienstschluss mit. Schulkinder wurden vom Unterricht befreit. Selbst die orthodoxe Kirche zeigte sich unorthodox großzügig und ließ am Sonntag ausnahmsweise die Glocken schweigen, weil auch der Pope ein paar stattliche Bäume sein Eigen nannte.

Denn die Olive ist schließlich ein göttliches, Athenes, Geschenk an die Griechen; aus der griechischen Küche ist das Olivenöl nicht wegzudenken und durch nichts zu ersetzen. Und bei den älteren Leuten in Areopolis galt es immer noch als Allheilmittel, unterschiedlich temperiert und mit wechselnden Konzentrationen von Oregano versetzt. Vor einer Anwendung jedoch wurde Hans gewarnt: Als Schmiermittel für Scharniere, Fahrräder und Maschinen versagt es; die würden rosten, weil sein Wassergehalt zu hoch ist.

Das Pressen der Früchte in den Ölmühlen war ein Ereignis. Bei der Pressung des eigenen Öls wollte jeder dabei sein, sehen, wie die ersten Tropfen des grünen Goldes aus der Zentrifuge laufen, eine erste Kostprobe mit einem Stück Weißbrot genießen und gleich eine kleine Colaflasche voll mit nach Hause nehmen.

SUMMA GRAECA

Auch unseres Hans' griechische Odyssee nahm schließlich ein Ende. Der Blick auf die Karte hatte ihm einst gezeigt, dass Griechenland die Hand ist, mit der der Balkan nach dem Mittelmeer greift. Die griechische Mediterraneis würde nur dem ihre Geheimnisse des Glücks und Leidens preisgeben, der vom Norden her zu Land einreist, nicht dem von See oder aus der Luft Ankommenden. Zum Abschied, ja, da nahm er das Schiff, das den Heimkehrenden dem höchsten Augenblick entreißt, so dass der Trennungsschmerz kurz währt und die Erinnerung sich tief ins Gedächtnis einschreibt.

Quellen
Erinnerungen des Autors an Reisen auf dem Balkan und dem Peloponnes 1964, 1987 und 2008 und an einen kurzen Aufenthalt in Athen in den späten 1970er Jahren.

Löhr, Christoph. Mani 2008. Studien- und Kontaktreisen (SKR), Bonn.

Lacarrière, Jacques. Griechischer Sommer. Wanderungen in Hellas. Limes, Wiesbaden 1977.

Melas, Evi. Griechenland. DuMont, Köln 1980.

Schmidt, Manfred. Mit dem Auto in Athen. In: Das große Manfred-Schmidt-Buch. F. A. Herbig, München.

Lesbos (2006, 2017)

Der Ausbruch des Vulkans
Erdbeben und vulkanische Gase sind die Vorboten von Schlimmerem

Peter legte die neuen Gasproben, die sie am Vormittag am Berg Ordymnós aus den frisch aufgebrochenen Bodenspalten genommen hatten, in ihr Analysegerät. Auf dem Monitor konnten sie es dann sehen: deutlich erhöhte Gehalte von Schwefel in den letzten Tagen, und die ganze Palette typischer vulkanischer Gase war vertreten. „Die treten nur in den Zonen magmatischer Aktivität auf", sagte Tobias. „Und was bedeutet das jetzt konkret?" wollte Peter wissen.

Tobias und Peter, Geologie-Doktoranden aus Deutschland, hatten sich in einer kleinen Pension in Sigri eingerichtet, einem ziemlich entlegenen Dorf im äußersten Westen der Insel Lesbos. Man brauchte schon einen Sinn für *splendid isolation,* um Sigri zu mögen. Seit die Fährschiffe von Athen nach Mytilini, der Hauptstadt der Insel, nicht mehr hier anlegten, war noch weniger los. Aber einige wirklich hübsche Strände konnten für den Mangel an Unterhaltung durchaus entschädigen.

Und dann war da ja die Taverne *Kava Doro* gleich an der Kirche *Agia Triada*. Heute bestellten die beiden Marídes, frittierte Kleinfische in Sardellengröße, und Dolmadákia, mit Reis und Gewürzen gefüllte gerollte Weinblätter.

Dann kam der Anruf ihres Professors aus Deutschland: „Die griechische Erdbebenwarte hat eine leichte seismische Aktivität beobachtet, in der Größenordnung von Mikrobeben, wie sie ständig in der Region auftreten", sagte er. Von seiner Seite gab es keinen Grund zur Besorgnis. Sie besprachen, dass täglich Proben genommen werden sollten.

In den nächsten Tagen schien vor allem die Schwefelkonzentration abzunehmen. Und die Leute von der Erdbebenwarte stellten eine Beruhigung des Untergrunds fest. Die Anspannung der jungen Geowissenschaftler legte sich. Das war auch gut so. Denn sie hatten noch gar nichts von der Insel gesehen. Das wollten sie jetzt ein bisschen nachholen.

Ein Abstecher nach Mytilini
Vorbei am Golf von Kalloni, wo im seichten Wasser die Flamingos standen, erreichten sie nach einer Fahrt über kurvige Straßen Mytilini im Osten der Insel, neunzig Kilometer von Sigri entfernt. Sie stiegen zur Festung hinauf und beobachteten am Hafen das Anlegen der Fährschiffe, die von Piräus und Thessaloniki oder vom türkischen Ayvalik hier ankamen. Die bronzene Freiheitsstatue, zusammen mit dem marmornen Sockel fünfzehn Meter hoch, erinnerte an die Befreiung vom osmanischen Joch. Geschaffen hatte sie der griechische Bildhauer Gregorios Zevgolis um 1922 in Deutschland, in Mytilini aufgerichtet wurde sie 1930.
Im Hafen entdeckten die beiden auch Fischerboote, die einen türkischen Namenszug trugen. Das wunderte sie. Diese Boote, so hörten sie dann, waren mit Flüchtlingen beladen über die 15 Kilometer breite Meerenge zwischen der Insel und dem türkischen Festland gekommen und beschlagnahmt worden. Selbst mit Gummibooten hatten Flüchtlinge schon versucht, hierher zu kommen.
Was gab es noch zu entdecken? Im Theofilos-Museum fanden die beiden ein Bild besonders interessant, weil es so aktuell erschien: *Adamantios Korais und Rigas Feraios helfen Griechenland, sich zu erheben.* Diese beiden Männer waren die wichtigsten griechischen Philosophen der Aufklärung. Theofilos hat das Bild 1911 gemalt. 1868 als Sohn

eines Schusters auf Lesbos geboren, hat er ein Leben lang Kalkwände, Holzbretter, Truhen und Tücher mit Themen aus Mythologie, Geschichte und Gegenwart Griechenlands bemalt. Die einen sehen in ihm einen echten Künstler, die anderen einen primitiven Bauernmaler.

Und sie besuchten die Moschee Valide Tzami im Stadtteil Epano Skala. Eine Inschrift auf dem Türsturz über dem Eingang ließ 1615 als Gründungsjahr vermuten, doch vermutlich gehörten Türsturz und Inschrift zu einem älteren Bauwerk. Das fünfzehn Meter hohe zylindrische Minarett, hieß es, sei das einzig erhalten gebliebene in der Stadt.

Der Vulkan bricht aus

Dann kam aus Deutschland ein neuer Anruf des Professors auf Peters Handy: „Es gab in den letzten Tagen ab und zu etwas stärkere Beben und dann wieder kleinere Bebenschwärme." Aber es sei nichts Bedrohliches, ließ er Tobias und Peter wissen. Es war kurz nach zehn Uhr abends. Menschen flanierten durch die erleuchteten Straßen von Mytilini, in den Tavernen und Bars war reger Betrieb.

Da, ganz plötzlich, erzitterte der Boden. In der Bar, in der Tobias und Peter saßen, wackelten die Tische, Stühle rutschten, die Flaschen hinter dem Tresen schlugen klirrend aneinander.

„Das ist ein Erdbeben", rief Peter erschrocken, „ein verdammt heftiges sogar". Dem ersten Stoß folgten weitere, einige noch heftiger als der erste. „Das kommt aus Nordwesten, von da, wo Sigri liegt und der Ordymnos."

Sekunden später erschütterte ein gewaltiger Knall die Luft, gewaltiger als alles, was die Menschen hier je vernommen hatten. Der Schalldruck ließ Fensterscheiben splittern und drückte nicht fest verschlossene Türen auf. Mehrmals fiel der elektrische Strom aus. Peter und Tobias rannten auf die Straße, schauten in die Richtung, wo sie den Ursprung der Schall- und Bebenwelle vermuteten. Am dunklen Horizont stieg eine tiefrot Wolke auf, angestrahlt von den glühenden Massen, die dort in den Himmel geschleudert wurden.

„Boh, ey!", entfuhr es einem jungen Mann, der nun neben den beiden stand, offensichtlich ein nicht mehr ganz nüchterner deutscher Tourist. „Ditt is ja mal 'ne dolle Show!"

Die *Show* dauerte nur wenige Minuten. Das Feuerwerk war schlagartig zu Ende.

Erst als sich die Sirenen von überall her mit furchtbarem Geheul meldeten, war die Blockade in den Köpfen gebrochen. Menschen stürzten schreiend aus den Häusern. „Was war das?", kreischten die Leute. „Was ist passiert?" „Was sollen wir denn jetzt machen?" Schlagartig brach ein heilloses Chaos in den Straßen aus. Autos fuhren los, kamen sich in die Quere, ein Hupkonzert erfüllte die Nacht.

Peter und Tobias gingen in die Kneipe zurück, wo noch immer der Fernseher lief. Plötzlich verstummte die Musik, ein Nachrichtensprecher erschien auf dem Bildschirm.

„Meine Damen und Herren, verehrte Fernsehzuschauer, wir unterbrechen die Musiksendung für einen Sonderbeitrag zu einem Katastrophenereignis auf der Insel Lesbos. Vor einer knappen halben Stunde ist im Westen der Insel ein Vulkan ausgebrochen. Seine Eruption war so heftig, dass die in die Luft geschleuderten glühenden Massen noch in der Inselhauptstadt Mytilini und auf Schiffen weit draußen im Meer zu sehen waren. Mit dem Initialausbruch entwickelte sich eine gewaltige Eruptionssäule, die in die Atmosphäre empor schoss. Nach einiger Zeit verlor die Masse über dem Vulkan den Schwung. In der zusammenstürzenden Säule sammelten sich Teilchen und Gase zu einem gefährlichen Glutwolkenstrom. Faust- bis kopfgroße Gesteinsbrocken prasselten auf die umliegenden Ortschaften nieder. Sie zerstörten Dächer, Fenster, Autos, und sie erschlugen Menschen, die keine ausreichende Deckung finden konnten. Riesige Mengen von Bimsstein und glühendheißer Asche gehen jetzt nieder. Glühende Massen aus zersprengtem Gestein, kleinsten Lavafetzen und heißen Gasen rasen über die Hänge und durch die Talmulden und Schluchten abwärts. Menschen versuchen wegzurennen, die Hänge hinauf. Häuser gehen in Flammen auf. Bäume und Wald werden von Vulkanasche abgeknickt, entwurzelt, mitgerissen, verschüttet.

Die Lage ist katastrophal und außerordentlich unübersichtlich. Man vermutet, dass das Zentrum des Ausbruchs am erloschen geglaubten Vulkan Ordymnos liegt. Einer der Glutströme wird bald den Ortsrand von Sigri im Westen erreichen, andere fließen in südlicher Richtung, einer bewegt sich auf Eressós zu.

Die Spitzen der Inselverwaltung sind zu einer Krisensitzung zusammengekommen. Rettungskräfte werden in Marsch gesetzt, Experten zusammengerufen. Die Straßen in das Katastrophengebiet werden weiträumig abgesperrt. Es soll versucht werden, die Menschen aus den betroffenen Ortschaften über das Meer zu evakuieren."

„Unfassbar", stammelte Tobias. „Das darf doch nicht wahr sein", rief Peter, nachdem er den ersten Schrecken überwunden hatte. „Warum jetzt, warum heute? Wir wollten doch noch unsere Messungen machen. Warum, warum?"

„Aber vielleicht sind wir Zeugen eines Ereignisses von historischer Bedeutung geworden." Tobias hatte eine Erleuchtung. „Denk doch mal an Pompeij und den Ausbruch des Vesuvs! Vielleicht wird man in tausenden von Jahren Sigri ausgraben und es so vorfinden, wie wir es vor ein paar

Tagen verlassen haben." „Dann werden sie auch unsere Analysengeräte finden und feststellen können, dass wir die ersten waren, die etwas bemerkt haben."

„Wenn Bäume oder ganze Wälder verschüttet werden, bildet sich vielleicht ein versteinerter Wald", fiel es Peter wie Schuppen von den Augen. „Unter der glühend heißen Asche wird alles Leben in einem Augenblick abgetötet. Das Holz der Bäume verbrennt aber nicht, weil es nun völlig von der Luft, d.h. von Sauerstoff, abgeschlossen ist. Die Asche wird sich im Lauf der Zeit zu einer Tuffschicht verfestigen. Heiße Quellen tränken die Stämme mit mineralhaltigem Wasser. Kieselsäure dringt in jede einzelne Zelle und formt allmählich die Holzstruktur nach, bis hin zu Jahresringen und Astansätzen. Der Professor hat das mal in seiner Vorlesung erklärt. Verkieselung nennt man diesen langanhaltenden Prozess."

„So ein versteinerter Wald wäre ja dann so etwas wie das Pompeij der Pflanzen", dämmerte es Tobias. „Ja, und die Objekte zeigen oft eine so deutliche Struktur, dass man mit Hilfe eines Mikroskops die Pflanzenart erkennen kann. Auch Blätter und Nadeln werden verkieselt. Dann wird man noch in ferner Zukunft feststellen können, was für Pflanzen hier gewachsen sind."

Die Katastrophe ist ausgeblieben

„Von dieser Katastrophe hätten wir doch in der Zeitung gelesen. Im Fernsehen oder Internet wären Bilder gezeigt worden", werden jetzt Sie, die Leser, sagen. Und Sie haben recht: den Vulkanausbruch hat sich der Autor ausgedacht. Vermutlich haben aber ähnliche Ereignisse zur Entstehung des geheimnisvollen versteinerten Walds im Westen von Lesbos geführt. Sie liegen jedoch 15 bis 22 Millionen Jahre zurück, und Menschen, die alles hätten beobachten können, gab es damals nicht; das erstmalige Auftreten der Gattung Homo auf der Erde lag noch in weiter Ferne.

Die Katastrophe hat nicht stattgefunden, und wir können am 14. Juni 2006 wie geplant nach Lesbos fliegen.

Am 14.06.2006! Fällt Ihnen da was auf? Ja, gewiss! Die Fußball-Weltmeisterschaft hat gerade begonnen. Während die Welt nach Deutschland blickt, reisen wir in die Ägäis. Wie wir auf Lesbos die WM wahrgenommen haben, darüber möchte ich ganz zum Schluss berichten.

Lesbos – die Insel

Lesbos, drittgrößte Insel Griechenlands, mit etwa Vierfünftel der Fläche von Teneriffa, liegt im Osten der Ägäis gegenüber der türkischen Küste. Im Norden trennen sie neun, im Osten auch nur fünfzehn Kilometer von der kleinasiatischen Küste. Von Süden dringen zwei flache Meeresbuchten weit in die Insel hinein; die größere, der Golf von Kalloni, reicht bis zu 21 Kilometer ins Inselinnere. Wegen seiner Nähe zur türkischen Küste ist Lesbos heute das Ziel vieler Flüchtlinge; auch wir werden Zeugen menschlichen Leids.

Lesbos ist zu einem großen Teil vulkanischen Ursprungs. Bergmassive dominieren die Insel, der *Lepetimnos* (968 m) im Norden und der *Olymbos* im Süden sind die höchsten. Im *Ordymnos*-Massiv im Westen erreicht der *Profitis Ilias* eine Höhe von 799 m. Dem Vulkanismus verdankt die Insel Heil- und Thermalquellen, die schon in der Antike bekannt waren. Das Berg- und Hügelland wird immer wieder von Ebenen unterbrochen. Die größten liegen an den beiden Golfen. Lesbos hat mehr als ein Dutzend ganzjährig Wasser führende Flüsse und Bäche, die größten entspringen am *Olymbos*.

Wälder, vorwiegend mediterrane Kiefernwälder, vermischt mit Eichen und Walnussbäumen, bedecken ein Fünftel der Inselfläche. Mit elf Millionen Olivenbäumen und zahllosen Obstbäumen ist Lesbos in weiten Teilen eine grüne Insel. Im Norden und Osten erstrecken sich die Olivenhaine von den Ausläufern des Lepetimnos-Massivs bis hinunter ans Meer. Das Öl ist immer noch wichtigster Wirtschaftszweig der Insulaner neben dem Tourismus. Nur der äußerste Westen ist wenig fruchtbar und gleicht einer Halbwüste.

Seit der Alt- und Jungsteinzeit war die Insel anhaltend besiedelt. In der Bronzezeit lebten Menschen hier. Hethitische Fürsten, Krieger aus Athen und Sparta, römische Feldherren, byzantinische Kaiser, genuesische Adlige, türkische Paschas haben über die Insel geherrscht. Die osmanischen Herrschaft endete, als die Insel von griechischen Truppen unter Pavlos Kountouriotis 1912 erobert und nach dem Ersten Weltkrieg durch die Verträge von Sèvres und Lausanne endgültig Griechenland zugesprochen wurde. Im Zweiten Weltkrieg wurde Lesbos von deutschen Truppen besetzt.

Während wir auf der Insel sind, scheint jeden Tag von morgens bis abends die Sonne, die Temperaturen steigen auf wenigstens dreißig Grad, nachts ist es angenehm kühl, Regen wird zum Fremdwort, auch das Meerwasser ist schon angenehm warm. Warum da von *Klima* reden?

Dennoch ein paar Fakten. Die Niederschläge sind sehr ungleichmäßig über das Jahr und die Insel verteilt. Die Sommer sind heiß und trocken, die Winter kühl und feucht. Im Westen der Insel regnet es fast nur halb so viel wie in der Mitte und im Osten. In den Dörfern an den Nordhängen des Lepetimnos-Gebirges kann es im Winter bei starkem Wind oft sehr rau sein.

Eine Beobachtung ist beunruhigend. Die Niederschlagsdaten für Mytilini zeigen eine Abnahme von etwa 35 % von 1980–2000. Eine weitere Verringerung der mittleren jährlichen Niederschlagsmenge wird seit dem Jahr 2000 beobachtet. Im Zeitraum von 2000 bis 2008 hat sich im Vergleich zum Mittelwert von 1954 bis 1999 die Niederschlagsmenge nahezu halbiert. Auch in anderen Regionen des Mittelmeerraums gingen die Niederschläge zurück, und gleichzeitig nahmen die Lufttemperaturen zu. Noch erhalten weite Teile der Insel genug Niederschläge, aber wird das auch in Zukunft so sein?

Eftalou - Urlaub im *Klösterchen*

„Efcharistó, Regina!" Wir begrüßen unsere Reiseleiterin. Sie kommt seit 1994 auf die Insel, lebt einen Teil des Jahres in ihrem Haus im Bergdorf Argenós und wandert gern auf alten Pfaden, den Monopátia, über die Insel. Auf einige dieser Wanderungen im Norden und Westen nimmt sie ihre Gäste mit.

Regina ist eine Musik- und Tanzpädagogin. Innehalten und Meditation, Qi Gong, Atemübungen und Tiefenentspannung sind die Themen unseres begleitenden Kurses. „Wenn man ans Meer kommt, soll man zu schweigen beginnen …" So beginnt ein Gedicht von Erich Fried. Das, meint Regina, kann ein wunderbarer Anfang sein, um sich neu und anders zu erfahren. Innehalten, auf die eigenen Fähigkeiten vertrauen. Meditation sei ein Weg, um zur inneren Balance und Ruhe zu kommen.

Regina ist Herausgeberin des Buches *Orte der Stille – Lyrische Wanderungen auf der Insel Lesbos –* zusammen mit Hannelore Rothländer (Aquarelle) und Marliese Dieckmann

(Gedichte). Die Leser werden zu den heißen Quellen geführt, durch Olivenhaine, zu Tempelruinen, Kirchen und Klöstern. Alle Wanderungen führen zu besonderen Plätzen, an denen man verweilen möchte. Und sie zitiert Odysséas Elýtis, der schrieb: *Hier ist der Mond größer, das Licht milder, die Hügel sind sanfter als im übrigen Land.*

Die kommenden zwei Wochen wohnen wir im Klösterchen Eftalou im Norden der Insel. Vor 500 Jahren schon soll hier ein Kloster gestanden haben. Vermutlich war das aber eine Herberge für Pilger, die kamen, um die heiße Quelle zu besuchen. Das *Klösterchen* liegt am Meer gegenüber der türkischen Küste. Heute besteht es aus einem einstöckigen Haus mit neun Zimmern, in denen einst die Pilger und Mönche wohnten, einem Gärtchen und einer kleinen Kirche. Auf der Rückseite des Gartens, zum Hang hin, steht eine offene Halle, die für Gymnastik und Tanz genutzt wird. Die Anlage ist mit Blumen, Rosenstöcken und Weinranken ansprechend gestaltet. Hier oder am nahen Strand kann man entspannen und sich erholen.

Die kleine Kirche ist den heiligen Märtyrern Kosmas und Damian geweiht. Ihnen konnten hier die Pilger nach einer Besserung ihrer Leiden Dank sagen. Die Zwillingsbrüder Kosmas und Damian haben in frühchristlicher Zeit Kranke selbstlos und unentgeltlich behandelt und auch viele zum Christentum bekehrten. Wegen ihres selbstlosen Wirkens werden sie noch heute verehrt.

Regina erzählt: „Vor einiger Zeit kam Frau Müller, die Chefin des Reiseveranstalters, auf einer Inspektionsreise auch nach Eftalou. Sie fand alles in Ordnung: Zimmer, Garten, die Taverne und das Essen, den Strand. Dann ging sie in das Kirchlein. Ich wusste gar nicht, dass Frau Müller fromm ist. Aber sie kam auch rasch wieder heraus. Sie war empört.

Auf einer Fensterbank, nicht gerade versteckt, hatte sie gefunden, was dort in jeder kleinen griechisch-orthodoxen Kirche steht: Putzlappen, Reinigungs- und Scheuermittel, ein Eimerchen; jede der Frauen, die hierher zum Saubermachen kommen, soll die Sachen rasch finden, nicht lange suchen müssen. Frau Müller herrschte mich an. Ich solle doch gefälligst dafür sorgen, dass dieser Schandfleck verschwindet. Das sei den Gästen nicht zuzumuten."

Von unseren Fenstern genießen wir schon am frühen Morgen den traumhaften Blick auf das blaue Meer, die Morgenröte und den Sonnenaufgang über dem anatolischen Festland. Regina hat uns auf das Gedicht von Odysséas Elýtis, der von 1911-1996 gelebt hat, aufmerksam gemacht:

DIE GEBURT DES TAGES

Wenn sich der Tag auf seinem Stengel streckt
und auf der Erde alle Farben weckt
Wenn zwischen Mund und Stimme Tropfstein springt
Die Sonne wie ein Fluß im ungemähten Felde strömt
Und der Winde Hirtenkind weithin seine Segel spannt
Immer ist dein Kleid Kleid einer Insel
ist Mühle die die Zeiten wendet …

(aus: *Ausgewählte Gedichte*, Suhrkamp Verlag)

Am langen Holztisch im Klostergarten nehmen wir unser Frühstück ein. Beliebt sind *Yaúrti,* Joghurt, mit *Méli,* Honig, und frisch gepresster Orangensaft. Dazu gibt es Brot; den Käse schaben wir mit einer Girolle, einem speziellen Käsehobel, von einem Laib Halbhartkäse ab.

Unsere Abendessen werden in der Taverne *Chrissi Akti* (Goldener Strand) direkt neben der Anlage serviert. Die Wirtsleute haben auch die Obhut über den Gästebereich der Klosteranlage. Die schöne Terrasse der Taverne ist zum Meer gelegen und bietet zu jeder Tageszeit einen herrlichen

Blick aufs Meer und abends eine gemütliche Atmosphäre, manchmal auch eine Delfin-Schwimmschau. Hier bereitet die Besitzerin Stradulla einheimische Spezialitäten mit frischen Produkten der Insel zu: beispielsweis Souvláki, der berühmte Fleischspieß, der, mit Kräutern gewürzt, auf dem Holzkohlengrill geröstet wird; Moussaká, dieser viel gegessene Auflauf aus Auberginen, Hackfleisch und Kartoffeln; Pastítio, ein Auflauf aus Nudeln, Hackfleisch und Tomatensoße, überbacken mit Käse; Chórta, Mangold, oft als Wildgemüse, mit Öl und Knoblauch gekocht und mit Zitronensaft beträufelt, und anderes mehr.

Das *Klösterchen* liegt direkt am Meer in einer Bucht mit Kiesel- bzw. Steinstrand und glasklarem, sauberem Wasser. Hier können wir schwimmen, schon vor dem Frühstück. Eine Süßwasserdusche gibt es, direkt am Strand. Weitere Badebuchten entlang der Küste erreichen wir zu Fuß.

Die blühenden Sträucher am Strand vor dem *Klösterchen* sind Relikte aus der Zeit, als hier noch keine Feriengäste, sondern fromme Mönche und Pilger wohnten: es ist der Mönchspfeffer, auch Keuschbaum genannt, *Vitex agnuscastus*; er gehört in die Pflanzenfamilie der Lippenblütler. Im November trägt er kleine, schwärzliche, scharf schmeckende Früchte, die früher als Gewürz ähnlich dem Pfeffer verwendet wurden, aber auch als Antaphrodisiacum, um den Mönchen und Nonnen die Einhaltung des Keuschheitsgelübdes zu erleichtern. Auch heute ist es in Arzneimitteln bei Störungen des Hormonhaushalts noch gebräuchlich.

Unsere Gruppe, die Damen in der Überzahl: Ute, Christiane, Ruth, Eva, Heribert, Ingrid, Ulrike, Doris und Wolfgang. Heribert aus Innsbruck, ist Allgemeinmediziner, Homöopath und betreibt Akupunktur. Er quält sich mit einem

Hüftgelenksschaden, verweigert jedoch eine Operation und versucht, sich durch Schwimmen und Gymnastik fit zu halten. Früher hat er Ausdruckstanz betrieben, daran ist nun nicht mehr zu denken.

Ulrike, Künstlerin, wohnt in Rösrath bei Köln. Bis zum Jahr 2000 im Schuldienst tätig, hat sie eine Berufspause eingelegt. 1980 richtete sie eine Radierwerkstatt ein. Zahlreiche Bilder, in verschiedenen Techniken ausgeführt, sind entstanden und entstehen weiterhin. Immer wieder ist Ulrike an Ausstellungen beteiligt. In ihrem Haus finden Kurse statt. Auf Lesbos hat Ulrike stets ihr Skizzenbuch bei sich, so wie wir anderen unseren Fotoapparat, und bringt mit schnellen Strichen ihres Stifts ihre Eindrücke aufs Zeichenpapier.

Ingrid ist ebenfalls künstlerisch ambitioniert. Bei Wanderungen über den Strand sammelt sie Angeschwemmtes und Weggeworfenes und arrangiert die Funde zu phantastischen Gebilden.

In Sachen Fußball ist die Gruppe gespalten. Die einen fürchten, sie würden von der WM überhaupt nichts mitkriegen. Die anderen hoffen, dass es im Klösterchen kein Fernsehen gibt und sie völlig unbehelligt bleiben. Ruth hatte sich das vor Reiseantritt sogar von Herrn Müller sen. von SKR bestätigen lassen; der dachte nicht an die Taverne, wo es selbstverständlich Fernsehen gibt.

Einige werden leider durch ein Bakterium heimgesucht, das Magen-Darm-Verstimmungen hervorruft. Regina führt es auf das Trinkwasser zurück, das zur Zeit nicht einwandfrei sei. Auch in ihrem Dorf (Argenós) sind Menschen betroffen, da sind es die Einheimischen. Nun sollen wir kein Wasser mehr aus dem Hahn trinken, das sie anfangs noch als gut bezeichnet hatte. Die Taverne hat eine eigene Quelle, das Tafelwasser darf weiter getrunken werden.

Nur wenige Minuten vom *Klösterchen* entfernt entspringt eine heiße Quelle. Das Wasser fließt mit einer Temperatur von 45 °C in ein überwölbtes Becken. Das Quellwasser im Wechsel mit einer Abkühlung im Meerwasser wirkt entspannend auf Körper und Seele. Es hat eine heilende Wirkung bei Rheuma, Kreuzschmerzen, Muskelverspannungen oder Arthritis. Die Quelle wurde schon vor tausend Jahren schriftlich erwähnt. Das Becken und das Gewölbe darüber, wie sie heute sind, stammen aus türkischer Zeit. Die Einrichtung wird von der Gemeinde Molivos betrieben. Der offizielle Name ist *Loutrá Eftaloú*.

Bevor man sich in das heiße Wasser begibt, bekommt man einige Verhaltenshinweise. Wichtig ist, erst die Zehen und Füße ins Wasser zu halten. Dann lässt man sich ganz, ganz langsam hinein gleiten, bis das Wasser bis knapp über die Schultern reicht. Nach etwa zehn Minuten geht man im Freien unter die kühle Dusche und legt sich ebenfalls zehn Minuten am Kieselstrand ins Meerwasser. Höchstens drei Runden sind erlaubt. Danach ist es gut, eine Stunde zu ruhen. Wem die Temperatur zu hoch ist, kann im ersten Stock des Badgebäudes ein Wannenbad mit der gewünschten Temperatur nehmen.

Nur das Quellwasser von Polichnitos ist heißer (70-85 °C), es ist die heißeste Quelle von ganz Griechenland.

Lesbos und die antike Dichterin Sappho

Lesbos gilt als die Insel der Lyrik, als eine musische Insel, seit am Strand von Ántissa das Haupt des Orpheus angeschwemmt wurde, Arion die Delphine durch seinen Gesang verzauberte und später die antike Dichterin Sappho hier lebte. Da Sappho nicht nur den Männern zugetan war, wurde Lesbos zu einem Mekka der auf ihren Spuren wandelnden Frauenwelt. Und wer noch nie von der Insel gehört hat kennt doch wenigstens den Begriff *lesbisch*. Was er bedeutet, wissen alle, zumindest glauben alle, es zu wissen.

Aber wer war diese Sappho? Wann genau die Dichterin geboren wurde ist nicht bekannt, es muss zwischen 630 und 612 v. Chr. gewesen sein. Dass man das Geburtsjahr nicht kennt, gilt übrigens für viele Personen, die vor so langer Zeit gelebt haben, auch für sehr bedeutende. Aber dass sie bekannt, gar berühmt wurden, hat sich eben erst lange nach ihrer Geburt ergeben, deshalb hat es meist keiner aufgeschrieben. Geburtsregister, gar Standesämter gab es nicht. Gestorben ist Sappho um 570 v. Chr., auch dieses Datum steht nicht einwandfrei fest.

Das Leben der Sappho ist nur in späteren Legenden aufgezeichnet. Diesen zufolge entstammte sie einem alten Adelsgeschlecht der Insel, die damals noch Mytilíni hieß, ein Name, der auch heute noch von den Einheimischen verwendet wird, auch wenn offiziell nur noch die Inselhauptstadt so heißt. Als längst erwachsene Frau versammelte Sappho eine Gruppe von Schülerinnen um sich, die aristokratischen Familien der Insel entstammten. Sie unterrichtete die jungen Frauen in musischen Fertigkeiten wie Poesie, Musik, Gesang und Tanz und trat mit ihnen bei Festen zu Ehren der Götter auf.

Es gibt Vermutungen, dass Sappho mit einem reichen Kaufmann verheiratet war und eine Tochter namens Kleis hatte, deren Haar sie in einem Gedicht beschreibt; es sei *blonder als das Fackellicht* gewesen. Ins Reich späterer Legendenbildung muss eine Behauptung verwiesen werden, die sich in Schriften von Menander dreihundert Jahre später und auch noch bei dem römischen Dichter Ovid findet. Sappho habe sich nämlich aus unerwiderter Liebe zu einem Mann von einem Felsen ins Meer gestürzt. Der Mann soll Phaon gewesen sein, den die Götter mit besonderer Schönheit ausgestattet hatten. Da die antiken Mythen Phaon als Fährmann zwischen Lesbos und Kleinasien benennen, dürfte nicht zuletzt die geographische Nähe zur Heimat der Sappho die Entstehung dieser Legende begünstigt haben.

Zum Werk der Sappho gehören Götterhymnen, Hochzeits- und Liebeslieder. In der Antike waren sie in neun Büchern gesammelt, die jedoch alle verloren sind. Die Forschung muss sich daher auf Verweise und Zitate anderer Autoren oder auf Papyrusfetzen stützen. Bis heute konnten nur vier ihrer Gedichte mit hinreichender Sicherheit rekonstruiert werden. Eines wurde im Jahr 2004 bekannt, als zwei Kölner Professoren Teile davon auf einem alten Papyrus fanden. Der Papyrus war als Mumienkartonage verwendet worden.

Sappho gilt als die bedeutendste Lyrikerin der Antike, besonders gerühmt wurde schon im Altertum ihre klare und ausdrucksstarke Sprache, durch die sie unter anderem zum Vorbild des römischen Dichters Horaz wurde. Auch Catull war beeindruckt von Sapphos Werken, so dass er sie sogar in seinen Gedichten zitierte. Zwei Jahrhunderte nach ihrem Tod schätzte Platon ihre Lyrik so sehr, dass er Sappho als zehnte Muse bezeichnete.

Molivos (Mithymna)

Richtig heißt der Ort Mithymna, das war schon in der Antike sein Name; dennoch wird der seit dem Mittelalter verwendete Name Molyvos (Molivos) im alltäglichen Sprachgebrauch weiter benutzt. Mithymna und das nahebei gelegene Petra sind die wichtigsten Touristenzentren der Insel.

Der malerische Ort mit der alten Burg ist ein schönes Ausflugsziel. Von Efthalou aus erreichen wir Molivos mit Bus, Taxi oder zu Fuß (4 km). Das historische Dorf liegt auf einem Hügel, dessen Spitze von einer Festung gekrönt wird. Dorthinauf streben wir als erstes und genießen eine phantastische Aussicht. Danach bummeln wir durch das autofreie Ortszentrum mit kleinen Sträßchen und Treppchen, geschmückt mit blühenden Rankenpflanzen, und über die Agorá, die Markstraße, mit Geschäften und Lokalen. Der kleine natürliche Hafen westlich der Stadt wird als Fischerhafen genutzt. Auch an diesem idyllischen Fleckchen befinden sich Tavernen, Cafés und Bars.

Molivos gilt als einer der schönsten Orte Griechenlands und gehört zum UNESCO Weltkulturerbe. Das Ortsbild ist noch deutlich von der Zeit der Türkenherrschaft geprägt. Zahlreiche in traditionell türkischer Bauweise errichtete Häuser aus dem 18. Jahrhundert sind erhalten.

Von der antiken Stadt sind nur die Reste der archaischen polygonalen Stadtmauer aus dem 6. Jh. v.Chr. erhalten. Im Mittelalter wurde die alte Akropolis von der genuesischen Familie Gattilusio, Lehensmänner der byzantinischen Kaiser in Konstantinopel, zu einem Fort ausgebaut. 1450 wurde das Gebiet bei der Landung türkischer Truppen schwer verwüstet. Wenige Jahre später leistete die Stadt einer erneuten Belagerung erfolgreich Widerstand, musste jedoch nach der Kapitulation Mytilenes 1462 kampflos an die türkischen Osmanen übergeben werden. Das genuesische Fort wurde von den Osmanen weiter befestigt.

Molivos war einmal ein Zentrum der Olivenverarbeitung. Die Gebäude der ehemaligen Olivenmühle gleich hinter dem Strand beherbergen heute ein Hotel (Olive Press Hotel) und sind umgeben von einem kleinen Park. Es bedarf einiger

Phantasie sich vorzustellen, wie ein großes Fabrikgebäude in ein Hotel umgewandelt werden kann. Der Garten ist hübsch, das Restaurant liegt direkt am Wasser.

Von Lafionas nach Petra

Das Dorf Lafionas liegt in piratensicherer Höhenlage. Ein Panoramaweg führt uns um den heiligen Berg Alexandros mit Ausblicken auf das Meer und die Küste. Südlich des Ortes stehen noch Ruinen einer frühchristlichen Kirche und die Kapelle Agios Alexandros, daneben ein Sarkophag aus grauem Trachyt, in dem Alexandros, ein frühchristlicher Asket, Märtyrer und Heiliger, vermutlich begraben war.

Von Lafionas steigen wir nach Petra ab. Der Kirchenfels, der Namengeber und das Wahrzeichen von Petra, ist uns eine Orientierungshilfe. Das Städchen liegt an einer Bucht mit einigen vorgelagerten kleinen Inseln; sie sind Naturschutzgebiete und Zufluchtsorte für Seevögel. Der Hauptort liegt hinter einem langen Sandstrand in einer fruchtbaren Küstenebene, aus welcher der 40 Meter hohe Fels mit der Kirche *Panagia Glykofiloussa* hervorragt.

Nach der Sage ankerte Achilles in der Bucht auf dem Wege nach Troja. Auch auf seiner Rückreise von Troja soll er hier vorbeigekommen sein und Wasser aus einer Quelle getrunken haben; sie trägt den Namen *Achilliopigada*.

Heute sind es Touristen, die nach Petra kommen. Tatsächlich bestimmen sie im Sommer das Straßenbild, und der Tourismus hat Landwirtschaft und Fischerei längst als Haupterwerb abgelöst. Der lange Strand, kleine Hotels und Pensionen, Fahrzeugvermietungen, Restaurants, Tavernen und Bars, Kirchen, ein Museum, Andenken- und Kunsthandwerkläden machen Petra attraktiv.

In einem unscheinbaren Gebäude befindet sich eine Ouzo-Brennerei, gegründet 1884 von Vasilis Kouroumichalis; er hatte in Istanbul das Brennen von Ouzo und Cognac gelernt. Die Tradition der Ouzo-Herstellung wird von seiner Enkelin Ourania fortgeführt.

Petra hat eine gewisse Berühmtheit erlangt, weil hier 1983 mit Unterstützung der damals regierenden PASOK (eine sozialdemokratische Partei, Panellinio Sosialistiko Kinima) die erste Frauen-Kooperative Griechenlands gegründet wurde. Die Landfrauen schlossen sich aus wirtschaftlichen Gründen zusammen, sie sollten finanziell unabhängiger werden. Viele Frauen der Kooperative vermieten Gästezimmer. Auch betreiben sie ein kleines Restaurant, das gut besucht ist; wir können um die Mittagszeit keinen Platz mehr bekommen. Die Kooperative hat die Entwicklung eines eher sanften Tourismus maßgeblich vorangetrieben.

Zur Kirche *Panagia Glykofiloussa* (die *Madonna der süßen Küsse*) auf dem Felsen führen 114 in den Fels gemeißelte Stufen. Die 1747 erbaute Kirche besitzt eine schöne Ikonostase und einige erhaltene Fresken. Der Ausblick auf den Ort, die Umgebung und den Golf ist beeindruckend.

Sehenswert sind auch etliche gut erhaltene Patrizierhäuser aus dem 19. und 20. Jh., mit bepflanzten Höfen und kunstvoll gearbeiteten Eingangstüren mit schönen Türklopfern. Eine ehemalige Residenz, unweit vom Zentralplatz, mit geschnitzten Balkonen und wertvoller Innenausstattung mit schönen Fresken ist heute Museum. *Spiti Vareltzidena* ist ein *Archontikó*, ein Herrenhaus, aus der türkischen Zeit des frühen 18. Jahrhunderts. Benannt ist das Haus nach seiner letzten Besitzerin, die 1940 gestorben ist. Im Jahr 2000 aufwändig restauriert, ist das Haus jetzt im Besitz des Kulturministeriums und kann besichtigt werden.

Von außen erkennt man die wehrhafte architektonische Grundform, wie wir sie schon an Häusern in Molivos gesehen haben: das Erdgeschoss fast fensterlos und aus großen Natursteinen gemauert, das überstehende Obergeschoss mit seinen Erkern dagegen großenteils aus Holz.

Im Inneren gewinnen wir einen Einblick in die die Lebensweise der offenbar wohlhabenden früheren Bewohner. Das dunkle Untergeschoss diente nur als Lagerraum und Stall. Eine Treppe führt nach oben. Auf einer Art Zwischengeschoss bildet sie so etwas wie eine Kanzel. Man stelle sich vor: von hier aus erteilte der Hausherr seinen Angestellten die täglichen Anweisungen. Die Treppe mündet im Obergeschoss in einen zentralen offenen Raum, von dem fünf Zimmer ausgehen. Der Hausherr lud die Dorfältesten in einen der größeren Räume ein, um mit ihnen über öffentliche Angelegenheiten zu sprechen. Der herausgehobene Sitz des Hausherrn mit dem eingravierten Familienwappen ist erhalten. Die Decke der Empfangshalle ist mit Schnitzereien verziert, die das Friedenssymbol einer Taube zeigen. Ein Raum war informellen Treffen der Männer vorbehalten; hier wurde auch gegessen. Die Frauenräume des Hauses sind ebenfalls mit Wand und Deckenmalereien verziert, mit romantischen Motiven und solchen, die mittelalterliche Stadtansichten von Konstantinopel zeigen. Im Holzdach des Hauses ist ein Versteck, in das sich die Bewohner bei einem Piratenangriff zurückziehen konnten.

Skala Sikamineas

An den Stränden zwischen Eftalou und Skala Sikamineas entdecken wir mehrmals gestrandete Gummiboote – oder was davon übrig geblieben ist. Wo sind die Menschen, die sich damit aufs Meer gewagt haben? Längst nicht alle Schlauchboote erreichen ihr Ziel. Aus Angst vor der griechischen Küstenwache wird die Passage nachts und bevorzugt bei schlechtem Wetter gewagt. Viele der Boote und Flüchtlinge geraten in Seenot, keine Statistik zählt die Ertrunkenen. Der Anblick von Ertrunkenen am Strand bleibt uns erspart.

Am Meer entlang wandern wir von Eftalou nach Osten, abwechselnd auf der sandigen Uferstraße und über den Strand, vorbei an angeschwemmten Bäumen und spektakulären Felspartien. An einer Stelle, die *Therma* genannt wird, entspringt eine naturbelassene heiße Quelle direkt am Meer. Um sie zu genießen, muss man sich nur ins Wasser legen.

In Skala Sikamineas gibt es Tavernen und Cafés. Unter jedem Tisch sitzt wenigstens eine Katze, die darauf wartet, dass die Gäste zahlen, um dann frech auf den Tisch zu springen und zu schlemmen. An Seilen sind überall Kraken (Oktopus) zum Trocknen aufgehängt.

Bekannt geworden ist Skala Sikamineas durch den Dichter Stratis Mirivilis, der hier geboren wurde. In seinem Roman *Die Madonna mit dem Fischleib* schildert er das Schicksal der 1922 durch die Türken aus Kleinasien nach Lesbos vertriebenen Griechen. Die kleine Kapelle Panagia Gorgóna über dem Hafen beschreibt er als ein Beispiel für die Verknüpfung antiker Mythen mit der christlichen Religion. Hier soll eine Ikone gestanden haben, eine Art Meerjungfrau mit Mariengesicht; ihr Andenken hat Mirivilis mit seinem Roman bewahrt.

Es ist jedoch fraglich, ob es die Madonna je gegeben hat, und die Kapelle hat 1922 vermutlich noch nicht hier gestanden. Hierzu sei aus einem neueren Reisebericht zitiert: „While in the Theophilos Museum at Mytilini I discovered the sad fact that not only did the Madonna not exist, but according to one of the famous artist's paintings of Skala Sikaminias, the church itself did not even exist in 1922."

Mit dem Ausflugsschiff kehren wir nach Molivos zurück.

In den Westen nach Sigri und zum versteinerten Wald

Im äußersten Westen von Lesbos gibt es mehr als dreißig ehemalige Lavadome, beispielsweise der Ordymnos, mehrere vulkanische Calderen und einen versteinerten Wald aus der Zeit von vor 23 Millionen Jahren. Auch wenn dieser Teil der Insel wüstenhaft wirkt, zählt die Landschaft zu den interessantesten der Ägäis.

Wir fahren durch Petra, vorbei an Skalochori, und hinter Vatoussa zweigt eine Straße nach **Moni Perivolis** ab. Das ehemalige Nonnenkloster liegt im Tal eines kleinen Flusses mit üppiger Vegetation. Nussbäume und Edelkastanien gedeihen, ebenso Platanen und Oleander. Sie stehen im Kontrast zu den kahlen Hügeln in der weiteren Umgebung. Das Kloster ist von hohen Mauern umgeben und geschlossen. Niemand öffnet. Wo sind die Nonnen geblieben? Wir können nur über die Mauer schauen. Einzig ein Esel weidet in der Umgebung.

Geopark und Museum des Versteinerten Waldes

Wir erreichen den Park auf der Asphaltstraße, die bei Km 15 der Landstraße von Antissa nach Sigri abzweigt. Das Gebiet, auf dem 1987 der Park geschaffen wurde, ist schon in Schriften des 18. Jh.s als Ort mit versteinerten Bäumen beschrieben. So sind wir gespannt auf dieses weltweit bedeutende Naturmonument. Zur Konservierung, zum Schutz und zur Erschließung der versteinerten Stämme wurden umfangreiche Maßnahmen ergriffen. Nun kann der Besucher auf eigens angelegten Wegen über einen ganzen Berghang wandern.

Auf dem Rundgang sehen wir einzelne Bäume und kleinere Gruppen. Die große Fülle der aufrecht stehenden versteinerten Stämme und ihr vorzüglicher Erhaltungszustand sind beeindruckend. Die größten der stehenden versteinerten Stämme haben einen Durchmesser von mehr als drei Meter und eine Höhe von mehr als sieben Meter. Manche liegenden Stämme sind länger als zwanzig Meter. Eine Besonderheit des Versteinerten Waldes auf Lesbos ist die vorzügliche Erhaltung des versteinerten Wurzelwerks der Bäume, was ein Hinweis darauf ist, dass die Bäume schon vor der Versteinerung hier gestanden haben und nicht aus anderen Regionen angeschwemmt wurden. In der Asche und dem Grau des umgebenden Vulkangesteins leuchten die Fossilien außerordentlich lebendig in strahlenden Farben. Wir sehen unzählige Schattierungen von Rot, Gelb und Braun, von Grün, aber auch von Schwarz, Abstufungen von Dottergelb, Dunkelrot, Violett bis Dunkelblau in ungewöhnlichen Kombinationen.

Das Museum für Naturgeschichte des Versteinerten Waldes wurde 1994 gegründet und untersteht dem Kulturministerium. Es ist das erste vom griechischen Staat gegründete Museum für Naturgeschichte. 2001 wurde es mit einem *Eurosite management award* ausgezeichnet. Das Museum ist Gründungsmitglied des Europäischen Geoparknetzes. 2004 wurde es in das von der UNESCO unterstützte Internationale Geoparknetz aufgenommen.

Früher glaubte man, dass der antike Gott Hephaistos diesen Bäumen in einem Wutanfall das Leben nahm und ihnen dadurch Unsterblichkeit schenkte. Hephaistos ist in der griechischen Mythologie der Gott des Feuers und auch der Schmiede und entspricht dem römischen Vulcanus.; er gehört zu den zwölf olympischen Gottheiten.

Heute weiß man, dass diese Region vor 15 bis 20 Millionen Jahren infolge der Vulkanausbrüche in der nördlichen Ägäis von glühendheißer Vulkanasche verschüttet wurde. Die Bäume, die damals hier wuchsen, sind als Versteinerungen erhalten geblieben. Natürliche Abläufe, vor allem die Erosion durch Wasser und Wind, aber auch menschliche Eingriffe haben im Lauf der Zeit die aufrechten und die umgestürzten Baumstämme freigelegt.

Die meisten versteinerten Stämme gehören zur Familie der Eibengewächse. Sie sind Vorläuferformen der modernen Pflanzengattung *Sequoia*, Mammutbäume, die heute an der Westküste der USA gedeihen. Zu dieser Familie gehören auch der größte liegende Stamm (mehr als 20 m lang) und die großen aufrecht stehenden Stämme. Man entdeckte auch stehende Stämme anderer Nadelholzgewächse, die zur Familie der Protopinaceen gehören, Vorläuferformen der Kiefer, deren innere Struktur und äußere Merkmale hervorragend erhalten sind. Zudem wurden bei den Ausgrabungen zahlreiche versteinerte Früchte, Blätter, Zweige und Wurzeln gefunden, die im Museum ausgestellt sind.

Viele pflanzliche Versteinerungen kamen erst durch die systematische Ausgrabungsarbeit des Museums ans Licht. Zu ihnen gehört der stehende Stamm eines versteinerten Baumes, der nicht nur der größte bis heute bekannte auf Lesbos, sondern mit Sicherheit in ganz Europa ist. Er ist 7 m hoch und hat einen Umfang von 8,58 m. Der untere Teil des Stammes ist in sehr gutem Zustand erhalten.

An der Zusammensetzung dieser längst vergangenen Flora (Paläoflora) lässt sich erkennen, dass im weiteren Bereich der Ägäis vor 20 Millionen Jahren Mischwälder von Nadel-holzgewächsen wuchsen; in tieferen Lagen herrschten breit-blättrige Pflanzen und Palmengewächse vor. Lesbos besaß schon damals eine große Vielfalt an Ökosystem-Typen. Das ausgeprägte Relief, die Nähe zum kleinasiatischen Festland und die unterschiedlichsten Gesteine waren und sind die grundlegenden Faktoren, welche die Voraussetzungen zur Entstehung einer so großen Typenvielfalt bilden.

Sigri

Die Ortschaft liegt auf einer kleinen Halbinsel im äußersten Westen von Lesbos. Eine vorgelagerte unbewohnte Insel schützt Sigri vor den oft starken Winden. Nahe beim Dorf liegen die ehemals türkische Festung, der Fährhafen und ein kleiner Fischerhafen.

Wegen seiner geographischen Lage hatte sich Sigri im 18. und 19. Jh. zu einem bedeutenden Hafen für den Transit-handel entwickelt. Hauptprodukt waren Eicheln für die Gerbereien in England und Italien. Um das Gebiet vor Pirateneinfällen zu schützen und einen reibungslosen Wa-renverkehr zu gewährleisten, ließ der osmanische Admiral Suleiman Pascha die Festung errichten. Im Jahr 1789 ver-fügte sie über 100 Mann Besatzung sowie 200 Kanonen. Um die Festung entstand eine Siedlung, Moscheen, Schulen, Bäder, ein Aquädukt und Brunnen wurden gebaut. Lange lebten hier überwiegend Mitglieder der militärischen Ein-heiten und ihre Familien.

Ab 1900 siedelten sich die ersten Griechen an. Repressalien der Türken gegenüber der griechischen Landbevölkerung waren aber lange an der Tagesordnung und verhinderten, dass sich eine christliche Gemeinde formierte. Im Dezember 1912, im Gefolge des Ersten Balkankrieges, wurde die Festung dann an die Griechen übergeben. Während des Ersten Weltkrieges errichtete die Entente im Sommer 1915 hier eine Versorgungsbasis. Wegen des Bevölkerungsaustauschs zwischen der Türkei und Griechenland, der im Vertrag von Lausanne vereinbart worden war, ließen sich griechische Flüchtlinge von der türkischen Insel Tenedos und verschiedenen Orten Kleinasiens hier nieder.

Durch den Abriss der traditionellen Häuser und durch Neubauten hat sich das Bild der Siedlung gegenüber früher völlig verändert. Die große Moschee, die zeitweilig zerstört war, wurde wieder aufgebaut, wird jedoch seit 1928 als Kirche (*Agia Triada*) genutzt. Der überkuppelte Hammam, das ehemalige türkische Bad gegenüber der Kirche, verfällt.

Hübsch anzusehen ist die Kirche der Seefahrer, *Agia Theophanis*, über dem Hafen. Auf der Anhöhe über dem Ort, wo der Wind gut ist, steht eine restaurierte Windmühle.

Moni Ipsalou

Auf der Rückfahrt besuchen wir das Kloster Ipsalou auf dem Gipfel des erloschenen Vulkans *Ordymnos*. Es ist dem Hl. Johannes geweiht. Gegründet im frühen Mittelalter, wurde das Kloster im 19. Jh. renoviert, durch einen Brand 1967 weitgehend zerstört, aber wieder aufgebaut.

Aus dem Mittelalter stammen das Portal, die Apsis der Kirche und ein Zellentrakt in der nördlichen Klostermauer; hier sind noch die steinernen Bettgestelle zu sehen. Ein kleines Museum im Westflügel hat einige Kunstschätze zu bieten: alte Bücher und Handschriften, Bischofsgewänder, Ikonen, Kruzifixe aus Silber und Holz. Der Eintritt ist frei. Der Mönch, der uns seine Schätze zeigt, freut sich über unser Interesse und die kleine Spende.

Argenós

Argenós ist ein Bergdorf im Norden der Insel mit Blick hinunter zum Meer und hinüber zur türkischen Küste. Argenós gehört zu einer Reihe von Ortschaften, die in einem Kranz um das Lepétimnos-Massiv liegen, aufgereiht wie an einer unsichtbaren Schnur. In der Umgebung lohnt der Besuch des Töpferdorfs Mandamados mit der berühmten Kirche *Taxiarchi* und den alten Töpfereien in Agios Stefano. Hier wird zu Ehren des Taxiarchis – der Erzengel Michael mit den himmlischen Heerscharen – neun Tage nach Ostern ein Fest veranstaltet, das eine Woche dauert. Am vorletzten Tag schlachten die Einwohner einen Stier, den sie ein Jahr lang gemästet haben. Die orthodoxe Kirche duldet diesen alten heidnischen Brauch. In die rote Steinkirche pilgern die Gläubigen, um dem Erzengel Votivgaben zu bringen. Seine Statue ist die einzige religiöse Statue in Griechenland, wo die Heiligen sonst nur gemalt werden.

In Argenos leben Olivenbauern, Schäfer und Handwerker mit ihren Familien. Es gibt eine Kirche, einen kleinen Supermarkt, eine Molkerei und einen Bäcker. Mittelpunkt des Dorfs ist die Platia, täglicher Treffpunkt und Tanzplatz für die Dorffeste. Auf die Platia kommen täglich die Fisch- und Gemüsehändler.

Wir fahren schon in der Frühe nach Argenos hinauf und frühstücken in einem der drei Kafenia. Dann spazieren wir durch die schmalen Gassen und bewundern die blumengeschmückten Innenhöfe, bis wir am Haus von Regina anlangen. Seid willkommen, „*Kalos orisate*". Das alte Haus aus Natursteinmauern wurde von Regina und ihrem Mann über Jahre liebevoll wieder aufgebaut. Noch immer hält sie unterwegs Ausschau nach einer passenden Haustür, die vielleicht ins Abseits gestellt worden ist, und stets hat sie auch geeignetes Werkzeug im Rucksack, um traditionelle Beschläge von entsorgten Fenstern und Türen abmontieren zu können. Zwei Innenhöfe sind überrankt von Glyzinien und Wein, eine alte Feige und Granatapfelbäume stehen hier. Jetzt, im Sommer, gibt es ein Farbenspiel der Rosen und Hortensien, die in Kübeln und im kleinen Garten wachsen. Eine Wendeltreppe führt an der Hausecke nach oben auf den Balkon, von wo der Blick in die Weite geht.

Wie wir auf Lesbos die Fußball-WM 2006 in Deutschland wahrgenommen haben

Vom 9. Juni bis zum 9. Juli 2006 fand die Endrunde der Fußball-Weltmeisterschaft, dieses bedeutendsten Turniers für Fußball-Nationalmannschaften, in Deutschland statt, zum zweiten Mal nach 1974. Während also die Welt auf Deutschland blickte, reisten wir in die Ägäis und verbrachten fernab zwei Wochen auf Lesbos. Als wir am 14. Juni nach unserer Landung in der Nacht vom Flughafen bei Mytilini mit dem Taxi zu unserem Urlaubsquartier fuhren, begann in Dortmund gerade das dritte Spiel der Gruppe A, Deutschland–Polen.

Das Eröffnungsspiel des gesamten Turniers war schon am Freitag, 9. Juni, in München gewesen, Gastgeber Deutschland gegen Costa Rica, das die Deutschen 4:2 gewannen, mit einem Aufsehen erregenden Tor durch den damals noch kaum bekannten linken Außenverteidiger Philipp Lahm schon in der 6. Minute.

Der Anpfiff des Spiels gegen Polen war um 21 Uhr deutscher Zeit, da war es 22 Uhr in Griechenland. Der Taxifahrer hatte das Radio eingeschaltet, wir konnten die Reportage anhören. Die wurde nur leider von einem griechischen Reporter in seiner Muttersprache gesprochen, wir hörten nur die Namen der deutschen Spieler heraus, und die von unserem Fahrer eingestreuten Kommentare in gebrochenem Deutsch konnten wir auch nicht gut verstehen. Wir waren dann schon vor dem Ende des Spiels an unserem Ziel und erfuhren erst am nächsten Tag, dass in der Nachspielzeit das Tor zum deutschen 1:0-Erfolg gefallen war.

Die letzten Spiele, Deutschland–Argentinien im Viertelfinale (4:2) und schließlich die Niederlage der Deutschen gegen Italien (0:2) erlebten wir dann zu Hause. Durch viele Fan-Feste und Public-Viewing-Bereiche war in Deutschland das Gefühl eines vierwöchigen Volksfestes entstanden, an dem ein großer Teil der Bevölkerung teilnahm.

Für Diskussionen in Deutschland und vielleicht auch anderswo hatte während der ersten Wochen des Turniers das verbreitete Zeigen der deutschen Nationalflagge und der deutschen Nationalfarben an Häusern, Fahrzeugen und Bekleidung gesorgt. Zahlreiche nationale und internationale Beobachter aus Medien, Gesellschaft und Politik meinten hierin nicht nur eine große Unterstützung für die deutsche Fußball-Nationalmannschaft, sondern einen neuen Patriotismus der Deutschen ausmachen zu können. Eine Studie der Universität Marburg legte aber nur einen geringfügigen Anstieg des Nationalstolzes als Folge der WM nahe.

Wir aber waren froh, erst einmal nicht im fußballfiebernden, gänzlich in Schwarz-Rot-Gold getauchten Deutschland zu sein. Hier in Griechenland ist es nicht nötig, die Straßen in den Nationalfarben zu schmücken, wenn ein Fußballspiel ansteht, denn wie die Farben der griechischen Flagge erstrahlt hier alles jederzeit überwiegend blau und weiß: blauweißes Meer beim Spiel der Wellen, blauweißer Himmel, wenn die Wolken ziehen. Auf Lesbos kommt dank üppiger Natur noch grün hinzu. Auch haben die Griechen sich nicht vom Fußballfieber anstecken lassen, denn obwohl Europameister, haben sie die Teilnahme an der Weltmeisterschaft verfehlt.

Anders in Molyvos: Um Gäste anzulocken hatten Cafés und Tavernen Riesen-Bildschirme auf den Terrassen aufgebaut, so dass sich die Menschen dort versammeln und gemeinsam den rollenden Ball verfolgen konnten. Wann immer ein Tor für Deutschland, Holland, Schweden, England fiel, hörte man – genau wie in Berlin, Amsterdam, Stockholm, London – aus jeder Ecke Jubelschreie. Trafen dagegen Länder wie beispielsweise Ghana, Korea oder Portugal, blieb es still, denn Touristen von dort waren hier nicht vertreten.

An einem Abend ließ ich mich dazu überreden, mit ins Dorf zu gehen, wo deutsche Freunde von Regina zusammenkamen, um im Café *Resalto* das Spiel Deutschland gegen Ecuador zu verfolgen. Josif, der Wirt, einige griechische Gäste und die deutschen Freunde trugen die T-Shirts in Schwarz-Rot-Gold. Da saßen wir nun in großer Gemeinschaft unter den Sternen. Die meisten schauten aber nur stur auf den Bildschirm und hofften für Deutschland.

Während ich so in den Himmel hinaufsah, erblickte ich eine Sternschnuppe und dachte, auf dem Bildschirm, wo heftig mit gelben und roten Karten gewinkt wurde, kann man auch Sterne fallen sehen, Fußballstars nämlich. Wenn man unter Spitzensport ein solches Gefaule versteht, kann man von mir aus Fußball abschaffen. Aber das laut zu sagen traute ich mich nicht, denn die Gesichter um mich herum sahen allzu begeistert aus.

Auf dem Schlachtfeld von Troja standen sich auch zwei Streitmächte gegenüber. Gnadenlos fielen die griechischen

Helden übereinander her. Hätten sich die Fußballspieler vor Trojas Toren gegenüber gestanden, mit freudigem Herzen hätten sie sich gegenseitig erschlagen.

Der Kampf um Troja wurde nicht gefilmt. Was wären das für Bilder gewesen? Wie viele gelbe und rote Karten wären dort verteilt worden? Womöglich hätte es dann aber auch keine griechischen Helden und Heldensagen gegeben. So großartig, wie diese Männer von den Erzählern dargestellt wurden, waren sie gewiss nicht. Heute ist es unmöglich, alle die Fouls als Heldentaten auszulegen. Den Deutschen hätte, angesichts des schlechten Spiels, die Schamesröte ins Gesicht steigen sollen. Aber ‚wir' gewannen 3:0, kamen eine Runde weiter und standen im Achtelfinale. So haben wohl alle deutschen Spieler den Anspruch auf einen Heldentitel erhoben.

Regina berichtete, dass sich in ihrem Dorf nun ein Vakuum aufgetan hat. Niemand wolle für die ewigen Helden von Deutschland, Brasilien oder Italien jubeln. Manch ein Grieche würde sich gerne hinter Australien stellen, da er dort einige Zeit gelebt oder jetzt noch Familie wohnen hat, aber die Australier waren schon ausgeschieden.

Wen wird man in vier Jahren bejubeln, auf den Terrassen unter dem prachtvollen Sternenhimmel von Molyvos?

Abschied

Die Holländerin Julie Smit, die lange auf Lesbos lebt, veröffentlicht regelmäßig eine unterhaltsame Kolumne über ihre Erlebnisse und das Leben auf der Insel in den BOULEVARD-NEWS LESVOS (die es auch 2017 noch gibt). Zum Abschluss soll sie mit einem ihrer Artikel zu Wort kommen. Sie gibt Antworten auf die Frage:

Können Sie sich vorstellen, dass Touristen nach Lesbos kommen und sich langweilen?

Leute waren hier, die ihre Reiseleitung anriefen und stöhnten: „Wir langweilen uns schrecklich und wollen heim. Wann geht der nächste Flieger?" Ein deutsches Ehepaar war der Gipfel: Sie landeten auf der Insel, wurden ins Hotel nach Skála Eressoú gebracht, und nachdem sie fünf Minuten in ihrem Zimmer verbracht hatten, wollten sie schleunigst wieder fort. Sie haben die Insel am selben Abend verlassen.

Zugegeben, hier gibt es keine kilometerlangen goldgelben Sandstrände, an denen man den ganzen Tag, Cocktails schlürfend, verbringen kann. Vergeblich wird man hier hippe In-Restaurants suchen. Lesbos hat viele kleine Familienstrände und lauschige Buchten, an denen man umfangen wird von Ruhe und nicht von Musik, die quäkend aus Lautsprechern dröhnt. Die Insel wartet nicht mit berühmten Stätten aus der Antike auf, wie z. B. die Akropolis in Athen, der Palast von Knossos auf Kreta oder das weiße Dörflein Lindos mit seinem Tempel auf Rhodos. Lesbos hat Molyvos, den versteinerten Wald, eine überwältigende Natur und viele entzückende echt griechische Dörfer. Schon zur Zeit der Römer war die Insel dank ihrer Wälder und Obstgärten ein beliebtes Ferienziel.

Lesbos steht auf der Rangliste der Mythologie nicht weit oben. Achilles soll hier seinen Freund und Kriegsgefährten Palmedes begraben haben, nachdem er auf dem Schlachtfeld vor Troja gefallen war. Auch wird erzählt, dass Achill zuvor vor den Toren von Molyvos stand, die Königstochter sich in ihn verliebte und die Tore geöffnet haben soll. Sie wurde alsdann wegen Hochverrats hingerichtet.

Dann gibt es noch den Mythos von Orpheus, dem begnadeten Dichter, Musiker und Sänger: Nachdem dieser von eifersüchtigen Nymphen ermordet wurde, weil der den Tod seiner Ehefrau Eurydike nicht überwinden konnte und nur noch Umgang mit Männern pflegte, wurde sein Kopf, zusammen mit der berühmten Lyra, an den Strand des alten Ántissa gespült. Noch heute sollen seine bittersüßen Melodien über die Insel klingen.

Lesbos liegt nahe an Troja. Wahrscheinlich hätte man zur Zeit des Krieges von Molyvos aus der Schönen Helena zuwinken können, der Frau des Menelaos, die Paris mit in seine Heimat nahm. Dieses unverzeihliche Verhalten war Ursache für eine jahrelange Belagerung Trojas durch mehrere griechische Stämme. Mit etwas Phantasie kann man sich schon vorstellen, was es für ein unbeschreibliches Gedränge auf dem Meer gegeben haben muss. Ich bin mir sicher, dass der Duft von brutzelnden Schweinen am Spieß von den Schiffen aus nach Lesbos wehte, wenn der Wind günstig stand, und glauben Sie mir, da gab es bestimmt mehr als einen Krieger, der nach Lebos kam, um Proviant und Frauen zu kaufen.

Der italienische Schriftsteller Alessandro Barrico hat die Ilias des Homer mit seinen eigenen Worten neu erzählt, so dass man diese mythische Geschichte nun selbst am Strand locker weglesen kann. Mal ehrlich, gibt es einen besseren Ort für diese Lektüre als hier am Meer, wo damals wirklich die Schiffe der Helden segelten mit Blick auf die Berge, hinter denen sie ihre Zeltlager errichteten?

Wenn Sie sich wirklich langweilen, nachdem Sie Mytilini, Molyvos, Skála Sikaminéas, Petra besucht und den Versteinerten Wald besichtigt haben, auf einem Esel geritten und auf Jeep-Safari gegangen sind, in den heißen Quellen entspannt, durch die Berge gewandert und sich an Sardinen oder anderen Köstlichkeiten gelabt haben, können Sie Ihre Zeit damit verbringen, dass Sie etwas über die Historie lesen und in diese alte Zeit versinken. Menschen langweilen sich auf dieser Insel? Es ist kaum zu glauben.

© Julie Smit.

Aus dem Englischen von Gabriele Podzierski.

Im Flüchtlingslager Moria 2017

Im Juni 2017 bin ich wieder auf Lesbos. Diesmal ist es nur ein Abstecher von Athen aus, eine halbe Flugstunde entfernt. In Athen habe ich ein Mitglied des griechischen Hilfsvereins EuroRelief kennengelernt. Er hat mir einen Mitgliedsausweis beschafft und erklärt: „An einigen Eingangstüren halten Freiwillige unseres Vereins Wache, die werden uns reinlassen." Tatsächlich, es klappt. Unter den Wachen sind auch junge Amerikanerinnen mit weißen Häubchen und knöchellangen Röcken, die der strenggläubigen christlichen Mennoniten-Gemeinde angehören. Sie genießen hier Respekt. Niemand scheint sich an ihrer Kleidung zu stören.

Am frühen Morgen sind 56 neue Flüchtlinge gekommen, fast alle sind Afrikaner. Ein Schiff der portugiesischen Küstenwache, das im Auftrag der europäischen Grenzagentur Frontex die schmale Meerenge zwischen der Türkei und Lesbos kontrolliert, hat das Schlauchboot in der Nacht aufgebracht. Ein Heer von Helfern geleitet die Flüchtlinge nun von Zelt zu Zelt. Das sei ein Fortschritt, sagt man, in das frühere Chaos sei nun Ordnung eingekehrt.

Zunächst müssen die Afrikaner sich registrieren lassen, dann wird ihnen ein elektronischer Fingerabdruck abgenommen. Wer will, kann jetzt schon formal einen Asylantrag stellen. Alle wollen. Griechische Beamte informieren darüber unverzüglich die türkischen Behörden. Das Nachbarland will wissen, wen es vielleicht irgendwann zurücknehmen muss. Es folgen eine ärztliche Untersuchung und die Zuteilung eines Schlafplatzes. Männer, unbegleitete minderjährige Flüchtlinge, allein flüchtende Frauen und Familien werden jeweils getrennt untergebracht.

In Moria sind staatliche und nichtstaatliche Organisationen tätig. Die einen kümmern sich um das Wohlergehen der Flüchtlinge und bieten auch kostenlose Rechtsberatung an. Andere sind eher für die harten Fragen zuständig, für die Sicherheit, den Knast. Man fragt sich, wie die Zusammenarbeit bei derart unterschiedlichen und oft gegenläufigen Interessen gut gehen kann. Aber irgendwie begreifen sich alle als Teil eines großen Systems, in dem jeder seinen Platz hat. Und erstaunlicherweise scheint hier niemand dem anderen seinen guten Willen abzusprechen.

Wir betreten den kleinen Bürocontainer. Draußen sind es über 30 Grad, drinnen ist es eher noch heißer, trotz Klimaanlage. Hier amtiert Ioannis Balpakakis, ein kleiner, untersetzter Mann, der sich in einem fort den Schweiß von der Stirn wischt. Er ist der Leiter des Flüchtlingslagers. Die Stimmung hier ist gerade auf dem Siedepunkt, aufgebrachte Afrikaner bedrängen Ioannis. „Wie lange müssen wir noch hierbleiben? Wann kriegen wir endlich Asyl? Lasst uns wenigstens aufs Festland!" brüllen die jungen Männer aus dem Kongo, aus Kamerun, Nigeria, Mali und von den Komoreninseln.
„Bei mir könnt ihr Beschwerden übers Essen und die Unterbringung loswerden, für das Asylverfahren sind andere zuständig", fährt der Grieche laut dazwischen und zeigt wild

fuchtelnd auf einige Baracken ein paar Schritte entfernt. Sie sind mit hohen Stacheldrahtzäunen geschützt und können nur durch eine Schleuse betreten werden. Dort entscheiden griechische Asylbeamte, wem Schutz gebührt und wer abgeschoben wird, fünf Tage in der Woche in zwei Schichten. Unterstützt werden sie von Mitarbeitern der europäischen Asylbehörde Easo.

„Asyl und Unterbringung, das sind zwei verschiedene Paar Stiefel", sagt Balpakakis, „das müsst ihr verstehen!" Doch die Männer verstehen es nicht. Wie sollten sie auch. Dieses hochkomplizierte Geflecht aus internationalen, griechischen und europäischen Vorschriften begreifen ja selbst in Europa fast nur Experten. Dazu kommen noch die Regeln des EU-Türkei-Abkommens.

Was die jungen Männer ahnen, was ihnen aber keiner direkt sagt: Als Afrikaner haben sie so gut wie keine Chance auf Asyl, ebenso wenig wie die Pakistaner, Bangladescher und viele andere im Lager Moria. Sie gelten als Armutsmigranten und nicht wie Syrer oder Iraker als Flüchtling, Kriegsflüchtlinge.

Sie dürfen die Insel während ihres Asylverfahrens auch nicht verlassen. Zum einen, weil die Türkei sie sonst nach einer Ablehnung ihrer Asylanträge nicht mehr zurücknehmen würde. Zum anderen aus Sorge, dass die Flüchtlinge wegen der Aussichtslosigkeit ihres Begehrens sofort auf dem Festland untertauchen und weiter nach Norden ziehen würden, nach Deutschland zum Beispiel oder nach Schweden. Die Griechen rühmen sich immer noch, 45 Prozent der Asylanträge anzuerkennen. Doch für die meisten Flüchtlinge, die seit dem EU-Türkei-Deal auf Lesbos gestrandet sind, gibt es nur zwei Wege, um von der Insel runterzukommen: zurück in die Heimat oder in die Türkei.

Im Bürocontainer von Balpakakis hängt eine Tafel, täglich trägt er dort mit einem schwarzen Filzstift den aktuellen Flüchtlingsstand ein. Heute sind es genau 2.330 Menschen, mehr als 2.500 passen nicht ins Lager.

Das Miteinander im Lager klappt erstaunlich gut. Manche Lagerbewohner sind richtig erfinderisch. Beispiel: Iraker, männlich, betreiben einen improvisierten Friseursalon. Die Ausstattung ist bescheiden, aber zweckmäßig. Stromanschluss, für die Kunden ein Bürostuhl und ein Gartenstuhl, ein abschließbares Schränkchen für das Handwerkzeug, Linoleumboden. Zwei junge Männer ließen sich gerade supermoderne Frisuren schneiden. Draußen unter dem überdachten Vorraum warten schon die nächsten.

Moria, diese schattenlose Zelt- und Containerstadt, ist seit dem 20. März 2016, jenem Tag, an dem das Abkommen mit der Türkei in Kraft trat, ein sogenannter Hotspot. Ein Testgelände, auf dem die Europäische Union demonstrieren will, dass sie mit der Hilfe von Nachbarländern, mit neuen Gesetzen, viel Geld und Personal die Flüchtlingskrise halbwegs in den Griff bekommt. Fünf solcher Hotspots auf fünf Inseln gibt es bislang, der auf Lesbos ist der größte.

Jetzt ist die Türkei verpflichtet, alle syrischen Flüchtlinge, die von der türkischen Küste aus auf einer griechischen Insel landen, zurückzunehmen. Und genauso wichtig: Auch alle anderen Flüchtlinge, die auf einer griechischen Insel um Asyl nachsuchen und deren Anträge rechtskräftig abgelehnt wurden, dürfen in die Türkei zurückgebracht werden. Einst war Moria als bloße Durchgangsstation geplant, heute dient das Lager als Registrierzentrum, erste Asylinstanz und Abschiebeknast. Für die einen ist der Hotspot ein riesiges Gefängnis, ein Symbol der Unmenschlichkeit. Die EU und die griechische Regierung hingegen sehen in Moria ein Modell.

Das Athener Migrationsministerium hat einige Daten veröffentlicht. Es gibt kaum noch Tote in der Ägäis; statt 2.000 bis 3.000 Flüchtlinge kommen nur noch 50 bis 100 am Tag. Es kommen so gut wie keine Syrer und Iraker mehr, stattdessen, wenn auch in viel kleinerer Zahl, vor allem Afrikaner, Pakistaner, Afghanen und Bangladescher. Im Vergleich zum vergangenen Jahr ist die Lage deutlich besser geworden. Die Zahl griechischer Asylbeamter wurde in den vergangenen zwei Jahren von 200 auf rund 700 aufgestockt. Die Anhörungen finden in der Regel bereits zwei Wochen nach Ankunft eines Flüchtlings statt. Die durchschnittliche Wartezeit auf die erste Entscheidung beträgt meist nur noch einen Monat. Seit dem Abkommen mit der Türkei wurden 1.250 abgelehnte Asylbewerber den türkischen Behörden überstellt, weit mehr noch kehrten bereits nach der ersten Anhörung direkt in ihre Heimat zurück. Wer freiwillig geht, kriegt 1.000 Euro auf die Hand. In Moria hat die Internationale Organisation für Migration dafür eine eigene Beratungsstelle eingerichtet.

Und dann konnte man den Migrationsminister, Ioannis Mouzalas, im Fernsehen reden hören. Vor zwei Jahren hat ihn Premier Alexis Tsipras ins Kabinett geholt, er ist jetzt mitverantwortlich für den Flüchtlingsschutz. Der 62-Jährige war ehemals Gynäkologe und Mitbegründer der Hilfsorganisation Ärzte der Welt; in 25 Auslandseinsätzen hat er selbst Flüchtlingen geholfen. „Was wäre die Alternative zu den Vereinbarungen mit der Türkei gewesen?", fragte der Minister. „Unser kleines Griechenland wäre untergegangen, die EU zerbrochen und vom internationalen Flüchtlingsschutz nicht mehr als eine schöne Erinnerung geblieben."

Und dann sagte der Minister noch: „Wir machen uns immer erst Gedanken über Flüchtlinge, wenn sie in Europa sind. Dabei ist es eines der größten Verbrechen gegen die Menschenrechte, dass sie sich auf das grausame Schleusergeschäft einlassen müssen. Sie brauchen Schutzzonen gleich in der Nähe ihrer Heimat."

Man konnte heraushören, dass es Mouzalas größter Albtraum ist, dass der Deal mit der Türkei platzt, dass wieder Zehntausende Flüchtlinge in Griechenland stranden und die Hotspots zusammenbrechen. „Unsere Inseln", sagte er, „dürfen nicht noch einmal zu riesigen Auffanglagern werden. Das halten wir nicht aus. Das erträgt auch Europa nicht. Die Lasten müssen auf alle europäischen Schultern verteilt werden." Und dann wetterte er gegen eine Handvoll EU-Staaten, vor allem osteuropäische, die keine Flüchtlinge aufnehmen und sich jeder Solidarität verweigern. „Die kümmert es doch nicht, ob unsere Hotspots funktionieren."

Vor kurzem noch galt Moria als ein Symbol griechischen und europäischen Versagens. Zigtausende von Flüchtlingen harrten monatelang in windschiefen Zelten aus, nur notdürftig versorgt und ohne jede Information, wie es mit ihnen weitergehen sollte. Im April 2016 besuchte Papst Franziskus das Camp und verglich es entsetzt mit einem Konzentrationslager. Es gab Aufstände, Zelte und Container wurden in Brand gesetzt, die EU-Kommission nannte die Verhältnisse „unhaltbar", die griechische Polizei verweigerte Journalisten den Zutritt.

Im Januar wurde Ioannis Balpakakis vom Minister nach Moria gesandt; im April wurde ihm die Leitung übertragen. „An meinem ersten Tag bewarfen mich Flüchtlinge aus Bangladesch mit Steinen und riefen: Wann kriegen wir Asyl?", erzählt Balpakakis. „Dann habe ich mir eine Dokumentation über dieses bitterarme Land angesehen und mir geschworen: Egal, aus welchem Grund die Leute fliehen, wir müssen alle fair behandeln."

Balpakakis hat keinen leichten Auftrag. Das Geld ist knapp, auch wenn Europa Millionen von Euro zuschießt. Mal werden die Verträge der Reinigungskräfte nicht verlängert, mal wird Mitarbeitern das Gehalt nicht ausgezahlt. „Vor allem aber müssen die Verfahren schneller werden", sagt er, „die Leute verzweifeln sonst und werden aggressiv."

Auf Wunsch aus Brüssel hat Griechenland auch die Berufungskommissionen im Asylverfahren umgebaut und mit zwei Juristen und einem Vertreter des Flüchtlingshilfswerks UNHCR besetzt. Allerdings müssen die Juristen aus Spargründen auch andere Aufgaben erledigen und haben zu wenig Zeit für Asylfragen. Ein Vertreter der Hilfsorganisation ‚European Lawyers in Lesvos Project' beklagt auch, dass zu viel Druck auf Flüchtlinge ausgeübt werde, um sie zur freiwilligen Heimkehr zu bewegen.

Es ist Mittag geworden. Vor dem Eingang zum Asylzentrum in Moria drängen sich vierzig Flüchtlinge. Um ein Uhr gibt es wieder Anhörungen. Einige protestieren, sie hätten noch immer keinen Termin. Eine Mitarbeiterin der europäischen Asylbehörde Easo erklärt ruhig, sie müssten sich noch ein, zwei Tage gedulden. Kein Zweifel, Moria hat inzwischen ein freundlicheres Antlitz, manche Bewohner haben ihre Container bunt angemalt, die Wege sind gefegt, der Müll wird ziemlich regelmäßig abgeholt. Der Hotspot und auch die Asylverfahren am Ort sind weit besser organisiert als zuvor. Trotzdem kommt es immer wieder zu Protesten, denn niemanden freut es, wenn sein Asylantrag abgelehnt wird und er auf einer Insel festsitzt.

2017: Ein Erdbeben in der Ägäis erschüttert Lesbos

Am 12. Juni 2017, kurz vor meinem Besuch in Moria, erreichte uns die Nachricht, dass ein starkes Seebeben die Westküste der Türkei und die griechischen Inseln in der Ägäis erschüttert hat. Der heftige Erdstoß richtete auf Lesbos schwere Schäden an. Nach Angaben des Rettungsdienstes wurde eine Frau getötet. Sie war im Dorf Vrisa gefunden worden, nachdem ihr Haus nach der starken Erschütterung eingestürzt sei, erklärte der Bürgermeister.

Vrisa ist von dem Erdstoß besonders stark getroffen worden. Mindestens zehn Menschen sollen verletzt worden sein. In der Region der Ortschaft Plomari im Süden der Insel wurde der Glockenturm einer Kirche schwer beschädigt, auch zahlreiche andere Gebäude weisen Schäden auf, die Mauern mehrerer Häuser seien gerissen. Zudem gab es Erdrutsche, die zum Teil Straßen versperrten.

„Das Beben hat 15 bis 20 Sekunden gedauert. Die Menschen sind fast alle auf die Straße gerannt", berichteten Augenzeugen aus Lesbos im Fernsehen. „So einen Stoß habe ich noch nie erlebt. Ich habe gedacht, unser Haus stürzt ein", sagte einer.

Laut Erdbeben-Monitor des Helmholtz-Zentrums in Potsdam hatte das Beben eine Stärke von 6,3. Das Zentrum lag in der Ägäis zwischen Lesbos und der türkischen Küstenmetropole Izmir. Die Stöße waren noch in dem rund 330 Kilometer entfernten Istanbul und im etwa 300 Kilometer entfernten Athen zu spüren.

Im europäischen Raum kommen die meisten Erdbeben in Griechenland, den südlichen Teilen des Balkans sowie im Westen der Türkei vor. Auch Italien und der westliche Balkan sind besonders betroffen. Der größte Teil der schweren europäischen Beben ereignet sich nahe den Rändern von Afrikanischer und Europäischer Platte. Dort kann es zu Spannungen kommen. Wenn diese sich lösen, bewegt sich die Erdkruste. Das führt dann zu Beben oder mehr. Der Ausbruch des Vulkans auf Lesbos vor vielen Millionen Jahren wurde durch eben solche Vorgänge ausgelöst.

Die Seismologen vom Helmholtz-Zentrum in Potsdam sagen, es habe sich um ein sogenanntes Dehnungsbeben gehandelt, bei dem sich die obere Erdplatte in diesem Fall in Richtung Nord-Süd ausgedehnt habe. Das Epizentrum habe in zehn Kilometern Tiefe gelegen. Ein Beben in dieser Tiefe werde auch in mehreren hundert Kilometern Entfernung gespürt. Beben dieser Art würden in dieser Gegend etwa zweimal im Jahr registriert. Man müsse mit Nachbeben rechnen.

Es bleibt spannend auf Lesbos.

Literatur

Thomas Schröder, Lesbos. Michael Müller Verlag, Erlangen, 2013

Eva Demski, Lesbos. Sappho und ihre Insel. 2. Aufl., Verlag Schöffling & Co., Frankfurt a. M., 2000

Korfu (2011)

Korfu im Baedecker von 1888

Bereits seit dem späten 18. Jahrhundert sind die Ionischen Inseln und allen voran Korfu Ziel von Reisen. Im 20. Jahrhundert entwickelte sich die Insel zum Urlaubsziel für Pauschal- und Individualtouristen.

In der zweiten Auflage von *Baedeker`s Griechenland*, 1888 in Leipzig erschienen, ist nachzulesen, wie es zu Lebzeiten der Kaiserin Sissi auf Korfu aussah.

„Dank der ehemaligen englischen Oberhoheit besitzen die ionischen Inseln eine große Zahl guter Straßen, so daß man fast alle Theile Corfu's im Wagen besuchen kann. Ein herrlicher Olivenwald bedeckt die Insel (man berechnet die Anzahl der Bäume auf nahezu vier Millionen) und gibt mit den dunklen Cypressen der Landschaft ihr eigenthümliches Gepräge. Die einzelnen Bäume, die man hier unverschnitten wachsen lässt, erreichen eine Größe von 10 bis 12, ja 20 Meter, eine Schönheit und Entfaltung, wie an keiner Stelle der Mittelmeerküste, vielleicht an keinem andern Ort der Welt. Sie blühen im April, die Früchte reifen im Dezember bis März. Die Einrichtungen zur Gewinnung des Öls sind sehr primitiv, die Qualität steht daher gegen die des italienischen Öls sehr zurück. Reiche Ernten kommen nur alle 6 bis 10 Jahre vor. Der Weinbau auf Corfu ist im ganzen von geringerer Bedeutung als auf den Nachbarinseln, wird aber neuerdings eifriger betrieben, seitdem man begonnen hat, den dunkelrothen, gehaltreichen Wein zum Verschnitt nach Frankreich, Italien und andern Ländern zu versenden. Orangen, Citronen, Feigen sind vorzüglich und werden mehrmals jährlich geerntet. Höchst üppig gedeihen der Opuntia-Cactus und die Agave (Riesenaloe), welche wie in Sicilien zur Heckenbildung benutzt werden. Die Ausflüge werden in der Regel zu Wagen gemacht, doch sind auch Fußwanderungen lohnend. Die gewöhnlichen Preise der Wagen sind nachfolgend bei den einzelnen Ausflügen angegeben, doch können Herren, die mit den Kutschern direct zu unterhandeln verstehen, auch billiger fahren."

Korfus Fan-Gemeinde ist groß

Kaiserin Sissi von Österreich und der deutsche Kaiser Wilhelm II. gehörten dazu, auch der Historiker Ferdinand Gregorovius und der Schriftsteller Lawrence Durrell.

Kaiserin Sissi von Österreich
und der deutsche Kaiser Wilhelm II.

Im Frühling des Jahres 1895 weilte die österreichische Kaiserin Elisabeth genannt Sisi zum wiederholten Mal in ihrem geliebten Achilleion-Schlösschen auf Korfu. Am 8. April schrieb sie von dort an ihre Tochter Valerie: „Jetzt haben wir zwei fabelhaft schöne Tage gehabt, so schön war alles, daß es schon unnatürlich war, abends dufteten die Ölbäume so stark, und die untergehende Sonne verlieh ihnen einen Heiligenschein wie goldene Rosen. Das Meer glich einem großen Stück lichtblauen Glases, und darauf ruhten wie unbeweglich die kleinen Schiffchen mit den weißen und roten Segeln. ... gegenüber die noch mit Schnee bedeckten albanischen Berge, die zuerst rosafarben, langsam in Rubinfeuer aufflammen, über alledem ein betäubender Duft; unzählige Schwalben schwirren wie trunken hin und wider, ... Es war zu schön, so daß ich ganz nervös war und danach nicht schlafen konnte; fortwährend sah ich vom Bette aus in das mondbeleuchtete Zimmer und hörte auf die klagende Stimme der Eulen."

Nicht minder enthusiastisch äußerte sich der deutsche Kaiser Wilhelm II. in seinen *Erinnerungen an Korfu*, Berlin und Leipzig, 1924:

„Vor uns liegt der wundervolle oberste Garten, auf zwei Seiten von offenen Säulenhallen umrahmt und mit weißen Marmorstatuen und Philosophenhermen geschmückt. Das dunkle Grün seiner Zypressen, vermischt mit dem helleren Grün der Palmen, bietet einen schönen Kontrast gegen das Weiß der sie umgebenden Architektur und Marmorplastik. Dazu das leuchtende Parterre der vielfarbigen Cinerarien und in ihrer Mitte ein plätschernder Brunnen! Staunende Ausrufe, klassische Zitate werden laut, und helle, freudige Begeisterung leuchtet aus allen Blicken ob dieses Paradieses mit einer Stille und seiner Farbensymphonie. Das ist Griechenland! Das ist die klassische Schönheit! Hier schreitet der mächtige Geist der ewigjungen, nie zu übertreffenden edlen Antike unmittelbar neben uns her!"

Kaiserin Elisabeth hatte das Achilleion in den Jahren 1890 - 92 im italienischen Renaissance-Stil auf einem Grundstück südlich der Inselhauptstadt Kerkyra (Korfu Stadt) erbauen lassen. Benannt wurde der Palast nach Achilles, den Sissi wegen seiner Kraft bewunderte, und im Schlosspark ließ sie die von dem Berliner Bildhauer Herter geschaffene Marmorskulptur *Sterbender Achill* aufstellen.

Der Baustil und die Einrichtung greifen Themen der griechische Mythologie auf; im Obergeschoss des Treppenhauses befindet sich ein Fresko, das den siegreichen Achilles zeigt, wie er, auf einem Streitwagen stehend, den besiegten Hektor vor den Toren von Troja hinter sich her schleift.

Bis zu ihrem Tod 1898 besuchte Sissi das Achilleion immer wieder. Ihre beiden Kinder Gisela und Marie-Valerie waren nur einmal dort, ihr Gatte, Kaiser Franz Joseph, hat es nie besucht.

Wilhelm II. hatte schon Interesse am Achilleion bekundet, bevor er im Jahr 1905 die griechische Königsfamilie auf deren Sommerresidenz *Mon Repos* auf Korfu besuchte. Schließlich kaufte er das Anwesen von den Erben und ließ den deutsch-griechischen Architekten Ernst Ziller beauftragen, Pläne und Kostenaufstellungen zur Reparatur und Renovierung des bestehenden Schlosses zu erstellen. Er hatte aber mehr im Sinn. Ziller erhielt auch den Auftrag, auf dem Gelände einen neuen 40-Zimmer-Palast zu entwerfen und die Bauausführung zu überwachen. Es ist das neben dem Schlösschen in einer Talmulde gelegene Kavalierhaus.

Das Schloss war zuvor überwiegend privat genutzt worden. Unter Wilhelm II. wurde es in ein diplomatisches Zentrum umfunktioniert. Die Einrichtungsgegenstände der Kaiserin Sissi wurden großenteils durch solche aus Berlin ersetzt.

Auch sonst wurde vieles verändert. Besonders der *sterbende Achill* passte nicht zu dem Bild, das der Monarch von sich und vom Deutschen Reich hatte. Der Potsdamer Bildhauer Götz wurde beauftragt, einen riesenhaften zweiten Achilles zu schaffen, einen männlich-heroischen und vor allem *siegreichen Achill* mit Schild und Speer. Helm und Speerspitze waren mit Gold überzogen und bei klarem Wetter bis nach Kerkyra sichtbar. Mittlerweile ist das aufgetragene Gold verwittert und nicht mehr erkennbar.

Schon gar nicht in den Garten des deutschen Kaisers gehörte eine Skulptur des Dichters Heinrich Heine, die Kaiserin Elisabeth hatte hierher bringen lassen. Der Kaiser ließ sie entfernen und ersetzte sie durch eine Skulptur der Kaiserin.

Der Garten des Schlosses erstreckt sich den Hügel hinunter bis an die Küstenstraße nach Korfu-Stadt. Für den Garten zuständig war der Botaniker Carl Ludwig Sprenger. Seine besondere Leidenschaft galt der Pflanzengattung *Yucca*. Er hat mindestens 122 Yucca-Hybriden gezüchtet, seinem Wirken ist es zu danken, dass die Arten *Yucca aloifolia* und *Yucca elephantipes* in großer Zahl auf der Insel verbreitet wurden und vielfach verwildert sind. Sprenger wurde 1914 nach Ausbruch des Ersten Weltkriegs von serbischen Soldaten gefangen genommen, die das Anwesen in den Kriegswirren besetzt hatten. Er wurde aber nach Intervention des korfiotischen Präfekten wieder freigelassen.

Nach dem Ersten Weltkrieg wurde das Achilleion auf der Grundlage des Versailler Vertrags griechisches Eigentum.

Früher war das Gartengelände durch eine Brücke mit dem Strand und einer eigenen Anlegestelle verbunden. Als die Insel im Zweiten Weltkrieg ab 1943 von der deutschen Wehrmacht besetzt war, wurde die Brücke zerstört, um großen Fahrzeugen Platz zu machen. Die Reste der *Kaiser's Bridge* und die ehemalige Anlegestelle der königlichen Schiffe sind noch heute an der Küstenstraße zu besichtigen.

Nicht nur Damen und Herren von kaiserlichem Geblüt und solche, die im Kutschwagen unterwegs waren, haben sich gern auf Korfu aufgehalten. Die Insel hat viele berühmte Persönlichkeiten gesehen, und nicht wenige haben die Schönheit und Faszination Korfus eindrucksvoll beschrieben.

Der Historiker Ferdinand Gregorovius

Lesen wir, was der Schriftsteller und Historiker Ferdinand Gregorovius im Jahr 1882 zu berichten wusste.

„Das griechische Osterfest gab dem Leben Korfus einen besonderen Reiz. Abends schien jede Gasse des Marktviertels ein orientalischer Basar zu sein. Blecherne Öllampen erleuchteten grell die Butiken in den Straßenhallen, worin ein buntes Allerlei zum Verkauf stand: türkische Süßigkeiten ekelhaften Ansehens, Fenchelhonig, Chaleva und Leka, in Öl Gebackenes, gelber Kaviar in Fässern, schwarze Oliven, rote Ostereier, in Hühnerformen von Teig steckend, massenhafte bunte Wachskerzen auf Tischen, Haufen Maisbrotes auf den Straßen liegend, Haufen von Orangen; Weinschenken mit Fähnchen, die die Weinsorte angeben, Kaffeeschenken, Barbierstuben, Kämmerchen, worin Handwerker arbeiten, alles ist grell und bunt ausgeflittert wie im Basar Athens. Durch das Menschengewühl arbeiten sich mühsam Treiber von Eseln hindurch, die buntbemalte Wassertönnchen auf dem Rücken tragen."

Der Schriftsteller Lawrence Durrell

Die Bucht von Kalami im Nordosten der Insel ist vor allem durch das *White House* bekannt. Hier lebte der Schriftsteller Lawrence Durrell in den Jahren 1935 bis 1939 und schrieb den Roman *Schwarze Oliven - Insel der Phäaken,* Reinbek, 1968 – für Korfu-Liebhaber eine Pflichtlektüre. Der Originaltitel: *Prospero's Cell: A guide to the landscape and manners of the island of Corcyra (Corfu)*, 1945. Eine Plakette am Eingang des ehemaligen Wohnhauses erinnert an den jungen Durrell. Er schrieb:
„Korfu ist venezianisches Blau und Gold – von Sonnenlicht überschwemmt. Sein Reichtum sättigt und schwächt. Die südlichen Täler sind mit schweren, kühnen Pinselstrichen in Gelb und Rot ausgemalt; die Judasbäume säumen dort die

Straße mit ihren Explosionen von Purpurstaub. Überall, wohin man geht, kann man sich ins Gras legen; selbst die kahlen nördlichen Teile der Insel sind noch reich an Oliven und Mineralen.

Die Architektur der Stadt ist venezianisch; die Häuser oberhalb des alten Hafens erheben sich elegant in schlanken Reihen mit schmalen Durchgängen und dazwischenlaufenden Kolonnaden .... Es gibt andere Merkwürdigkeiten: Nachfahren der venezianischen Aristokratie in grün überwucherten freiherrlichen Villen, tief in der Landschaft geborgen und von Zypressen umgeben; einen sehr alten Schutzheiligen, der in wunderbar bestickten Pantoffeln in einem Silbersarg liegt, bereit, Wunder zu wirken." Gemeint sind die Reliquien des Schutzheiligen *Spyridon* in der Agios-Spyridonas-Kirche in Kerkyra.

Zu Zeiten des Schriftstellers Durell war Kalami ein kleines Fischerdorf, wovon heute nichts mehr zu merken ist. Ferienvillen, Hotel- und Apartmentanlagen an den Hängen der Bucht zeugen vom Trubel, der hier in der Hochsaison herrscht. Die meisten Unterkünfte werden von britischen Veranstaltern vermittelt. Der grobkörnige Sandstrand ist ein beliebter Badeplatz und in der Saison gut besucht. Besonders an den Wochenenden herrscht Hochbetrieb.

Unser Besuch der Bucht in der ersten Junihälfte, noch außerhalb der Hochsaison, war auf jeden Fall lohnend, denn die Küstenregion um Kalami ist bestens geeignet für kleine Wanderungen auf den Spuren von Lawrence Durrell.

Mythologie und Geschichte

Traditionell wird Korfu mit der Insel Scheria aus der griechischen **Mythologie** gleichgesetzt. Ihre Bewohner, die

Phaiaken, galten als gastfreundlich. Unter König Alkinoos und der entzückenden Prinzessin Nausikaa sollen sie einen zunächst unbekannten Fremdling aufgenommen haben, der sich im Laufe des Gastmahls als Odysseus zu erkennen gab und die Geschichte seiner Irrfahrten erzählte.

Bis heute wurden trotz verschiedener Hinweise keine Funde gemacht, die auf den Palast des Alkinoos hinweisen. Doch ist dies so wichtig? Noch einmal sei Ferdinand Gregorovius zitiert:

„Die Gestalten Homer's sind im Dasein der Menschheit so wirklich und so fest geworden wie historische Thatsachen; nur eine Erdrevolution könnte sie uns entreißen. Ihre Macht und Fortdauer sichert auch dies, daß sie wie Naturgebilde in einer localen, wirklichen Welt festwurzeln und zu deren Erscheinungen geworden sind. Man nehme einmal das unsterbliche jonische Märchen, welches Odyssee heißt, von diesen Inseln und Küsten hinweg, und man wird sie zu einem Theil entgeistern und entzaubern. Man nehme aus Korfu Odysseus, Alkinoos und Nausikaa, und man wird der Insel mehr Reize entziehen, als zerstörte man ihre prachtvollen Olivenwälder."

Im **Altertum** gründeten griechische Siedler im 8. Jh. v. Chr. eine erste Kolonie. Durch ihre vorteilhafte Lage an der Straße von Otranto kontrollierte Kerkyra (Korfu) den Zugang in den Westen und zu den Küsten des Adriatischen Meeres. Im 7. Jh. vertrieb eine korinthische Streitmacht die Kolonisten. Kerkyra stieg rasch zu einer Seemacht auf. Im 6. Jh.. besiegte es die Mutterstadt Korinth in der ersten Seeschlacht in Griechenland – laut Thukydides – und löste sich damit von deren Vorherrschaft.

In der **hellenistischen Zeit** (ab 300 v. Chr.) war die Unabhängigkeit Korfus bedroht. Die Insel wurde von allerlei

Abenteurern und Piraten überfallen. Sie nutzten die Insel für Beutezüge gegen römische Handelsschiffe. Dem bereiteten die Römer ein Ende, und Korfu wurde die erste römische Provinz in Griechenland. Ab dem 3. Jh. breitete sich das Christentum auf Korfu aus.

Vom Jahr 395 an gehörte Korfu zum Oströmischen Reich. Im Mittelalter wurde die Insel von den Sarazenen erobert, im 11. Jh. vom Normannenherzog Robert Guiscard. Von nun an wechselte die Herrschaft über die Insel ständig, bis sie im 14. Jh. unter den Einfluss der Republik Venedig kam. Neben der Hauptstadt waren Angelokastro und Gardiki die wichtigsten Festungen der venezianischen Kolonie. Kulturelle Einflüsse der westlichen Feudalherren verbanden sich mit einheimischen griechisch-orthodoxen Traditionen zu einer eigenständigen Kultur.

Über die **Neuzeit** lesen wir in Gregorovius' Buch, *Korfu: Eine ionische Idylle*: „Wie die griechisch-orthodoxe Kirche eine einheimische nationale Macht blieb, so stand auch die griechische Sprache des Volks in ihrem Schutz. Diese Kirche erlangte freilich erst im Jahre 1799 durch die mit den Türken verbundenen Russen ihre alten Rechte als jonische Staatskirche wieder, und die italienische Sprache hörte erst im Jahr 1852 auf, die amtliche zu sein. Das griechische Selbstbewusstsein hat unter der lateinischen Fremdherrschaft bei den Joniern so gut fortgelebt wie in Attika und Morea, und zu keiner Zeit haben jene ihren Zusammenhang mit der großen hellenischen Familie ganz eingebüßt. Die Liebe zum gemeinsamen Vaterland ist aber die glänzendste Eigenschaft aller Hellenen überhaupt. Niemals hätte eine griechische Provinz ihr altes, wenn auch unterdrücktes und zerrissenes Mutterland für ein fremdes Adoptivland aufgegeben, wie deutsche Provinzen in Bezug auf das ihrige getan haben.

Rom und Byzanz, Lateinertum und Griechentum sind politische, kirchliche und nationale Mächte, die sich nicht vermischen können. Venedig hat hellenische Länder beherrscht und ausgebeutet, aber weder die Kraft noch das Princip gehabt, die Griechen zu romanisieren. Die hellenische Cultur war, wie im Altertum der römischen, so auch im Mittelalter der romanischen lange Zeit geistig überlegen. Erst nach dem Falle Konstantinopels unter die Türkengewalt erschien der Genius Griechenlands als schutzflehender Flüchtling im Abendlande, und hier hielt er einen Triumphzug, von welchem die moderne Civilisation datiert. Das erste enthusiastische Philhellenentum begann im Abendlande; Griechenland fand hier seine literarische Auferstehung und Fortdauer, und die einzig mögliche Versöhnung zwischen Rom und Byzanz wurde in der italo-hellenischen Renaissance erreicht. Damals ist Korfu die Station des westwärts flüchtenden Griechentums geworden. Die Mythe des Odysseus erneuerte sich in anderer Gestalt; denn der schiffbrüchige Homer selber und mit ihm die Weisen und Dichter von Hellas genossen das Gastrecht in Korfu.

… Wenn die Phäakeninsel im Altertum nicht vermocht hat, durch literarischen und künstlerischen Ruhm zu glänzen, so hat sie doch seit dem 16. Jahrhundert an der Wiedergeburt der griechischen Nation sich ruhmvoll beteiligt. Ihre griechische Schule wetteiferte mit jenen anderen in Konstantinopel, in Janina, auf dem Athos, in Bukarest. Dichter und Philologen zierten sie, mit welchen Melanchthon im Briefwechsel stand. Im Jahr 1637 entstand hier die erste neugriechische Akademie. Wie im gesamten Hellas nahm auch hier die griechische Literatur seit dem 18. Jahrhundert einen neuen Aufschwung. Korfu ehrte sich durch die wissenschaftlichen Verdienste seiner Bürger."

Vom 16. bis 18. Jh. war Korfus Geschichte von Konflikten mit dem Osmanischen Reich geprägt, welches über das griechische Festland herrschte und wiederholt versuchte, die Ionischen Inseln zu erobern und zu halten. Im Jahr 1716 wurde die osmanische Belagerung durch die venezianische Armee aufgehoben und damit der letzte türkische Eroberungsversuch der Insel endgültig abgewehrt.

Nach dem Ende der Republik Venedig 1797 nahm das napoleonische Frankreich Korfu und die anderen Ionischen Inseln in Besitz. Kurze Zeit war Korfu russisches Protektorat. Danach folgte bis 1814 erneut eine französische Periode.

Auf dem Wiener Kongress 1815 kam Korfu unter britisches Protektorat. In der britischen Zeit entstand ein großer Teil der modernen Infrastruktur, so das 700 Kilometer lange Straßennetz, eines der dichtesten in ganz Griechenland.

Am 21. Mai 1864 wurde Korfu Teil Griechenlands.

Während des Ersten Weltkrieges war Korfu von 1916 bis 1918 Sitz der serbischen Exilregierung. 1917 wurde hier die *Deklaration von Korfu* über die Gründung des jugoslawischen Staates verabschiedet.

1922 kam in Italien Mussolini an die Macht. Er hatte Großmachtambitionen; diese waren seit den 1930er Jahren auch auf den Balkan gerichtet. Im September 1939 begann der Zweite Weltkrieg. Der Balkanfeldzug endete am 23. April 1941. Korfu wurde von Italien annektiert.

Im Juli 1943 wechselte Italien die Seiten, Mussolini wurde verhaftet; Pietro Badoglio wurde Ministerpräsident. Ab August 1943 wurde Korfu von Truppen der Wehrmacht angegriffen. Im September landeten Teile der 1. Gebirgs-Division auf Korfu. Am 25. nahmen sie den Kommandeur der dort stehenden italienischen Truppen gefangen. Dieser befahl seinen 8000 Männern, die Waffen niederzulegen. Alle 280 auf der Insel befindlichen italienischen Offiziere wurden erschossen. Die Leichen der Offiziere wurden auf Anordnung des deutschen Befehlshaber, General Hubert Lanz, mit dem Schiff auf das Meer hinausgefahren und beschwert an mehreren Stellen versenkt.

Alliierte Bomberverbände flogen zahlreiche Luftangriffe auf Korfu. Dabei wurde Korfu-Stadt im Juni 1944 teilweise zerstört. Am 11. und 15. Juni 1944 erfolgte unter deutscher Kontrolle die Deportation von 1700 der 1900 Juden Korfus nach Auschwitz; nur 122 von ihnen überlebten das Vernichtungslager.

Tourismus und Landwirtschaft sind die Haupterwerbsquellen

Durch den aufkommenden Massentourismus wurde die nach dem Krieg einsetzende Abwanderung aufgehalten. In den 1970er- bis zu Beginn der 1990er Jahre wurde Korfu von vielen Individualtouristen besucht, da die Fähren zur Insel mit dem beliebten Interrailticket genutzt werden konnten.

Die meisten Besucher kommen aus Großbritannien. Seit einigen Jahren gehen die Besucherzahlen aus Europa ein wenig zurück, während vermehrt Besucher aus Russland und dem Nahen und Fernen Osten die Insel besuchen.

Zwei Drittel der Inselfläche werden landwirtschaftlich genutzt, hauptsächlich durch Olivenbäume; der Rest entfällt vornehmlich auf Weinbau und Zitrusfrüchte. Allgegenwärtig sind die etwa vier Millionen Olivenbäume auf Korfu, die ihren Ursprung im 16. Jh. haben, als die Venezianer die Pflanzung förderten. Wein gedieh auch gut in ihren nördlicheren Besitzungen, Olivenbäume wegen des günstigen

Klimas aber am besten auf Korfu. Die Venezianer belohnten den Olivenanbau mit einer Prämie von 360 Drachmen je hundert Bäume. Aus einer Weinkultur wurde eine Oliven-Monokultur, Korfu zur *Ölkanne* Venedigs.

Die Korfioten haben ihre eigene Art der Olivenkultur – sie schneiden die Bäume nicht und schlagen sie nicht, um zu ernten. Um an die schwarzen Früchte heranzukommen, wartet man einfach ab, bis sie in ausgelegte Netze oder auf Plastikfolien fallen. Erntezeit ist Januar bis Mai/Juni. Zu dieser Zeit zeigt sich die Erde auf Korfu deshalb fast überall schwarz verschleiert.

Olivenöl spielt auf Korfu eine bedeutende Rolle. Es steht immer zur Verfügung und wird daher auch vielseitig verwendet, zum Kochen, Brennen und zur Körperpflege. In entlegenen Dörfern findet man gelegentlich noch die alten Olivenpressen, die von einem Esel angetrieben wurden. Heute ist das Verfahren natürlich längst automatisiert.

Wegen des Formenreichtums und der Knorrigkeit werden wohl nirgendwo auf der Welt so viele Bäume von Touristen fotografiert wie auf Korfu. Olivenbäume stellen inzwischen die ältesten Bäume der Insel. Zu Korfu gehören auch die Olivenholzschnitzer. Das Kunsthandwerk wird leicht unterschätzt: Die Verarbeitung des ungewöhnlich harten Holzes (die Astknoten sind das Wertvollste) ist mühsam und langwierig.

Im Jahr 1846 wurde von einem englischen Botaniker der aus Asien stammende Zwerg-Orangenbaum *Citrus japonica* auf Korfu eingeführt. Seine Früchte heißen Kumquats oder Fortunellen, Zwergorangen oder Zwergpomeranzen. Sie sind pflaumenförmig, höchstens 5 cm lang und variieren in ihrer Farbe von dunkelorange bis goldgelb. Das Fruchtfleisch ist in fünf bis sechs Segmente aufgeteilt, die essbare, aber leicht bittere Kerne enthalten. Die Frucht wird in der Regel mit der Schale und den Kernen gegessen; die Schale schmeckt eher herbsüßlich, das Fruchtfleisch bitter bis sauer. Die kultivierten Sorten wachsen nicht wild, sie sind Zuchtformen einer einzigen Wildart.

Die Früchte werden zur Herstellung von Marmeladen und kandierten Früchten verwendet, doch wird vor allem ein Likör aus dem Fruchtextrakt gewonnen und mit verschiedenen Kräutern verfeinert. Er gilt als milder Likör mit süß fruchtigem Geschmack, Orangen und Erdbeeren ähnelnd, und enthält 20 - 25 % Alkohol. Der Likör wird vorwiegend pur oder auf Eis getrunken, findet sich aber auch in der einheimischen Küche wieder, wo er zum Verfeinern von Süß- und Nachspeisen häufig genutzt wird. *Koum Kouat aus Korfu* ist eine geschützte Herkunftsbezeichnung und gilt als korfiotische Spezialität. Kumquaterzeugnisse finden sich in nahezu allen Souvenirgeschäften. In Agios Ioannis an der Hauptstrasse von Kerkyra her kann die Destillerie Th.Vassilakis & Sons besichtigt werden; hier kann man den Likör kosten und natürlich auch kaufen.

Eine Reise im Juni 2011

Unser Hotel während einer geführten Wanderreise im Juni 2011 ist das *Belle Helene* direkt am Meer in der weiten Bucht von Agios Georgios/Pagi im Nordwesten der Insel. Nur eine kleine Straße trennt das Haus vom 3 km langen Sandstrand. Der Strand ist breit und sauber. Er wurde mit der Blauen Flagge für hervorragende Wasserqualität ausgezeichnet. Auch die anderen Strände im Westen der Insel gelten als schön. Die Umgebung ist reizvoll, die Bucht von grünen Hügeln umgeben. Ruhe und Erholung sind hier garantiert.

Der kleine Ort, der sich am Strand entlang zieht, bietet aber auch ein bescheidenes touristisches Ambiente mit einigen Bars, Tavernen und Geschäften. Die Menschen der Gemeinde leben vom Tourismus und der Landwirtschaft – besonders Oliven, Wein und Honig. 300.000 teilweise jahrhundertealte Olivenbäume soll es auf dem Gemeindegebiet geben.

Wir haben einen Ausflug nach Korfu-Stadt und einige leichte bis mittelschwere Wanderungen geplant, jeweils mit einer Gehzeit von dreieinhalb bis fünf Stunden und Höhenunterschieden von +/-350 Metern, meist in üppiger Mittelmeervegetation. Sie führen durch den Norden sowie entlang der Nordwestküste.

Vom Achilleion zur Mäuseinsel und nach Korfu-Stadt (Kerkyra)

Als wir dann dieses berühmte und bewunderte Achilleion besichtigen wollen ist die Anlage geschlossen. Es ist so ein Tag, an dem wieder einmal alle staatlichen Museumswärter in Griechenland streiken. Der Autor kannte so etwas schon von früheren Reisen, beispielsweise konnten wir 1987 das antike Korinth nur durch den Zaun besichtigen.

Im Terrassencaffé erholen wir uns von dem Schock und fahren dann auf der Küstenstraße erst einmal zur Halbinsel Kaloni an der Bucht von Chalikipoulou. Die Bucht mit der pittoresken Insel Pontikonisi, der Mäuseinsel, und Kanoni mit dem Vlacherna-Kloster sind ebenfalls viel besuchte Sehenswürdigkeiten. Am Damm hinüber nach Vlacherna hinüber liegen Boote für Fahrten zur Mäuseinsel. Auf der Insel steht eine byzantinische Kapelle, deren Ursprünge auf das 11. Jh. zurückgehen; sie ist von hohen Zypressen umgeben. Manche Fremdenführer meinen, in der Mäuseinsel das Motiv für das Gemälde *Die Toteninsel* von Arnold Böcklin zu erkennen; es ist jedoch wenig wahrscheinlich, dass sie dem Maler als konkretes Vorbild diente, da sich Böcklin nie auf Korfu aufhielt.

Auf der Weiterfahrt können wir einen Blick auf Park und Schloss *Mon Repos* werfen, das dadurch bekannt wurde, dass hier 1921 Prinz Philip, Duke of Edinburgh, Gemahl der englischen Königin Elisabeth II., geboren wurde.

In Kerkyra schließlich, der Inselhauptstadt, zeigt sich Korfu von neuen Seiten. Zunächst aber: Korfu wurde infolge des vierten Kreuzzugs 1204 ein Teil der Republik Venedig und blieb das bis 1815, nachdem 1716 eine Belagerung durch osmanische Truppen erfolgreich abgewehrt worden war. Der Löwe von San Marco, das Symbol Venedigs, ist immer noch in der Stadt gegenwärtig.

Als Ergebnis des Wiener Kongresses wurde Kerkyra 1815 zur Hauptstadt einer unabhängigen Ionischen Inselrepublik unter britischem Protektorat. Die 1824 gegründete Ionische Universität ist die älteste der neuzeitlichen griechischen Universitäten. 1864 kam Korfu schließlich zu Griechenland. Die Altstadt von Kerkyra wurde in die UNESCO-Liste des Weltkulturerbes aufgenommen.

Überragt wird die Stadt von den beiden Festungen. Die alte Festung (Palaió Froúrio) wurde im 16. Jahrhundert von den Venezianern erbaut. Um die Festung zu sichern, wurde ein Kanal zwischen schützenden Mauern und dem angrenzenden Festland gegraben. Die Festung beherbergte zunächst die ganze Stadt, bis sich diese schließlich Richtung Westen ausdehnte. Der Bau der Neuen Festung erfolgte in der Zeit von 1576 bis 1645.

Im einstigen Palast des englischen Gouverneurs, *St.-Michael-und Georg-Palast*, ursprünglich Sitz der Ritter des

Ordens vom Hl. Michael und Georg, ist jetzt das Museum für Asiatische Kunst untergebracht. Das neoklassizistische Gebäude wurde 1819 - 23 aus Malteser Kalkstein errichtet. Nach dem Anschluss der Ionischen Inseln an Griechenland wurde es zeitweise als Sommerresidenz der königlichen Familie genutzt. Die Architektur des Gouverneurspalasts lässt erkennen, dass sich die Engländer in der Nachfolge der römischen Imperatoren gesehen haben. Besonders imposant sind die langgestreckte Säulenhalle, die den Räumen des Erdgeschosses vorgebaut ist, und die beiden seitlichen Durchgänge, die als Triumphbögen gestaltet sind.

Das alte Zentrum von Kerkyra wird beherrscht von den Türmen der Agios-Spyridonas-Kirche und der Agios-Jason-Sossipatros-Kirche. In der Agios-Spyridonas-Kirche ruhen die Gebeine von Spyridon, dem Schutzpatron der Insel. Sie kamen auf dem Umweg über Konstantinopel hierher. Der silberne Sarkophag steht in einem gesonderten Kapellenraum. Er wird viel besucht, die Frauen knien nieder, beten und küssen den Sarg; der Zutritt ist reglementiert. Viele Männer auf der Insel wurden auf den Namen Spyros getauft, was die männliche Kurzform von Spyridon ist. Lawrence Durell sprach von ihm als einem *sehr alten Schutzheiligen, der in wunderbar bestickten Pantoffeln in einem Silbersarg liegt, bereit, Wunder zu wirken.*

Die Altstadt von Kerkyra besitzt ein besonderes Flair durch die engen und verwinkelten, gepflasterten Gassen und den venezianischen Baustil ihrer traditionellen Gebäude, mit kunstvollen Balkonen und Arkaden, den Volta. Hier finden sich auch viele Geschäfte. Bei der Esplanada laden zahlreiche Tavernen und Cafés ein. Ein schöner Platz ist auch der am Rathaus mit alten, fruchtbehangenen Dattelpalmen und blau blühenden Jacaranda-Bäumen.

Wanderungen

Von Agios Georgios nach Prinilas und zurück

Schon die Region um die Bucht von Agios Georgios verlockt zu Wanderungen. Bevor wir das erste Mal losgehen, packt Christine, unsere Wanderführerin, ihren Rucksack aus und erklärt, was da alles drin ist. Einen Schirm hat sie auf Korfu immer dabei. Selbst ein kleiner Papptrichter fehlt nicht, „falls die Dame mal im Stehen pinkeln möchte".

Wir steigen auf, meist durch Olivenhaine, die Schatten bieten, und erreichen das kleine Dorf Prinillas. Diesen Namen hat das Dorf schon in der vorchristlichen Römerzeit erhalten wie alle Dörfer, deren Name mit -illas endet. In den Bauerngärtchen blühen Amaryllis, Passionsblumen, Granatapfel. Am Wegesrand sehen wir kleine wilde Glockenblumen, von denen es in Griechenland zahlreiche verschiedene Arten gibt; die Waldwinde, der dornige Akanth und der Sternlauch blühen. Die aparten Fruchtstände des Bocksbarts sind ein beliebtes Fotomotiv. An feuchten Erdhängen gedeiht der Frauenhaarfarn.

Von Agios Georgios machen wir auch kleinere Wanderungen und Spaziergänge in die unmittelbare Umgebung; man muss allerdings einiges auf Straßen gehen, die jedoch wenig befahren sind. Ein Weg führt taleinwärts zu *Petros Biohof* und Biogarten. Wenn man abends kommt, wird man auch bewirtet. Von dort kann man nordwärts auf die Höhe steigen und in einem großen Bogen nach Agios Georgios zurücklaufen. Oder man geht den Strand entlang und dann hinauf nach Afionas. Dort gibt es Tavernen, in denen man gut isst, und von einer hat man auch einen exzellenten Blick hinunter zur Bucht und weiter zu den Bergen im Hinterland. Wer noch Kräfte hat, wandert auf einem Maultierpfad hinab zur traumhaft schönen Doppelbucht Porto Timoni mit Kies-Sandstrand.

Von Omali nach Skafera

Wir fahren nach Omali im Zentrum des Nordens. Von dort laufen wir hoch zum Kloster Agia Triada. Eintreten können wir nicht. Ein Durchlass in der meterdicken Umfriedungsmauer ermöglicht uns aber einen Blick in einen kleinen, mit Blumen geschmückten Innenhof. Ein Mönch arbeitet im Garten. Er beachtet uns nicht.

Dann gehen wir hinunter nach Nimfes. Nahe der Straße plätschern auch die Quellen, wo wir uns erfrischen. Nur die Quellnymphen zeigen sich nicht. An der großen Platia unter einer mächtigen Platane rasten wir. Ziel ist der Ort Skafera, wo der Bus auf uns wartet. Aber vorher steigen wir in ein Tal ab, dann geht es wieder aufwärts, zuletzt weglos durch einen ausgedehnten Olivenhain. Die überall ausgelegten Plastikfolien und Netze für die Ernte der Oliven sind hinderlich beim Gehen. Und dann erwartet uns nochmals ein langgezogener Abstieg …

Im bäuerlichen Hinterland nach Sokraki und Spartilas

Von der Straße, wo uns der Bus absetzt, gehen wir durch den Weiler Rekini, steigen etwas ab und queren einen kleinen Bach. Schmale Aufstiegspfade und ein vermooster alter Weg durch Olivenhaine führen uns bis zum abgelegenen Dorf Sokraki, wo schon freie Tische vor der Taverne am Dorfplatz auf uns warten. Während wir uns stärken, können wir das Dorfleben beobachten. Besondere Ereignisse sind ein Streit zwischen unserem Wirt und dem der benachbarten Taverne – der Nachbar ist neidisch wegen uns, der Kundschaft – und die zweimalige Vorbeifahrt eines roten Pickup mit einem kräftigen Hammel hintendrauf, der vermutlich zum Decken gefahren wurde.

Zunächst begleiten uns eindrucksvolle Blicke zum Pantokrator-Massiv – mit 906 m die höchste Erhebung auf der Insel – auf dem weiteren Weg, dann geht es steil hinab durch ein Tal, das früher einmal landwirtschaftlich genutzt wurde, aber nun dschungelartig zugewachsen ist. Über Mäuerchen, über Stock und Stein nach Spartilas, wo noch eine tote Hornviper fotografiert und entsorgt wird letzteres zur großen Erleichterung von Christine, die fürchtete, ich werde den übel riechenden Leichnam ins Hotel mitnehmen.

Panoramapfade über dem Meer

Auf einem kühn angelegten Serpentinenweg, der am Ende der Bucht von Agios Georgios beginnt, steigen wir unter steil abfallenden Felswänden hoch. „*FootPaTh to Makrades – Krini 30 min*" steht unten auf dem Wegweiser in handgeschriebenen Lettern. Wie haben herrliche Blicke hinab zu unserer Bucht und hinüber zur Afionas-Halbinsel. In der Ferne werden die vorgelagerte Inselchen Diaplo, Mathraki und, noch weiter draußen, Othoni und Erikoussa sichtbar.

Auf der Höhe erreichen wir das touristische Makarades, das in der Zeit, als Korfu zum Byzantinische Reich gehörte, seinen Namen bekommen hat wie alle Dörfer, die mit -ades enden. In Makarades gibt es Souveniershops, wir schauen in eine Weinschänke und eine Ölmühle, die in früherer Zeit mit der Hilfe eines Langohrs betrieben wurde, und in das Atelier eines schottischen Malers, den es hierher verschlagen hat; nicht allen gefallen seine Kunstwerke.

Wir passieren die Ruine der venezianisch-byzantinischen Festung Angelokastro, die wie ein Adlerhorst auf einem Felsklotz thront. Die *Engelsburg* war über Jahrhunderte eine der wichtigsten Verteidigungsanlagen der Insel. Als die Kreuzfahrer im Jahr 1204 Konstantinopel einnahmen und das Byzantinische Reich zerbrach, wechselte die Insel Korfu mehrfach den Besitzer; die Burg ging 1386 an Venedig und war zu diesem Zeitpunkt in gutem Zustand. Das Kastell erfreute sich während der venezianischen Herrschaft (bis 1797) großer Bedeutung, weil es einerseits der einheimischen Bevölkerung ein Refugium vor Piraten und Eroberern wie den Türken und Genuesen bot und andererseits die Kontrolle des Schiffsverkehrs in der Adria zuließ, was ein Hauptanliegen der Republik Venedig war. Die Änderungen in den Techniken der Kriegsführung brachten es mit sich, dass Angelokastro schließlich, wie andere Burgen auch, aufgegeben wurde, da es nicht mehr den Anforderungen entsprach.

Dann laufen wir durch das Bergdorf Lakones in fast 400 m Höhe, mit Aussicht bereits auf die Bucht von Paleokastritsa mit dem alten Kloster Theotokos auf einem Felsvorsprung. Für den Abstieg nutzen wir alte gepflasterte Eselspfade, die kaum mehr begangen werden.

Das Kloster enthält eine bedeutende Ikonensammlung; wir erfreuen uns an dem Blütenreichtum in den idyllischen Innenhöfen und Durchgängen und der hübschen Architektur des Glockenturms und der Farbgestaltung der Gebäude – ein helles Ockergelb, das wunderbar mit den roten und violetten Blüten harmoniert.

Buchten im Nord-Osten

Unsere Küstenwanderung führt entlang der felsigen Nordostküste mit vielen abgeschlossenen Buchten, von Nissaki über Kalami – vorbei am *White House*, das unmittelbar am Meer liegt; eine Plakette am Eingang erinnert an Durell –

bis Agios Stephanos. Unterwegs gibt es Bademöglichkeiten und Tavernen direkt am Wasser zum Auftanken und Ausruhen. Auch dies ist eine schöne Wanderung trotz eines längeren Abschnitts auf der Straße, weil ein riesiges Privatgrundstück umgangen werden muss. Am Anfang waren viele Schmetterlinge zu sehen – Segelfalter, Scheckenfalter, Schwalbenschwanz, Mittelmeerzitronenfalter.

An der Nordwest-Küste
Begleitet von abwechslungsreichen Landschaftsbildern gehen wir ab Agios Giorgios über Arillas und Agios Stephanos zum nordwestlichsten Punkt Korfus, dem Kap Drastis. Hier eröffnet sich ein schönes Panorama. Beeindruckend sind die Kalksteinformationen, die ins Meer hineinragen. Man kann sie am besten sehen, wenn man sich mit dem Schiffchen auf eine der zwei vorgelagerten kleinen Inseln, Mathraki oder Erikousa, übersetzen lässt.

Literatur

Hans-Peter Siebenhaar, Korfu: Reiseführer mit vielen praktischen Tipps. Michael Müller Verlag, Erlangen

Ferdinand Gregorovius, Korfu: Eine ionische Idylle. Salzwasser Verlag, Paderborn, 2012. Nachdruck des Originals von 1882.

Chalkidiki (2012)

Sithonia, Neos Marmaras

Die mazedonische Halbinsel Chalkidiki ragt mit ihren drei schmalen Landzungen wie eine Hand mit drei Fingern ins Meer. Man könnte sie auch mit einem Dreizack vergleichen. Ist nicht hier der Kampf zwischen den olympischen Göttern und den gewalttätigen Giganten ausgetragen worden? Hat nicht hier ein Gigant namens Athos sich auf den Meeresgott Poseidon gestürzt, der, über die Maßen erzürnt, einen riesigen Felsblock auf seinen Widersacher schleuderte, unter dem er noch heute begraben liegt? Vielleicht hat Poseidon – so könnte man sich vorstellen – noch halb besinnungslos vor Wut sein Zepter hier liegen lassen, das er hingeworfen hatte, um beide Hände frei zu haben?

Chalkidi gilt als eine der landschaftlich reizvollsten Regionen Griechenlands. Während sich Badetouristen hauptsächlich auf der westlichsten Landzunge Kassandra tummeln, sind Naturliebhaber auf dem mittleren Finger Sithonia am besten aufgehoben. Bizarre Felsformationen, Kiefern- und Pinienwälder und reizvolle Buchten warten auf den Besucher. Grund genug, für eine Woche die Koffer zu packen und das milde Mittelmeerklima im Herbst zu genießen!

Unser kleines Hotel Meliton Inn wird von der Besitzerfamilie geführt. Es liegt am langen Sandstrand der Paradissos-Bucht. Verschiedenen Tavernen in der Nähe laden zur Einkehr; sie heißen Miramar, Parádisos, Mythos, bei Vassilli oder Dimitry.

Fünfzehn Gehminuten entfernt ist Neos Marmaras, Hauptort der Sithonia. Er wurde in den 1920er Jahren von umgesiedelten Griechen aus der Marmarameer-Region gegründet. Er bietet eine angenehme Urlaubsatmosphäre mit Tavernen, Bars, Geschäften und einem kleinen Hafen. Markt ist am Donnerstag. Nicht weit von hier, bei Nea Moudania, hat der Reeder Jannis Karras 1974 einen großen Hotelkomplex anlegen lassen, Porto Carras.

Leben im Meer

Am nördlichen Ende unserer Bucht liegen kleinere Felsriffe im Flachwasser vor der Steilküste, Lebensraum für Algen, Fische und wirbellose Meerestiere: Seeigel, Röhrenwürmer, Schnecken, Krebse, Seeanemonen, Schwämme, krustig wachsende Kalkrotalgen, Grünalgen (Halimeda). Es gibt Licht und Schatten, Nahrung, Laichplätze, Verstecke. Auch im freien Wasser der Buchten über Sand und Seegraswiesen sieht man Fische, zuweilen große Schwärme, und wirbellose Meerestiere. Auf dem Sediment sind Grundfische, Seegurken und Schnecken unterwegs. Im Sediment ist eine nicht kleine Lebendmasse zu vermuten: eingegrabene Muscheln und Würmer, deren Anwesenheit man an Fraßtrichtern und Exkrementhäufchen, oftmals dicht an dicht, erkennt.
Poseidon ist dem Autor wohlgesonnen: bei Ausflügen mit Schnorchel und Taucherbrille findet er das Erwartete.
Besonders häufig ist die Spiegeleiqualle, *Cotylorhiza tuberculata*, eine Wurzelmundqualle; der Schirm ist flach, weist jedoch eine kuppelartige, dunkler gefärbte Erhöhung auf. Diese Quallenart ist in Ägäis und Adria die bei weitem häufigste Schirmqualle und kommt in den meisten Jahren in großen Schwärmen vom Frühjahr bis in den Herbst und mit Individuen von Nuss- bis Kopfgröße vor. Die Farbe ist durch symbiontische einzellige Algen mit bräunlichen Pigmenten verursacht; sie leben im Gewebe der Quallen.

Artenreich waren die Fische:

Fünffleckiger Lippfisch, *Crenilabrus quadromaculatus*, und *Crenilabrus tinca* (Lippfische)

Amsellippfisch, *Labrus merula* (Lippfische)

Zweibindenbrasse, *Diplodus vulgaris* (Meerbrassen)

Bindenbrasse, *Diplodus sargus* (Meerbrassen)

Ringelbrasse, *Diplodus annularis* (Meerbrassen)

Goldbrasse, *Sarpa aurata* (Meerbrassen)

Goldstrieme, *Sarpa salpa* = *Boops salpa* (Meerbrassen)

Spitzbrasse, *Diplodus puntazzo* (Meerbrassen)

Goldmeeräsche, *Liza aurata* (Meeräschen)

Streifenbarbe, *Mullus surmuletus* (Meerbarben)

Wanderungen

Wir planen eher einfache Wanderungen, vier bis fünf Stunden Gehzeit mit Höhenunterschieden von maximal 350 m. Sie sollen uns von Nord nach Süd durch die Landschaft der Sithonia führen.

Parthenonas

Nach wenig Schlaf wegen unserer nachmitternächtlichen Ankunft im Hotel starten wir am Sonntagmorgen gleich zu unserer ersten Wanderung, die uns hinauf in das Dorf Parthenonas führen soll. Nach steilem Anstieg erreichen wir schließlich Paul's Taverne. Der Blick auf die Küste und liebevoll restaurierte Häuser aus Naturstein im makedonischen Stil entschädigt uns für den vergossenen Schweiß.

Von Nikiti nach Ormos Panagias

Nikiti, unser Ausgangspunkt, ist ein Paradestädtchen makedonischer Baukunst: Natursteinhäuschen mit roten Ziegeldächern und den typischen Kaminen prägen das schmucke Ortsbild. An der Dorfkirche vorbei erreichen wir erst eine

Kapelle, nach kurzem, steilem Anstieg eine zweite, die zur Rast einlädt.

An der Außenwand der ersten Kapelle entdecken wir ein Fresko der Maria von Ägypten, geboren um 344 in Alexandria, eine Eremitin, die in der römisch-katholischen und orthodoxen Kirche als Heilige verehrt wird. Über ihr Leben ist nur Legendarisches überliefert. Das Fresko zeigt sie in der üblichen Darstellung: nackt, nur mit Haaren bedeckt, mit drei Broten und einem Kelch. Sie ist die Patronin der Büßerinnen und reumütiger Sünderinnen.

Durch Kiefernwälder wandern wir quer über die Halbinsel. Östlich von Nikiti erblicken wir zum ersten Mal den Berg Athos. Nach zwei Stunden kommen wir in dem Städtchen Agios Nikolaos an. Weiter geht es durch Felder und dann am Meer entlang bis zu unserem Ziel, dem Hafen Ormos Panagias.

Auf schmalen Ziegenpfaden

Zwei Wanderungen führen uns in den Süden der Halbinsel Sithonia. Wir starten an der Straße oberhalb Toroni – Porto Koufó. Auf Ziegenpfaden laufen wir durch imposante Felslandschaften, durch Macchie und Phrygana, das eine Mal als Rundwanderung mit Baderast an einer Bucht bei Toroni, das andere Mal auf Panoramawegen zu dem kleinen Ort Sikia. Die Freundlichkeit der Bauern und Ziegenhirten, trotz ihres kargen Lebens, ist typisch für die Landbevölkerung.

Der Berg Athos

Auf den Wanderungen über die Höhen der Sithonia gerät immer wieder die Silhouette des Heiligen Berg Athos in den Blick. Der höchste Punkt an der Südspitze der Halbinsel ist

2.033 Meter hoch. Eine Schiffstour längs der Athos-Halbinsel startet vom Hafen Ormos Panagias; die zur Küste liegenden Klosterbauten sind oft aus nur hundert Metern Entfernung zu sehen.

Der Ágion Óros ist eine orthodoxe Mönchsrepublik mit autonomem Status unter griechischer Souveränität. Das Territorium umfasst rund 336 km² und zählt über 2.000 mönchische Einwohner. Hinzu kommen Verwaltungsangestellte, Polizisten, Geschäftsbesitzer und eine saisonal wechselnden Zahl von Arbeitern.

Die zwanzig Klöster der Mönchsrepublik sind Teil des UNESCO-Welterbes. Das erste Kloster, die Große Lavra, wurde 963 von dem byzantinischen Mönch Athanasios Athonites gegründet. Auch schon vorher hatten auf dem Berg Mönche gesiedelt, die sich an Vorbildern der asketischen Mönche im Alten Ägypten orientierten. Bald gründeten bulgarische, rumänische, russische, georgische und serbische Mönche weitere Klöster auf dem Berg Athos. Heute sind 17 Klöster griechisch, eines serbisch (Kloster Chílandar), eines bulgarisch (Kloster Zográfou) und eines russisch (Kloster Panteleímonos).

Neben den Klöstern gibt es die dorfähnliche Siedlungsform der Skiten, die nicht eigenständig, sondern von ihrem Mutterkloster abhängig sind. Außerdem siedeln an schwer zugänglichen Hängen Mönche in Eremitagen, zumeist in kleinsten Bauten und Höhlen.

Der Zensus von 2001 zeigt, dass nach langem Niedergang in den letzten Jahren wieder ein verstärkter Zuzug auf den Heiligen Berg festzustellen ist.

Der Athos heißt auch *to perivóli tis Panagías*, der Garten der Gottesmutter, und ist im theologischen Sinne einzig und allein der obersten Heiligen der orthodoxen Kirche, Maria, vorbehalten. Frauen ist der Zutritt zum Berg Athos grundsätzlich untersagt. Hier zwei Zitate:

„Aus diesem Paradiese ist das Weib verstoßen, damit der Mann nicht jenes Paradieses verlustig gehe."

„Die Athoniten verwehren den Frauen den Zutritt zum Heiligen Berg, weil sie die Frauen wahrhaft lieben. Alle Frauen sind auf dem Athos abwesend, und doch wieder, durch die Gottesmutter, Maria, sind alle anwesend."

Ein pragmatischer Grund für das Verbot ist der Wunsch der Mönche, von optischen sexuellen Reizen unbeeinflusst zu leben und sich so ungestörter der Gottesverehrung widmen zu können.

Immer wieder wurde das Verbot von Frauen übertreten. 1969 betraten fünf griechische Urlauberinnen eigenmächtig das Gebiet des Athos; 1989 verirrte sich eine deutsche Touristin in das Mönchsterritorium. Schlagzeilen machten zuletzt sechs griechische Frauen, die im Januar 2008 vor laufender Kamera die Grenze zum Mönchsstaat übersprangen, um gegen Gebietsansprüche der Mönche außerhalb des Athos zu protestieren.

Selbst weibliche Haustiere schließt das Verbot ein, außer den allgegenwärtigen Katzen, die einen gewissen Schutz vor Mäusen, Ratten und Schlangen gewähren, und den zahlreichen Bienenvölkern. Viehzucht wird auf dem Athos keine betrieben. Als Lasttiere werden männliche Esel, Pferde und Maultiere von außerhalb bei Bedarf eingeführt.

Berühmt sind die Malerwerkstätten des Athos, deren große Tradition der Ikonenmalerei bis ins Hochmittelalter zurück reicht. Die oft kolportierte Geschichte von den Hühnern, die Eidotter für Ikonenmaler liefern, ist in den heutigen Zeiten eines gut organisierten und motorisierten Warenverkehrs auf dem Athos obsolet.

Wegkapellen (*Eklissaki*, Kirchlein, Heiligenhäuschen, Bildstöcke)

Für die Volksfrömmigkeit spielen heilige Dinge, Orte und Zeiten eine große Rolle in Hellas. Sie verankern den Glauben im Alltag. Die Frömmigkeit zeigt sich u.a. in den zahllosen Heiligenhäuschen, *Kirchlein* (wörtlich übersetzt aus gr.: Eklissaki oder Ikonostasi) an alten Landstraßen, die bis heute verehrt werden. Oft kunstvoll gebaut, enthalten sie im Inneren das Bild der Heiligen Jungfrau, des Ortsheiligen oder eines Schutzpatrons. Hat das Häuschen die Form einer kleinen Kreuzkuppelkirche, weist dies auf ein in der Nähe gelegenes Kloster oder ein anderes bekanntes Heiligtum hin. Die Eklissaki sollen Reisende auf ihrem Weg begleiten und sie des Schutzes Gottes durch seine Heiligen vergewissern. Der Halt verschafft dem Reisenden einen Augenblick der Ruhe, des andächtigen Nachdenkens, bevor er seinen Weg fortsetzt.

Die Aufstellung dieser Kapellchen hat manchmal einen traurigen Anlass. Oft ist sie auch der Dank für die Errettung aus einer gefährlichen Situation. Nachts sind sie vom Schein einer Öllampe erhellt, die als ewiges Licht Tag und Nacht brennt. Die Reisende füllen die Lampen mit frischem Öl, kürzen die Dochte und hinterlassen vieleicht einen Beitrag für die Unterhaltung des Häuschens, den sie in kleine Kasten stecken, die zu diesem Zweck angebracht sind. Die Wegkapellen werden regelmäßig mit frischen Blumen geschmückt.

Die Heiligenhäuschen stehen in der Tradition der antiken Hermessäulen. Die Götter der Antike wurden mit zahlreichen weiß gekalkten Betsäulen verehrt. Sie stellten Treffpunkte dar, und die Begegnungen dort waren oft Anlass zum

Halten oder zu einem kurzen Gespräch. Hermessäulen standen an den gleichen Stellen wie jetzt die Kapellchen, neben einer Quelle, an den Kreuzungen der altgriechischen Straßen, und sie waren für die gleichen Zwecke errichtet. Sie dienten auch als eine Art Wegweiser.

In Thessaloniki wird die Ikone *Axion esti* (Sei gepriesen) vom Berg Athos gezeigt

Staus gibt es in Thessaloniki meist nur dann, wenn Polizei und Demonstranten aufeinander losgehen. Aber heute demonstriert niemand. Warum also diese endlosen Autokolonnen im Stadtzentrum, woher diese Menschenmassen vor der Agios-Demetrios-Kirche, der Kirche des Stadtheiligen in der Altstadt? Wir wollten die Innenstadt und die Kirche besichtigen. Aber wir geben es auf, fahren zurück ins Hotel. Dort weiß man mehr, aus dem Radio, aus dem Fernsehen, am nächsten Tag liest man darüber in den griechischen Zeitungen. Unser Reiseleiter, der Wirt Tasso, seine Tochter, ein griechischer Gast, der in Deutschland gelebt hat, übersetzen und liefern auch gleich Kommentare mit.
Stundenlang sind die Menschen geduldig angestanden, um in die überfüllte Kathedrale zu kommen. Der Grund ist eine goldene Ikone, die ebenso klein wie erhaben ist. Es ist die berühmte Mariendarstellung *Axion esti* (Sei gepriesen) vom heiligen Mönchsberg Athos. Wenn die Wartenden endlich zu ihr vorgedrungen sind, bekreuzigen sie sich, setzen die Lippen an die Ikone, streicheln das Bildnis und bekreuzigen sich wieder. Mit einem Lächeln gehen sie davon.
Bischof Anthimos von Thessaloniki gibt Interviews, griechischen und ausländischen Reportern. Man sieht ihn im Fernsehen „Wir zeigen *Axion esti*", sagt er mit fester

Stimme. Der zweitmächtigste Mann der griechischen Staats-kirche sitzt in seinem holzgetäfelten Büro zwischen Ikonen, Silberleuchtern, alten Telefonen und einem angejahrten Drucker. Er lässt den Journalisten Mandellikör mit kandier-ten Kirschen servieren. Auf der Brust trägt er ein Medaillon mit einem Marienbild, darüber den langen weißen Bart und die langen grauen Haare, die er im Nacken zusammenge-bunden hat. „Wir haben diese wertvolle Ikone vom Berg Athos geholt, um die Menschen moralisch aufzurichten." Eine Welle des Atheismus stürze von Europa auf Griechenland ein. „Aber wir halten durch", sagt der Bischof. „Wir haben unsere Gebete und unsere Liturgie."

Das ist die orthodoxe Kirche, wie man sie sich im Westen vorstellt. In der Liturgie versunken, in Gesängen und Ge-beten, die bei großen Festen auch die ganze Nacht andauern. Man schließt die Augen, gibt sich der Zeremonie hin, anstatt sich von allzu abgehobenen Predigten und Gotteszweifeln ernüchtern zu lassen. Es gibt Dinge, die sind größer als der menschliche Verstand. Wenn man in Griechenland im Bus an einer orthodoxen Kirche vorbeifährt, bekreuzigen sich manchmal die Passagiere. Wenn dann auch noch der Fahrer das Kreuz vor die Brust schlägt, am besten in einer Kurve, kann der Bus auch schon mal ins Schlingern geraten. Doch mit Gottes Hilfe findet er schnell in die Spur zurück. Das Urvertrauen ist wichtig in dieser tiefen Krise des Landes.

Was tut die reiche Kirche Griechenlands für die Menschen?

Die orthodoxe Kirche ist reich. Sie besitzt riesige Ländereien in ganz Griechenland und Immobilien in besten Innenstadt-lagen, die sie vermietet. Niemand weiß, wie viel sie wirklich besitzt und welchen Wert das Grundeigentum hat. Sie bekommt Geld für Taufen, Hochzeiten und Todesfälle. Die Gehälter der Geistlichen zahlt der Staat, seitdem die Kirche vor 60 Jahren mit dem Staat einen großen Immobiliendeal schloss. Damals tauschte die Orthodoxie weite Wälder und Felder gegen Häuser in den Städten. Aus heutiger Sicht war das ein prächtiges Geschäft. Erst seit 2010 muss die Kirche auf ihre Miet- und Pachteinnahmen Steuern zahlen. Aber nicht die üblichen 45 Prozent, sondern nur 20 Prozent. Keine andere griechische Institution genießt ähnliche Privilegien.

Die orthodoxe Kirche rettete Griechenland in den schlimmsten Zeiten. Sie pflegte das eigenständige Bewusstsein der Griechen im Osmanischen Reich über Jahrhunderte. Sie formte den griechischen Nationalstaat gegen alle Widerstände seit 1821 mit. Was tut die orthodoxe Kirche heute, um den Griechen aus der tiefsten Krise seit dem Zweiten Weltkrieg und dem Bürgerkrieg herauszuhelfen?

„Was, außer der moralischen Aufrichtung, tut die reiche Kirche Griechenlands noch für die Menschen?" wird Bischof Anthimos gefragt. „Die Griechen spenden", sagt er mit Stolz, „mit den Spenden tun wir Werke der Barmherzigkeit. Wir bekommen Geld auch von Griechen aus dem Ausland." Auch Deutsche überweisen. Das sei wichtig in einer Zeit, in der die Griechen von der Troika aus EU, Internationalem Währungsfonds und Europäischer Zentralbank „erniedrigt" würden. „Aber wenn die Steuern auch für uns weiter erhöht werden, kann selbst die Kirche nicht mehr helfen."

Dass Geld für neue Formen der Barmherzigkeit stammt aus Spenden

Tasso zeigt uns einen Zeitungsbericht. Das Dorf Liti ist eine halbe Autostunde von Thessaloniki entfernt. Kleine Gehöfte, weiß getünchte Ferienhäuser mit roten Ziegeldächern, Schrebergärten, keine Industrie. Ohne das nahe Thessaloniki könnten die 4000 Menschen hier in der Krise nicht überleben. Viele von ihnen sind auf den Staat angewiesen, und der Staat kann immer weniger für sie tun. In dieser Lage bietet Pater Nikolaos nicht nur Liturgie und Kontemplation. Er führt uns durch seine Kirche und das Refektorium, das er zum Klassenzimmer umfunktioniert hat. „Hier lernen über 200 Schüler in Nachmittagskursen byzantinische Malerei, Musik und Computerwissenschaften", sagt der Pater. Aber auch Nachhilfe in Mathematik und Fremdsprachen ist dabei. Solche Kurse kosten die Familien sonst Geld, hier sind sie kostenlos. Er will ein weiteres Gebäude errichten lassen, das bis zu 900 Schüler fassen soll. Die Kirche hat eine Küche, die allmählich zur Dorfküche wird. Die Menschen essen hier nach dem Gottesdienst. Doch nicht nur dann.

„Derzeit sind es dreißig Menschen im Dorf, denen wir regelmäßig Essen nach Hause bringen", sagt der Priester. „Ihr Stolz verbietet es ihnen, in die Kirche zu kommen und sich vor den Augen des ganzen Dorfes Essen zu holen. In der Kirche im Nachbardorf gibt es eine Suppenküche für über 100 Menschen. Täglich holen sie sich dort Nudeln mit Tomatensoße, Fleischklößchen, Hühnersuppe oder Moussaka ab. Diese Kirchenküchen verbreiten sich über ganz Griechenland. Die Kirche hilft nicht nur mit Gebeten."

„Wir beschäftigen auch Gärtner und Bauern", sagt Pater Nikolaos, „sie zeigen den Menschen, wie man Land urbar macht." Doch manchen wird auch Geld gezahlt. Einige Dorfbewohner sitzen abends im Dunkeln, weil sie die Stromrechnung nicht mehr bezahlen können. Andere werden in diesem Winter nicht heizen können. „Also bezahlen wir ihnen die Stromrechnung, kaufen Öl und Holz."

Doch woher hat die Kirche das Geld für diese Formen der Barmherzigkeit? „Aus Spenden", sagt auch Pater Nikolaos. Viele Griechen ziehen bei solchen Erklärungen die Augenbrauen hoch. Linke Politiker fordern ein Ende der kirchlichen Privilegien. Der Kirchenbesitz soll zunächst einmal registriert und geschätzt werden, wovon die Geistlichkeit nicht so richtig viel hält. Rena Dourou von der oppositionellen linken Syriza-Partei nimmt an, dass dabei viel unbesteuertes Vermögen zutage treten werde. Die gemäßigte Demokratische Linke schlägt vor, dass sich die Kirche an den Priestergehältern beteiligt. Andere wollen die Steuern auf das Grundeigentum der Orthodoxie an den normalen Satz angleichen. Konservative Politiker und die Kirche halten dagegen. Zum Beispiel der Nea-Dimokratia-Abgeordnete Konstantinos Gioulekas, ein enger Parteifreund von Premier Antonis Samaras. Er wird bald für den einflussreichen Bürgermeisterposten in Thessaloniki kandidieren. Gioulekas meint, der Staat müsse alles Land zurückgeben, das er vor 60 Jahren erhalten hat, wenn er nicht mehr die vollen Priestergehälter zahlen wolle. Und Bischof Anthimos sagt, der Staat nutze schon den größten Teil des Kirchenbesitzes. Aber niemand weiß eben, wie viel das genau ist.

Warum sollten die Menschen nach Säkularisierung rufen?

Kirche und Staat sind in Griechenland tief miteinander verwoben. Artikel 3 der Verfassung erklärt die Orthodoxie zur griechischen Religion schlechthin. Das Religionsministerium ist zugleich die oberste Erziehungsbehörde. Orthodoxe Priester geben dem neu gewählten Premierminister und dem Präsidenten ihren Segen. Sie sind mit Weihrauchfass und Weihwedel dabei, wenn das Schuljahr beginnt, ein nationaler Feiertag begangen oder ein Supermarkt eröffnet wird. Das amerikanische *Religion Data Archive*, das das Ausmaß der Begünstigung einer bestimmten Religion in allen UN-Staaten verglichen hat, ordnet Griechenland deshalb zwischen Iran, Saudi-Arabien und Malaysia ein.

Linke und liberale Griechen halten das nicht für gut. Doch auch sie sind vorsichtig, weil die Kirche im Volk beliebt ist. Einer sagt: „Wir kämpfen nicht gegen die Kirche, sondern stellen konkrete Fragen."

Am radikalsten äußert sich der griechische Philosoph Stelios Ramfos. Er hält die Kirche für ein Modernisierungshindernis. Die Orthodoxie habe sich nie wirklich reformiert. Sie stelle die Glaubensgemeinschaft über das handlungsfähige Individuum. Sie verneine die Zeit, in der wir lebten. „In manchen Gegenden Griechenlands gibt es noch Gebete für Regen, anstatt sich um eine anständige Bewässerung zu kümmern", sagt Ramfos. „Die Kirche stellt Hoffnung und Errettung über die Verantwortung." Auch die Suppenküchen würden dieses Prinzip nicht infrage stellen. Und das verhindere am Ende Reformen in Griechenland. Warum sich verändern, wenn die Erlösung ohnehin kommt? Ramfos fordert die konsequente Trennung von Kirche und Staat. „Nur dann kann sich der Staat wirklich modernisieren!"

Gibt es eine Aussicht auf eine wirkliche Säkularisierung Griechenlands? „Unmöglich!" sagen Politiker von der regierenden Nea Dimokratia. Die Mehrheit der Griechen wolle das nicht.

Bischof Anthimos beugt sich bei der Frage weit über den Schreibtisch vor und nimmt sein Medaillon mit dem Marienbild in die Hand. Bei der Säkularisierung, sagt er den

Reportern, unterscheide sich Griechenland stark von Nordeuropa. Die Menschen am Mittelmeer seien einfach der Natur und Gott näher. „Sehen Sie sich die Menschen vor der Ikone vom Berg Athos an: Sie sind glücklich! Warum sollten sie nach Säkularisierung rufen?"

Dietmar unser Reiseleiter

Gedicht unseres Wanderfreunds Helmut Zier zum Abschluss der Wanderwoche:

Dietmar unser Reiseleiter
Führte uns wie kaum ein Zweiter
Kennt die Pflanzen, Tiere, Götter
Und sorgt auch für gutes Wetter

Ist die Hitze noch so groß
Zieht er morgens mit uns los
Ermuntert uns, reichlich zu trinken
Damit nicht kraftlos wir hinsinken
Wir wollen ja nicht als Pilger büßen
Sondern die Landschaft hier genießen.

Auf Ziegenpfaden wandern wir,
Am Ziel lockt uns dann Mythos-Bier
Nur einmal gab es das nicht mehr
Da musste dann ein Amstel her

Am Abend, streng zur gleichen Zeit
Bevor zum Essen wir bereit
Hält er uns noch ein Referat
Und wenige nur fanden es fad

Kurzum, ich will damit nur sagen
Wir haben wirklich nicht zu klagen
Doch war natürlich unsere Gruppe
Auch eine wirklich gute Truppe
Nahmen wir doch von Anbeginn
So ziemlich alles klaglos hin

Es war eine sehr schöne Zeit
Mit Euch – es tut mir leid
Daß ihr nun fahrt und ich nur bleibe
Allein mir jetzt die Zeit vertreibe [*)]

So heb ich wehmütig mein Glas
Und rufe allen zu *jassás.*

[*)] Helmut Zier hatte noch eine Anschlusswoche gebucht

Quelle

Klaus Bötig, Chalkidiki. DuMont Reiseverlag, Ostfildern, 2011

Naxos (2013)

An einem regnerischen Herbsttag des Jahres 2012 erhielt ich Post von unserem Freund Christoph Löhr, dem promovierten Archäologen und Griechenland-Fan. Er schrieb: „Im Sommer 2013 werde ich mit einer kleinen Reisegruppe die Kykladeninsel Naxos erkunden. Die Reise heißt *Naxos light*, weil wir nur leichte Wanderungen machen. Habt Ihr Lust, mitzukommen?"

Und ob wir Lust hatten! Unsere Reisegedanken wurden weiter befeuert durch eine Reportage von Christian Schüle in der ZEIT. Er titelte:

Willkommen im Paradiso, und sein erster Satz war: „Wer Naxos einmal ins Herz geschlossen hat, …"

Bist du etwa ein Griechenfreund?

„Wenn ihr nach Griechenland reist, müsst ihr euch auf einiges gefasst machen. Ich würde es mir zweimal überlegen, da hinzufahren", sagen wohlmeinende Freunde, „da muss man schon ein besonderer Freund der Griechen sein."

Werden wir auf unserer Reise mit der Angst der Griechen vor der deutschen Stärke umgehen müssen, werden wir Ressentiments gegen die angebliche deutsche Aggression zu spüren bekommen?

Wenn sie uns auch nicht gerade anpöbeln werden, so könnten die Griechen uns doch ein paar unbequeme Fragen stellen. Damit rechneten wir. „Nachdem es militärisch den Krieg von 1939 bis 1945 verloren hat, führt Deutschland jetzt einen Finanzkrieg gegen Europa?" Was für eine schreckliche Frage! Ich glaube nicht, würde ich antworten, dass Deutschland einen Finanzkrieg führt.

„Wann gedenkt Deutschland seiner Reparationspflicht gegenüber Griechenland nachzukommen und Geld – die Schätzungen schwanken zwischen 30 und 160 Milliarden Euro – zurückzahlen?" Auch das ist eine heikle Frage, und sie war für mich bis vor kurzem noch neu.

„Draghi regiert Europa, nicht Merkel", würde ich sagen. „Wir sind eine von 27 Stimmen, nicht mehr." Aber richtig verteidigen würde ich Angela Merkel nicht, jedenfalls nicht mit Nachdruck und nicht bis zum Äußersten, schon gar nicht unter Einsatz meines Körpers.

Viele Deutsche haben ein persönliches Bedürfnis, dass die Sache gut ausgeht. „Die Lösung der Krise: das ist der Sinn, den die Geschichte uns jetzt anbietet." „Athen, nicht Berlin, hat die Demokratie erfunden" sollte auch gut ankommen. Oder: „Als Kommunikationsmittel ist der Euro jeder nationalen Währung überlegen." „Der Euro ebnet kulturelle Unterschiede ein? Eine Währungsunion kann Shakespeare, Molière, Sophokles und Kant doch nicht einebnen. Das heißt doch nur, dass die Ökonomen keine Ahnung haben von unserer kulturellen Substanz."

Keine dieser Fragen wird mir gestellt, keines dieser auf Beruhigung zielenden Worte muss ich gebrauchen. Wir lernen Griechen kennen, die von den Missständen in ihrem Land sprechen und Kritik üben, am aufgeblähten Staatsapparat, an der üblichen Vetternwirtschaft und der Steuerhinterziehung.

Und über einige ihrer Landsleute sagen sie: „Viele können sich nichts mehr leisten, weil sie nichts leisten; mit der Arbeitseinstellung der meisten kann man keine Ökonomie machen." Es sind die Selbständigen, die Tavernenwirte, die Inhaber kleiner Hotels, die Besitzer von Minimärkten, die sich so äußern.

Das Äußerste an Kritik in unsere Richtung vernehmen wir am letzten Abend in Athen – der Autor greift vor – in der Taverne *Stamatópoulos*, als ein Grieche am Nachbartisch sich an unsere österreichische Reiseteilnehmerin wendet, wohl wissend, dass wir anderen Deutsche sind, und ihr versichert, Österreicher würde er schätzen.

Anreise

Wir stehen früh auf, kurz nach fünf Uhr fahren wir los, von Bad Godesberg zum Flughafen Frankfurt. Der Lufthansa-Flieger startet gegen halb Zehn und landet in Athen kurz nach 13 Uhr. Nanu, gehen die Uhren hier in Griechenland rascher als bei uns? Nein, wir sind nicht nur nach Süden, sondern auch nach Osten geflogen. Christoph wartet schon, und bald ist die Gruppe komplett; das hat ja geklappt, obwohl andere Teilnehmer aus Genf, Hamburg, Wien angereist sind. Mit dem Expressbus fahren wir vom Flughafen *Elefthérios Venizélos* nach Piräus; fast alle Inselfähren starten hier. Die Hafenstadt ist mit Athen nahtlos zusammengewachsen. Wir fahren auf vierspurigen Schnellstraßen, ändern mehrmals die Richtung, der Bus hält hin und wieder, speit Fahrgäste aus, nimmt neue auf, ab und an nehmen wir engere Straßen, die Häuser rücken näher heran, wir queren Straßenbahngleise, sehen gelegentlich ein paar Palmen, wir können einen kurzen Blick auf einen Strand und das Meer werfen, dann sind wir wieder auf einer Schnellstraße.

Unterwegs wird mir der Geldbeutel aus der Hosentasche gezogen, ich merke nichts, erst als wir schon am Ziel und ausgestiegen sind und ich Getränke für uns kaufen will. Verlust etwa dreihundert Euro, eine ADAC-Karte, Mitgliedsausweise vom Roten Kreuz und vom Freundeskreis,

Notfallausweis und Organspendeausweis, zum Glück keine EC- und keine Kreditkarten; die und der Personalausweis sind im Brustbeutel. Der ist also immer noch der sicherste Aufbewahrungsort.

Ich habe übrigens nicht mehr Bargeld als sonst mit in den Urlaub genommen, anders als jene, die wohl aus Furcht vor leeren Geldautomaten mit prall gefüllten Portemonnaies einfliegen und ihre Apartments schon am ersten Tag bezahlen. Aber das gab es vielleicht im Vorjahr, nicht mehr 2013. Gewiss, auf Streiks muss man immer noch gefasst sein, weil Streiks immer schon zu Griechenland gehörten, weil griechische Streiks in ihrer Emotionalität und Unberechenbarkeit etwas Einzigartiges sind. Gewiss, in Frankreich und Italien gibt es ebenfalls überraschende Streiks, überraschend vor allem für die Fremden, die, der Sprache nicht ganz mächtig, die Vorzeichen nicht erkennen können, weil sie keine Zeitungen lesen. Aber in diesen Ländern wird, so meine ich, rationaler mit den Streiks umgegangen. In Deutschland kennen wir fast keine Streiks, deshalb gehen viele auch hierzulande mit Streiks sehr emotional um, auch wenn sie gar nicht betroffen sind.

Zum Kai gehen wir ein Ende zu Fuß, hetzen an Häusern und Geschäften vorbei, zerren unsere schweren Koffer über schmutzige Bürgersteige hinter uns her, queren Straßen, weiter geht es vorbei an Autokolonnen mit Lärm und Abgasen, durch Menschenmengen, die sich aneinander vorbei drängen. An der Hafenstraße steht ein Ticketbüro neben dem anderen, wir schieben uns durch das Tor in der Umzäunung – der Weg in die Ägäis ist frei.

Die Inseln werden von den Fährschiffen von Piräus aus zweimal am Tag angelaufen; die Schiffe starten morgens zwischen sieben und neun Uhr, am Nachmittag zwischen 16 und 19 Uhr. Heutzutage sind komfortable Autofähren (*Blue Star*) im Einsatz, die bis zu 2.000 Passagiere und dazu noch kleine und große Fahrzeuge aufnehmen können.

Seit dem Jahr 2000, als die EU-Kommission in Brüssel die Liberalisierung und Öffnung der Fährmärkte verordnete, auch der griechischen, kam Bewegung in dieses Geschäft. Neue Reedereien sind eingestiegen oder haben sich durch Fusionen gebildet, alte sind verdrängt worden. Die alten Schiffe wurden ausgemustert und durch moderne Schnellfähren ersetzt. Die Sicherheit hat gewonnen, die Fährzeiten sind kürzer geworden, dafür sind die Preise angestiegen. Das ist für manchen verarmten Insel-Griechen ein Problem.

An Bord teilt die Gruppe sich; die meisten setzen sich auf dem Oberdeck zusammen. Hier oben brennt die Sonne auf das Kunststoffdach, es ist sehr heiß und wird erst erträglich, nachdem die Sonne untergegangen ist. Auf dem Zwischendeck ist ganz vorn ein großer Erste-Klasse-Saal mit Aircondition und bequemen Sitzmöbeln, wir machen es uns hier mit wenigen anderen Passagieren bequem. Es wird nur etwas kühl mit der Zeit, wir ziehen unsere warmen Sachen an, Doris holt ihren Schlafsack raus.

Unser Fährschiff, die *Blue Star Ferry Pátmos*, legt um 16 Uhr 30 ab. Wir gewinnen erst einmal einen Blick auf die große Stadt und die Berge im Hintergrund. Die Stadt bleibt allmählich hinter uns zurück, andere Passagierschiffe kommen uns entgegen, Frachter und Öltanker liegen noch kilometerweit vor der Küste vor Anker.

Wir fahren – in einiger Entfernung – an der Küste Attikas entlang, passieren die Südspitze, Kap Sounion, das in weiter Ferne liegt. Nun kommen die ersten Inseln in Sicht. Kéa und Kíthnos sind die großen. Wir erkennen nur braune Berge und Felsen, nichts Grünes ist zu sehen.

Später laufen wir auf Síros zu, was so viel wie *felsig* bedeutet, und legen im Hafen des Hauptorts Ermoupoli an. Hier herrscht ein reger Schiffsverkehr, Schiffe laufen fast im Halbstundenrythmus ein bzw. aus. Man kann von hier aus täglich jede andere Insel der Kykladen-Gruppe erreichen. Nach Piräus fahren mehrere Schiffe am Tag. Andere griechische Inseln wie beispielsweise Rhodos oder Kreta werden ebenfalls angesteuert.

Die Dämmerung hat schon eingesetzt, lang erstreckt sich die hell erleuchtete Uferpromenade. Die Häuser sind bergan gebaut auf zwei Hügeln, die sich wie Zwillinge nebeneinander erheben. Auf dem einen steht ganz oben eine Kirche mit leuchtend blauer Kuppel. Das sieht alles sehr ansprechend aus. Nicht wenige Passagiere verlassen hier das Schiff. Diese zentral gelegene Kykladeninsel ist ein bei Griechen beliebtes Urlaubsziel, nicht zuletzt wegen der zahlreichen revitalisierten Gebäude der klassizistischen Periode, aber auch wegen des in der örtlichen Bevölkerung sehr umstrittenen Spielkasinos.

Während wir noch schauen, stürmen zwei Männer in weißer Arbeitskleidung und Säcken in der Hand in den Saal, am ehesten könnten es Bäcker sein, denke ich. Sie verkaufen *Chalvadópittes*, eine süße Spezialität der Insel Síros: handgroße Oblaten mit türkischem Honig, die man aber auch auf Naxos kaufen kann.

Nächster Halt ist Parikia auf Páros, hier sehen wir nur ein paar Lichter. Gegen Mitternacht läuft das Schiff im Hafen von Chóra ein, dem Hauptort von Naxos. Wir werden nur ein paar Lichter und eine staubige Parkfläche gewahr, auf der drei Taxifahrer stehen, die uns zu unserer Unterkunft mit dem verheißungsvollen Namen *Parádisos* am Pláka-Strand bringen, sechs Kilometer südlich vom Chóra.

Wir werden von zwei Hotelangestellten freundlich empfangen. Ich werfe nur einen Blick in das Zimmer, das für mich vorgesehen ist. Es ist noch in dem Zustand, in dem der Gast vor mir, ein weiblicher offensichtlich, es verlassen hat. Ein Damenstrumpf hängt an der Schranktür, das Bett ist nicht frisch überzogen, die gebrauchten Handtücher liegen noch im Bad. Das fängt ja gut an! Christoph – er spricht griechisch, wenn etwas nicht gut läuft, regelt man es besser in der Muttersprache – verhandelt jetzt mit dem Angestellten und der mit dem Wirt, den man ans Telefon geholt hat. Ich bekomme das Studio Nummer 1 im ersten Stock, aber vielleicht muss ich noch einmal umziehen, das Studio sollte für einen Gast reserviert bleiben, der den vollen Preis und nicht den reduzierten Preis für Gruppenreisende bezahlt. Erst einmal bin ich zufrieden, und von einem Umzug ist später nicht mehr die Rede.

Nach dieser ersten Überraschung wird uns noch ein warmes Abendessen serviert, eine Flasche kaltes *Mythos*-Bier löscht den größten Durst. Um zwei Uhr in der Nacht geht der erste Tag gut zu Ende.

Jetzt sind wir endlich auf der Insel, werden mit Christoph vom 2. bis 16. Juni unterwegs sein. Unser dreifaches Motto: Kultur, Wandern, Baden. Wir lassen uns mit den Sorgen der Gastwirte und Zimmervermieter am schönen Pláka-Strand bekannt machen, lernen die Vielfalt der Landschaften und der Natur kennen, lassen uns in die Jahrhunderte vor der Zeitenwende und in die byzantinische Epoche zurückversetzen. Wir besuchen Industriedenkmäler im ehemaligen Schmirgelabbaugebiet und erfahren vom Einsatz moderner Technik im Aeolikó Párko Náxou. Wir singen *Kleines Boot am Strand* mit Mikis Theodorakis, Schiffe nehmen uns mit zu den Nachbarinseln Délos und Mýkonos, wir besuchen einen Nachfahren der antiken Bildhauer in seinem Atelier, und nicht zuletzt goutieren wir die griechische Küche und schlürfen vor dem Essen einen Kitro, sei es in Chóra oder in den Tavernen abgelegener Bergdörfer.

Der Pláka-Strand ist schön wie immer, aber wie geht es den Gastwirten, den Zimmervermietern und sonstigen Kleinstunternehmern?

Ich reiße die Türe meines Zimmers nach draußen auf, die Sonne steht schon hoch am Himmel, ich blicke in den Garten. Hibiskus und Bougainvillea, Geranien und Wandelröschen blühen prachtvoll, Palmwedel rascheln im Seewind, und die Luft riecht nach Salz und Tamariskenharz. Das familiäre *Parádiso* liegt direkt am Pláka-Strand. Zum *Paradies* gehört auch eine Taverne gleichen Namens; hier gibt's Frühstück, hier werden auch den ganzen Tag über griechische Gerichte serviert, hier werden wir des Öfteren zu Abend essen. Schon am Morgen spritzt der Frühstückskellner reichlich Wasser auf die Strandstraße, die parallel zur Plaka-Beach verläuft; das wiederholt sich mehrmals über den Tag. Die Straße ist aus gepresstem Sand und oft so stark befahren, dass der Staub aufsteigt wie Rauch.

Aber aus welchem Land kommen die beiden kräftigen jüngeren Frauen mit den hellblond gefärbten Haaren und den Gretchen-Zöpfen? Schon merkwürdig bei all der Arbeitslosigkeit, dass zwei Frauen aus Moldawien im Restaurant- und Zimmer-Service unseres Hotels beschäftigt sind, Gastarbeiterinnen also, weil keine griechischen Frauen für diese Arbeit gefunden wurden.

Direkt am Strand sitzen, die Füße im weißen Sand vergraben, den Blick auf Paros und abends auf den Sonnenuntergang gerichtet: Wer Sinn für solche magischen Momente hat, kommt hierher. Leider ist die Tamariskenkrone, unter der man hier an den Tischen sitzt und die in früheren Jahren Schatten spendete, nicht mehr das, was sie einmal war. Jetzt braucht man auch hier künstlichen Sonnenschutz. Noch im Vorjahr war der Baum dicht belaubt, jetzt sind die Äste kahl. War es ein Anschlag? Und mit welchen Motiven? Vangelis, der Patron des Parádiso mit dem vollen schwarzen Bart, hat die Hoffnung nicht aufgegeben: jeden Tag hält er den Wasserschlauch an den Baum und gießt den Sand, und als Botanik-*Experte* darf ich die winzigen Austriebe am Stamm und den dickeren Ästen begutachten und werde um eine Prognose gebeten.

Der dicke Vangelis kommt meist erst spät am Vormittag. Am Abend und bis tief in die Nacht ist er hauptsächlich mit seiner Kasse und dem Geldeinnehmen beschäftigt, auch mit der Musikauswahl an seinem Laptop. Oft wirkt er ein wenig mürrisch. Doch als ich ihm im Garten begegne, hebt er seine schweren Arme und lacht und ruft *„Hello, hello!"* Ich bin verwundert über diesen Ausbruch von Freude, denn er gilt mir: *„You are the man in number One?"* Das hätte ich nicht gedacht, solch eine Ausgelassenheit bei ihm zu erleben. So, denke ich, bindet man in harten Zeiten neue Kunden, vielleicht werden sie ja mal Stammkunden. Und am letzten Abend – ich greife voraus – freut er sich wieder fast ausgelassen, dass ich extra zu ihm komme und mich mit Dankesworten und Handschlag bei ihm verabschiede.

Wir gewöhnen uns ein, wandern erst einmal kilometerweit über die Strände von Máragas und Pláka, die all jene zufriedenstellen werden, die Sonne, hellen, feinen Sand und Meer mit glasklarem Wasser suchen und nicht all zu viel Trubel mögen; wenigsten vor der Hauptsaison, bis Mitte

Juni, wenn in Griechenland die Schulferien beginnen, hat man das hier nicht.

Nach Norden geht man auf dem Holzsteg zwischen Strand und Dünen bequem bis zum felsigen Kap, das am südlichen Ende des einstigen Fischer- und Bauerndorfes *Agía Ánna* vorspringt und sich auftürmt. Hier oben steht die weiße Kirche *Ágios Nikólaos*, die weithin zu sehen ist. Wer noch weiter geht, gelangt zum kleinen Fischer- und Seglerhafen des Orts. Landeinwärts erstreckt sich ein Dünengebiet mit Beständen des Stechwacholders (*Juniperus phoenicea*). Bunt blüht die Dünenflora: violett der Meersenf, die Schneeweiße Sandfilzblume, Gelber Hornmohn, rot und blau der Schmalblättriger Natternkopf, weiß und violett der Strandflieder. Die Meerstranddistel hat erst später im Jahr ihren Auftritt.

Nach Süden, gleich beim Parádisos, bieten einige große Tamarisken Schatten, ansonsten kann man Sonnenschirme anmieten. Ein schmaler Dünenstreifen ist erhalten geblieben zwischen dem Strand und der Sandpiste, die vor den Tavernen, dem Supermarkt und dem Campingplatz entlang führt. Hochbeinige junge Frauen und beleibte Ältere joggen die Sandstraße entlang, mittags bieten hübsche chinesische Physiotherapeutinnen Fußmassagen für 15 Euro an.

Pauschalurlauber gibt es hier so gut wie nicht, die Massen fallen auf den Nachbarinseln ein, Mykonos, Santorini, Paros. Nach Naxos kommen Liebhaber, Stammgäste, dem herben Charme der Insel seit Langem Erlegene oder solche wie wir, die ihn kennen lernen wollen. Die Besucher lieben die Erhabenheit der Gebirgszüge, die Einsamkeit des Hügellands. Die einzige Animation liefert das Meer, die Natur ist karg. Von Touristen, wie wir welche sind, lebt die eine Hälfte der 19.000 ständigen Einwohner, die andere von bäuerlicher Selbstversorger- und Erwerbswirtschaft. Oft kommt beides zusammen, dann bieten Landwirte Zimmer an und betreiben Tavernen – Familienbetriebe seit Jahrzehnten. Familie kann man nicht entlassen, aber Familie ist auch anpassungsfähig.

Wir erfahren, dass im vergangenen Sommer die Apartments, Studios und Restaurants am Plaka-Strand fast durchgängig 50 % Einbuße hinnehmen mussten. Die Krise war auf Naxos angekommen; dass einer weniger verloren hat als seine Nachbarn, vielleicht nur 40 %, machte ihn schon beinahe zum Sieger. Wie wird es in diesem Jahr sein?

Der dicke Vangelis freut sich, dass mehr Leute zu ihm als zu Manolis kommen, dessen Taverne hundert Meter entfernt liegt. Das Essen im Parádiso ist auch wirklich gut, so gut wie immer, und besser als das bei Manolis; es heißt, der habe in der Krise seinen Koch entlassen müssen. Vangelis registriert auch, dass er jetzt schon wieder mehr Gäste hat als Stella, seine Nachbarin. Sie war – so heißt es – eine der Ersten, die Plaka Beach und seine Unverdorbenheit richtig eingeschätzt haben – eine kluge Geschäftsfrau von heute 50 Jahren, verwitwete Chefin über 31 Studios und Apartments direkt am Strand.

Nicht nur die Krise direkt hat sie alle hart getroffen, sondern mehr noch die neue Steuerpolitik: Jeder Gewerbetreibende hat eine Extrasteuer zu entrichten. Bei Stella kam die Zahlungsaufforderung ohne Ankündigung und noch dazu im Winter, als sie wie immer renovierte und gerade Fernseher mit Flachbildschirm für die Apartments gekauft hatte. Jahrelang war Stella während der Sommermonate ausgebucht. Das hatte sie sich hart erarbeitet. Im Jahr 2011 war fast der gesamte August frei, und auch im Sommer 2012 blieben Apartments unbelegt. Griechen und Italiener kommen nicht mehr wie früher, die Löhne sind gesunken, die Flugpreise gestiegen und die Fährtickets von Athen bis zu 50 Prozent teurer geworden. Bleiben auch in diesem Jahr Stammkunden aus, geht es an die Existenz. Dabei arbeiten hier die Menschen 14 Stunden am Tag.

Zweihundert Meter weiter im kleinen aber monopolistischen *Maragas super market* sind die Regale wieder gut gefüllt, auch die Kühlregale. Vater, Mutter, Oma, Tochter, Sohn, die ganze Familie arbeitet hier, viel zu tun haben sie nicht. Manchmal sehen sie recht grimmig aus. Oft ist ein kurzes Kopfnicken die höchste Wertschätzung, die sie dem Kunden entgegenbringen, wenn er den Laden betritt. Auf dem benachbarten *Maragas Camping* waren 2011 von 110 Zeltplätzen nur 20 belegt; wie wird es 2012, kommen?

Bei der Surfschule wird noch geklopft und gesägt, sonst ist nichts los. Weiter südwärts wird die Anzahl der Sonnenschirme kleiner und der Raum zwischen ihnen größer. Nach einem Kilometer kommen die Nudisten, und je weiter wir sandstapfen, desto öfter sind die Rollläden der Apartments heruntergelassen und die Parkplätze leer. Auf den Balkonen hängen vereinzelt Handtücher wie Trauerflaggen, in den Tavernen sitzt niemand. Aber es ist ja erst Anfang Juni, und es kann alles noch besser werden.

Die Sandpiste hat sich längst vom Strand verabschiedet und ist ins Hinterland abgebogen. In der letzten Taverne – ist es wirklich die letzte? – stillen wir unseren Durst, dann kehren wir um. Der Sandstrand wird wohl auch bald zu Ende sein. Vielleicht bräuchten wir nur weiter zu gehen: An der gesamten südlichen Westküste reiht sich ein Strand an den anderen, ein kleines felsiges Kap folgt dem nächsten.

Ein bisschen Flut und ein wenig Ebbe gibt es auch hier, wie überall am Mittelmeer. Aber der Tidenhub ist gering, maximal ein Meter, oft nur ein halber. Bei Flut ist die Brandung etwas stärker als bei Ebbe, die Wellen laufen ein paar Meter weiter den Strand hinauf. Auf jede Ebbe folgt auch wieder eine Flut. Vielleicht ist das auch die Hoffnung der Menschen hier an der Küste.

Am Abend ist hier nicht viel los. Christoph erzählt von den Wanderungen der nächsten Tage, die uns durch die abwechslungsreiche Landschaft und zu den malerischen Dörfern der Insel führen sollen. Sie werden nicht schwierig sein, aber er empfiehlt doch knöchelhohe Wanderschuhe und Wanderstöcke. Dann macht Christoph mit uns eine erste *Zeitreise durch Naxos*. Ihm liegt daran, dass wir auf den Reisen mit ihm das Wesentliche über die faszinierenden Kulturdenkmäler Griechenlands erfahren. Wir lernen die historischen, kulturellen und gesellschaftspolitischen Zusammenhänge kennen, die zu ihrer Entstehung geführt haben, über bloße Daten und Fakten hinaus.

Zwei Abende sind Liedern von Mikis Theodorakis gewidmet. Wir hören aus Christophs Sammlung und singen mit: *Árnisi* (Entsagung), gesungen von der großen María Farandúri, Text von Jórgos Seféris; dann Várka sto jaló, Kleines Boot am Strand, und viele andere.

Zum Schluss *Der Junge mit dem Lächeln*, gesungen von Gisela May:

> „… Ich sah ein Mädchen weinen,
> verzweifelt klagte sie:
> Den Jungen mit dem Lächeln,
> verloren hab ich ihn. …
> Verflucht seien die Feinde,
> verflucht sei ihre Macht,
> Den Jungen mit dem Lächeln,
> sie haben ihn umgebracht. …

Die Feinde sind vertrieben,
die Ehre, sie ist dein.
Du, Junge mit dem Lächeln,
sollst unvergessen sein."

Wir erkunden Náxos-Stadt (Chóra)

Vom Pláka-Strand sind es nur zwanzig Autominuten zur Inselhauptstadt, die wie auf vielen Insel einfach Chóra heißt, Hauptort.

Eine der zahlreichen Kirchen in Chóra ist die orthodoxe Kathedrale Metrópolis, erbaut 1780-1787. Zwischen der Kathedrale und einer kleinen Panagía-Kirche hat man Reste der antiken Agorá entdeckt; die Ausgrabungen befinden sich im Untergrund unter Glas. Von den Molen des antiken Hafens sind nur Reste erhalten; sie liegen unter Wasser.

An der elegant geschwungenen Hafenpromenade des modernen Chóra steht eine Taverne neben der anderen, man sitzt in dieser Zeit des Jahres hier im Freien, freilich überdacht, vor der Sonne geschützt, und selbst noch im Juni kann es mal regnen. Zudem gibt es hier zahlreiche Geschäfte, Banken, Eisverkäufer.

Hinter der Uferpromenade beginnen die Häuser und verwinkelten Gassen der Altstadt, die sich den Hügel hinaufzieht zum Kástro, dem Burgviertel: mittelalterliche Häuser, ineinander und übereinander geschachtelt, dämmrige, überwölbte Passagen mit Bogendurchgängen, oft noch überdacht mit uralten Holzbalkendecken, Dutzende von Läden und Lädchen, lauschige Tavernen, Blumenpracht hinter verfallenden Mauern, alte Fassaden mit marmornen Türstürzen. Die prominenteste Ladengasse ist die *Old Market Street*.

Das Kástro wurde während der Herrschaft der Venezianer von 1204 bis 1537 erbaut. Zur Erinnerung: Der Vierte Kreuzzug endete 1204 mit der Eroberung und Plünderung Konstantinopels, der damals größten christlichen Stadt der Welt, durch Kreuzritter, die mit einem Teil der gemachten Beute die Verschiffung des Kreuzfahrerheers durch die Flotte Venedigs bezahlten. Der römische Papst, der sich angesichts der Gräueltaten der Kreuzfahrer darüber im Klaren war, dass damit eine Kirchenunion mit der Orthodoxie unmöglich wurde, verurteilte diese Aktionen auf das Schärfste, was praktisch jedoch folgenlos blieb.

Damals hatte die Festung sieben Türme, wovon heute nur noch einer steht, der Turm der Familie Krispi. Ebenso erhalten sind einige der mittelalterlichen Tore. Hier erbauten die Adligen und Ritter aus Italien und Frankreich, die die Insel für Venedig erobert hatten, ihre vornehmen Häuser. Teilweise sind sie renoviert worden. Eines ist das Haus der Familien Della-Rocca (ursprünglich *de la roche*, griechisch *Dellaróka*) und Barózzi, in dem heute ein Privatmuseum untergebracht ist. Man kommt daran vorbei, wenn man das Kástro durch das Nordtor *Traní Pórta* betritt.

Im Domus Della-Rocca Barózzi finden ab Ende Mai abendliche Musikveranstaltungen statt, je nach Witterung auf der Terrasse des Museums oder im Gewölbekeller. Die Programme sind an der ganzen Küste durch Plakate angekündigt. Wir schaffen es leider nie dahin, aber wir machen ja selbst Musik.

Die Festung ist auch heute noch bewohnt. Ganz oben auf dem Kástro steht der zentrale Turm der Anlage, der Palast des *Sanudo*, Herzog und Anführer der Eroberer, die auch den katholischen Glauben auf die Insel brachten. Das muss man wissen um zu verstehen, dass hier oben eine katholische

Kathedrale und kleinere Kirchen und Klöster stehen und der Katholischen Bischof von Naxos seinen Hauptsitz hat. Ein katholischer Pfarrer wohnt ständig hier.

Das archäologische Museum ist in der ehemaligen Schule des Jesuitenklosters untergebracht. Die Ursulinerinnen unterhalten hier noch heute eine Schule. Der Kaufmann Kazantzákis, der in einfachen Verhältnissen in der Stadt Iraklio im damals osmanisch besetzten Kreta lebte und gegen die türkischen Besatzer kämpfte, schickte seinen Sohn Nikos hierher, den späteren Literatur-Nobelpreisträger. Aber er nahm ihn bald wieder von der Schule, weil er argwöhnte, der Sohn würde zu katholisch erzogen und der orthodoxen Kirche entfremdet. Das wäre für den Vater vielleicht gar nicht so sehr wegen der religiösen Inhalte problematisch gewesen. Die orthodoxe Kirche war vielmehr – neben der gemeinsamen Sprache – die Kraft, die auch während der Türkenherrschaft die Fortdauer und Einheit der griechischen Nation bewahren half.

Das Museum zeigt Arbeiten und Objekte des täglichen Lebens aus der Zeit von 5.300 v. Chr. bis ins 5. Jahrhundert n. Chr., und es besitzt eine bedeutende Kunstsammlung. Wichtige und einmalige Objekte aus der frühen Kykladen-Epoche (3.200 bis 2.300 v. Chr.), eine große Zahl großer und kleiner naxischer Idolen, darunter auch sitzende Exemplare, verzierte mykenische Bügelhenkelkannen, Vasen aus der geometrischen und archaischen Periode, Grabbeigaben aus Gold, verschiedenartigen Schmuck sind zu sehen. Die Ausstellungsstücke wurden auf der Insel bei verschiedenen Ausgrabungen gefunden, die seit dem zweiten Weltkrieg permanent stattfinden. Im großen Hof ist ein farbiger Mosaikboden aus der römischen Spätantike erhalten; dargestellt ist eine Meerjungfrau auf einem Seeungeheuer

(Ketos), beide haben Fischschwänze. Vom Hof blickt man weit ins Hinterland.

Wie das antike Griechenland nachwirkt: Dichter, Baumeister und Bildhauer

Es gibt keine andere Kunst, die zwei Jahrtausende so überdauert hat wie die griechische. Wir haben einen Dichter, der uns vorgelebt hat, wie Griechenland gewirkt hat und wirkt: **Friedrich Hölderlin** aus Nürtingen. Zwanzigjährig, also um 1790, schrieb er ein Gedicht, das nannte er *Griechenland*. Die Flut an Wünschen verrät, wo der junge Mann hätte sein mögen, wo er sich zu Hause hätte fühlen können: in Athen, und zwar in dem Athen, in dem Aspasia, Sokrates und Platon lebten – Aspasia, die Geliebte und dann zweite Frau des großen Staatsmanns Perikles.

Hölderlin hat auch aus dem Griechischen ins Deutsche übersetzt. Schöner kann Sophokles nicht sein als in seiner *Antigone*-Übersetzung. In seinen Anmerkungen zur Übersetzung heißt es: „...und es ist auch nötig, so im Superlative von der Schönheit zu sprechen, weil die Haltung unter anderem auch auf dem Superlative von menschlichem Geist und heroischer Virtuosität beruht."

Aber wir reisen nicht der Literatur wegen nach Griechenland, nach Naxos. Deshalb darf der Name dessen, der die Schönheit der griechischen Kunst als Erster entdeckt und dann lebenslänglich gefeiert hat, hier nicht fehlen. Und Hölderlin hat ihn natürlich auch gelesen. Es ist Johann Joachim **Winckelmann** und sein Buch *Gedanken über die Nachahmung der Griechischen Wercke in der Mahlerei und Bildhauer-Kunst,* erschienen 1764 und sicher eines der in der zweiten Hälfte des 18. Jahrhunderts am meisten gelesenen, am häufigsten zitierten Bücher. Winckelmann hat die nach Italien in den vatikanischen Belvedere-Palazzo entführten griechischen Plastiken so beschrieben, dass eine Epoche sehen lernte, wie schön der *Apoll* und wie unendlich sinnreich die *Laokoon-Gruppe* ist. Von ihm kommt jener Satz, der bis heute in allen, die erlebnisfähig geblieben sind, überlebt hat: „Das allgemeine vorzügliche Kennzeichen der Griechischen Meisterstücke ist endlich eine edle Einfalt und eine stille Größe..." Dann belegt er das mit leidenschaftlicher Beschreibungsgenauigkeit, die ihrerseits auch dem etwas sagt, der diese Meisterwerke nie zu Gesicht bekommt.

Wir werden solche Meisterwerke der griechischen Bildhauerkunst auf Naxos nicht sehen, schon eher auf der heiligen Insel Delos, der Geburtsstätte des Apollon, wo sich die eindrucksvollen Reste eines der wichtigsten Heiligtümer dieses Gottes befinden.

Doch hat sich Naxos, die größte Kykladeninsel, mit ihren hervorragenden Marmorsteinbrüchen schon sehr früh zu einem antiken Zentrum für die Verarbeitung dieses weißen kristallinen Gesteins entwickelt. Sowohl anhand der frühen Bauten als auch der plastischen Skulpturen, die wir bisweilen noch vor Ort in den alten Steinbrüchen bewundern können, lässt sich die Experimentierfreude der archaischen Baumeister, Bildhauer und Steinmetze nachempfinden.

Bildhauerkunst auf Naxos: Kykladenidole und die Kouroi bei Flerió und Apóllonas

Kykladenidole

Die ältesten Zeugnisse künstlerischen Wirkens auf Naxos und anderen Kykladeninseln datieren ins 4. Jahrtausend v. Chr. (Bronzezeit). Zahlreiche Stücke der sog. Kykladenkultur hat man im Küstengebiet bei Chóra gefunden. Die bekanntesten sind die *Idole* aus naxischem Marmor. Diese haben auch die Kunst des 20. Jahrhunderts beeinflusst. Dass diesen elegant stilisierten Figuren jedoch ein völlig anderes kulturelles Gedankengut zugrunde liegt zeigt sich schon daran, dass diese Idole ehemals bemalt waren. Die Farbe ist zumeist dem Zahn der Zeit zum Opfer gefallen, sodass die Museumsstücke in abstraktem Weiß erstrahlen. Die Bedeutung der Idole ist immer noch ein Rätsel.

Zu den frühesten Idolen gehören die sogenannten Violin-Idole, abstrakte Figuren mit geigenförmigem Körper und einem extrem langen Hals, bei dem der Kopf nur durch eine Kerbe angedeutet ist. Später werden die Idole figürlicher, anatomische Einzelheiten werden deutlich erkennbar. Eine verbindliche Form der Menschendarstellung bildet sich heraus, gleichwohl wird der Formenreichtum stetig größer. Im Höhepunkt der Entwicklung ist die Ausformung der Figuren so individuell, dass sie bereits einzelnen Künstlern zugeordnet werden können. Am Anfang sind die Figuren klein, dann trauen sich die Bildhauer an immer größere Formate, die Figuren erreichen mit Höhen bis zu eineinhalb Metern fast Lebensgröße.

Kouroi

Wir machen einen Zeitsprung von der Kykladenkultur zur klassischen Antike und versuchen auch gar nicht, gewaltige Größenunterschiede und Unterschiede der künstlerischen Auffassungen zu überbrücken, die Unterschiede zwischen den Kykladenidolen nämlich und den Kouroi.

Die schönste der drei auf Naxos erhaltenen Jünglingsstatuen ruht seit Jahrtausenden im **Tal von Fleriό**. Ihn wollen wir besuchen, den Archaïschen Torso Apollos:

Wir kannten nicht sein unerhörtes Haupt,
darin die Augenäpfel reiften. Aber
sein Torso glüht noch wie ein Kandelaber,
in dem sein Schauen, nur zurückgeschraubt,

sich hält und glänzt. Sonst könnte nicht der Bug
der Brust dich blenden, und im leisen Drehen
der Lenden könnte nicht ein Lächeln gehen
zu jener Mitte, die die Zeugung trug.

Sonst stünde dieser Stein entstellt und kurz
unter der Schultern durchsichtigem Sturz
und flimmerte nicht so wie Raubtierfelle;

und bräche nicht aus allen seinen Rändern
aus wie ein Stern: denn da ist keine Stelle,
die dich nicht sieht. Du mußt dein Leben ändern.

> Rainer Maria Rilke,
> aus: Der neuen Gedichte anderer Teil (1908).

Vorbei an den Ortschaften Melanés und Mýli, mit Blicken auf die großen Marmorbrüche zwischen Moní und Stavrós Keramotí nördlich von Chalkí, fahren wir durch eine verkarstete Bergwelt. Zwischen der Abzweigung nach Mýli und der Stichstraße zum Kouros-Parkplatz wurden im Zug des Straßenbaus Abschnitte eines alten Aquädukts freigelegt, gemauert aus gebrannten Tonziegeln. Die Wasserleitung führt angeblich bis nach Chora und mündet dort in die Zisterne des Brunnens nahe der Mitrópolis-Kirche. Über einen Sattel gelangen wir hinab in ein grünes Tal zum

Parkplatz beim ehemaligen Steinbruch von Flerió mit dem unfertigen Kouros.

Unsere Rundwanderung führt teils entlang von plätschernden Bachläufen, teils über karstige Hänge, vorbei an Melanés und durch Mýli, benannt nach den Wassermühlen, die hier einst in Betrieb waren. Beim *Paradiesgärtchen* machen wir Picknick, nur wenige Schritte vom Kouros entfernt. Das *Paradiesgärtchen* ist eine Art improvisierte Snackbar, bewirtschaftete von zwei älteren Bauersleuten. Es grenzt an ein üppiges Gartengrundstück mit Zitronen- und Orangenbäumen, ein lauschiges Fleckchen. Im Wassersammelbecken schwimmen Goldfische und werden die Getränke gekühlt.

Dieser Kouros, unvollendet geblieben, ist über sechs Meter lang; das rechte Bein ist gebrochen, der linke Fuß fehlt. Ist dieser griechische Hüne das Opfer der Blutgrätsche eines deutschen Fußballfans geworden, von Angela Merkel gar? Idyllisch ist seine Lage unter schattigen Bäumen; der Zugang durch einen Hohlweg ist frei.

Die Bildhauerei, schrieb Lessing sinngemäß, könne Handlungen durch Körper nachahmen, aber nur andeutungsweise. Da die Bildhauerei – wie auch die Malerei – nur einen Augenblick der Handlung durch den Gegenstand darstelle, müssten Bildhauer und Maler den prägnantesten wählen, aus welchem das Vorhergehende und Folgende am begreiflichsten wird.

Dieser Riese, er ruht hier seit gut 2.500 Jahren wie ein verwunschener Prinz. Trotz seiner Größe ist er voller Anmut, ein zarter Jüngling noch, mit schmalen Schultern und ohne festes Antlitz, unfertig noch, die Zukunft hatte ihm offengestanden, noch alles hätte er werden können. Jetzt wirkt er so gebrechlich mit seinen Verletzungen. Man hat ihn aus dem Steinbruch, wo er vielleicht verunglückt ist, hierher geholt und in den Schatten der Bäume gelegt. Oder er ist erst hier gefallen, ist nun unfähig, sich zu erheben, zu schwer, um getragen zu werden. Nein, gestorben ist er noch nicht, er liegt hier demütig und gefasst, er wartet auf Hilfe, vielleicht kommt sie bald.

Am Ende eines langen Tals, an der Nordspitze der Insel, liegt der Küstenort **Apóllonas**. Am Hafen, wo sich Tavernen und Cafés im Halbrund um den kleinen Sandstrand angesiedelt haben, machen wir eine Kaffeerast. Hier reparieren noch Fischer ihre Boote und flicken ihre Netze.

Vom Hafen fahren wir zurück auf die Durchgangsstraße und machen Halt am **Kouros von Apóllonas**. Auch er ist vor 2.500 Jahre entstanden, ein völlig unfertiger Koloss von 10,45 Meter Länge, der dort liegen blieb, wo man ihn vom Fels getrennt hatte. Wahrscheinlich traten beim Herauslösen aus dem Gestein Risse auf, und man ließ ihn liegen wo er war. Hatten sich die Steinmetze überschätzt, waren sie buchstäblich an der Größe der gestellten Aufgabe gescheitert? Wir wissen es nicht. Man weiß auch nicht, wer dargestellt werden sollte. Apóllo, heißt es meist, und der Ort wurde danach benannt, wahrscheinlicher aber ist: Diónysos – Naxos gilt ja als Insel des Diónysos.

Einen lebenden Marmorbildhauer besuchen wir in **Engarés**, eine Ortschaft nordöstlich von Chora. Ein Naxiote hat hier zusammen mit seiner Frau, einer Amerikanerin, ein Freilichtatelier eingerichtet. Zu den Vorbildern seiner kleinen bis mittelgroßen Plastiken gehören naxische Idole und andere frühkykladische Motive. Vermutlich ist es das, wofür sich potentielle Käufer interessieren.

Er ist Autodidakt, sie hat einen Bildhauerkursus auf Tinos besucht. Dort haben sie sich kennengelernt, jetzt haben sie einen kleinen, hellblonden Sohn. Tinos hat im 19. Jh. eine Reihe beachteter Bildhauer hervorgebracht; man versucht, diese Tradition auf der Insel fortzuführen, auch mit Gastschülern aus Übersee.

Antike Tempelarchitektur: Die Portára bei Chora, die Tempel des Diónysos von Ýria und der Demeter bei Sangrí

Die **Portara** auf der kleinen Halbinsel Palátia ist das bekannteste antike Monument auf Naxos. Man kann es von weitem sehen, wenn man sich mit dem Schiff der Insel nähert. Die Portara, das *Gigantische To*r, ist das Einzige, was übrig geblieben ist von dem Tempel, der Apollon geweiht war und im 6. Jh. v. Chr. erbaut wurde. Auch die christliche Kirche, in die der Tempel später umgewandelt wurde, ist verschwunden. An sie erinnert noch eine Veränderung, die damals vorgenommen wurde: um die Kirche ebenerdig betreten zu können, ist die riesige Marmorschwelle des Tempels zersägt worden.

Wenige Kilometer südlich vom quirligen Chora liegt das idyllische Areal des **Diónysostempels bei Ýria**, hübsch angelegt mit gepflasterten Wegen, Bäumen und blühenden Oleanderbüschen. Der Tempel wurde 1987 von Archäologen der Universität Athen und der TU München ausgegraben. Zwar sind nur Grundmauern am ursprünglichen Ort erhalten, doch erlaubten zahlreiche Funde eine Rekonstruktion. Ein erster Tempel ist hier in geometrischer Zeit errichtet worden (8. Jh. v. Chr.). Später wurden zwei weitere Tempel an der Selle des jeweils vorhergehenden Baus bzw. über demselben errichtet, beide Male konnten bautechnische und architektonische Veränderungen und Verbesserungen nachgewiesen werden. Der vierte und letzte Tempel, ein ehemals imposanter, ja monumentaler ionischer Bau, stammt aus der Zeit zwischen 575 und 550 v. Chr.. Die Ausgrabungen haben gezeigt, dass Tempel auf Naxos und generell Tempel auf den Kykladen schon sehr früh aus Marmor erbaut wurden. Diverse Fundstücke, auch aus der Umgebung, liegen auf dem Areal oder werden im kleinen Museum präsentiert.

Das dritte antike Heiligtum auf Naxos, das wir besuchen wollen, ist der **Demeter-Tempel** bei dem Dorf Sangri. An diesem Tag geht es um 9 Uhr los wie an den meisten Ausflugstagen; zwei Mietwagen stehen schon bereit. Wir fahren vom Pláka-Strand über Agía Ánna ins Hinterland der südlichen Westküste. Vorbei geht es an Kornfeldern – sie sind bereits abgeerntet, nur die Strohballen liegen noch da – und an Viehkoppeln, auf denen das Gras schon braun wird, ein paar Kühe stehen an einer Wasserstelle, Gemüse wird angebaut, die Kartoffeln werden gerade aus dem Boden geholt. Die Äckerchen wechseln sich ab mit ein paar Morgen Oliven- und Obstbäumen; eine teils intensive, aber recht kleinflächige Landwirtschaft wird hier betrieben.

An den wenigen Bachläufen stehen die obligaten Schilfhecken: Spanisches Rohr oder Riesenschilf, *Arundo donax*, ein Süßgras, das überall am Mittelmeer gedeiht. Kein Mangel auch ist hier an Tankstellen, doch das Benzin ist deutlich teurer als bei uns.

Bei dem Bauerndorf Agios Arsenios, auf halber Höhe zwischen Strand und Vivlos, treffen wir auf die Straße aus Chora, die sich nun die Hänge hinaufschraubt nach Vivlos. Dieses größere Bauerndorf liegt schon am Rand des landwirtschaftlich intensiv genutzten Gebiets, das sich hinter den Stränden von Maragas und Plaka erstreckt. Ein Blickfang sind die drei Windmühlen auf dem Bergkamm über dem Ort, eine weitere steht im Unterdorf; keine von ihnen ist zugänglich, und ihr Zerfall schreitet zusehends voran.

Hinter Vivlos führt eine Straße durch sanft gewelltes Hügelland bergab Richtung Küste bis in den äußersten Südwesten. An dieser Straße liegt das Restaurant Apolafsi, das wir einige Tage später abends aufsuchen. Heute fahren wir hinauf, über Kato Sangri nach Ano Sangri. Von dort führt uns Christoph auf einer einfachen Wanderung südlich über die Hänge und durch ein Bachbett zu einer der wichtigsten antiken Stätten der Insel, dem 1949 wieder entdeckten, ausgegrabenen und teilweise wieder aufgebauten Tempel der Demeter; danach gehen wir durch landwirtschaftlich genutzte Flächen zurück nach Sangri (Entfernung 5 bis 6 km, Wanderzeit 2,5 Stunden). Unterwegs stärken wir uns durch das von Christoph besorgte Picknick mit Brot, Wein, Käse, Wurst, Oliven, Tomate, Zuccini und Zwiebeln.

Der Tempel befindet sich auf einem mit Wegen, Pflanzen und Mäuerchen hübsch gestalteten Gelände auf einem niedrigen Hügel. Der Tempel aus dem 7. oder 6. Jh. v. Chr. hat anscheinend ein ganzes Jahrtausend fast unversehrt überstanden, bis man ihn im 5. Jh. in eine christliche Basilika umwandelte. Diese wurde im Mittelalter von Piraten, welche die Küsten und Inseln unsicher machten, zerstört. Nach Abschluss der archäologischen Forschungen ist der Tempel (Bodenfläche etwa 13 x 13 m) teilweise wieder aufgebaut worden, allerdings mit einigen rekonstruierten Marmorblöcken, sodass der Besucher sich ein Bild vom ursprünglichen Bauwerk machen kann. Ungewöhnlich bei diesem Tempel ist, dass der Eingang auf der Seite lag. Die Rekonstruktion, obwohl Fragment, ist ästhetisch ansprechend und, das darf man sagen, für Naxos eine Sensation.

Neben dem Tempel steht eine kleine byzantinische Kapelle; sie ist aufgebaut aus Tempeltrümmern und hat vor Beginn der Ausgrabungen innerhalb des Tempels gestanden. Von der christlichen Basilika, in die der Tempel im 5. Jh. n. Chr. umgewandelt worden war, ist nur noch die Apsis erkennbar. Ein kleines Museum ist in einem Natursteinhaus unterhalb des Tempelgeländes untergebracht. Hier sind Säulenteile, Statuen, Kapitelle und Dachverzierungen zu sehen.

Vor dem Essen einen Kitro in Chalkí

Durch Vivlos, vorbei an Sangri fahren wir auf der Berg-strecke, der kurvenreichen Hauptstraße ins Inselzentrum, mit Blicken auf die sogenannte Tragea-Ebene, weiter hinauf nach Chalki, 250 m hoch gelegen, früheres Handelszentrum und von etwa 1800 bis nach dem Zweiten Weltkrieg Hauptort von Naxos. Chalki ist ein Ort mit Charme, einigen gut erhaltenen, klassizistischen Wohnhäusern und zwei edel renovierte Pyrgi, beide in Privatbesitz und nicht zu be-sichtigen wie fast alle Pyrgi auf der Insel. Die Dorfkirche *Panagia Protthronos* aus dem 9.-10. Jh. steht an der Durch-gangsstraße. Diese größte byzantinische Kirche der Insel, zu besichtigen nach der Vormittagsmesse, besitzt schön restau-rierte Fresken in den beiden Seitenschiffen.
Unsere Wanderung mit einigen Ab- und Anstiegen führt in gut zwei Stunden über die Weiler Vourvouriá und Akademí rund um Chalki. Picknick machen wir auf dem kleinen Platz vor einer alten Kirche, in der Wildnis; Christoph hat für alles gesorgt, wir haben die Sachen auf die Rucksäcke verteilt: Brot, Käse, Wurst, Tomaten, Oliven, Naxos-Wein. Paprika und Zwiebelringe werden geschnitten, Hálvas mit Zitronen-saft beträufelt als Dessert.

Später kehren wir bei *O Giannis* ein, eine Taverne unter einer großen Akazie an der Platia im Zentrum von Chalki. Anschließend besichtigen wir die Kitro-Destillerie und eine Webwerkstatt. Kulinarische Produkte von Naxos und Töpferwaren werden ebenfalls im Ortszentrum angeboten.

Vor dem Essen einen Kitro? Der Likör wird nur auf Naxos hergestellt, und zwar aus den Blättern der Zitronatzitrone oder Cedrat, *Citrus medica*. Aus den Früchten mit dicker, runzeliger Schale wird Zitronat hergestellt. Die fleischigen Blätter wurden wegen ihres intensiven Dufts schon in der Antike zur Parfumherstellung verwendet. Die eine von zwei Destillerien auf der Insel haben wir besichtigt.

Die Blätter werden erst im Oktober gepflückt, zerkleinert und gepresst. Der Presssaft wird mit etwas Zucker versetzt und vergoren. Nach Abschluss der Gärung wird destilliert. Das Destillat hat ungefähr 33 % Alkohol und ist farblos (*Kitro naxou*). Der Rückstand wird erneut destilliert, ein Nachlauf gewissermaßen mit circa 30 % Alkohol; diesem Produkt wird Chlorophyll zwecks Kennzeichnung zugesetzt (Grüner Kitro). Das Erstdestillat kann nochmals destilliert werden (doppeltes Brennen), es entsteht ein Kitro mit 36 %, dem zur farblichen Kennzeichnung Safran zugesetzt wird (Gelber Kitro). Bricht man das zweite Brennen frühzeitig ab, so entsteht ein Kitro mit nahezu 40 % (*Kitro naxou special*), den man farblos lässt. Destilliert wird von November bis Februar, jedes Jahr etwas 22.000 Liter. Die Destille stammt noch vom Ende des 19. Jahrhunderts.

Die *Panagía Drosianí*, ein frühchristliche Kirche

Von Chalki nehmen wir die Straße zum Bergdorf Moni. Dort in der Nähe ist auch ein Marmorsteinbruch. Die Kirche

Panagía Drosianí steht nahe der Straße unterhalb von Moni; von Chalki führt auch ein etwas steiler Fußweg hier herauf. Die Kirche besteht aus mehreren Kapellen, darunter drei Höhlenkapellen, und gilt als eine der besterhaltenen frühchristlichen Kirchen in ganz Südosteuropa. Die einzelnen Bauabschnitte stammen aus verschiedenen Epochen: Kreuzkuppel und Apsis werden ins 4. Jh. datiert, die seitliche Höhlenkapellen ins 7. und das verbindende Kirchenschiff ins 12. Jahrhundert.

Die ältesten Wandmalereien stammen aus der Zeit um 560, sind noch vor dem sog. **Bilderstreit** (**Bildersturm**) entstanden und gehören damit zu den wenigen Wandmalereien, die ihn überstanden haben. Christoph erklärt, dass man darunter die Zerstörung heiliger Bilder oder Denkmäler der eigenen Religion (Bildersturm) versteht, insbesondere im Christentum. Der byzantinische Bilderstreit fiel in eine Zeit der leidenschaftlichen theologischen Debatte in der orthodox-katholischen Kirche und dem byzantinischen Kaiserhaus während des 8. und 9. Jhs., in der es um den richtigen Gebrauch und die Verehrung von Ikonen ging. Die beiden Parteien werden als *Ikonoklasten* (Ikonenzerstörer) und *Ikonodulen* (Ikonenverehrer, Bilderdiener) bezeichnet.

Über die Gründe, die zum byzantinischen Bilderstreit führten, ist man sich bis heute nicht einig, wobei verschiedene Thesen diskutiert werden, von islamischem Einfluss über das Gebot *Du sollst dir kein Gottesbild(nis) machen* bis hin zu persönlichen Motiven byzantinischer Kaiser. Jede Bewertung wird durch den Umstand erschwert, dass die Schriften bilderfeindlicher Autoren nach dem Sieg der Ikonodulen von diesen vernichtet wurden, so dass als Quellen fast nur Darstellungen letzterer erhalten sind. Die moderne Forschung hat viele Urteile älterer Forscher revidiert.

Der Bilderstreit wurde unter Michael III. im Jahr 843 beendet. Nach Kaiser Theophilus' Tod übernahm dessen Frau Theodora die Regierung für den unmündigen Erben Michael III. Sie ordnete 843 die Wiederherstellung der Ikonen an. Seitdem wird das Dekret von 843 jährlich am ersten Sonntag der Fastenzeit in der orthodoxen Kirche als das Fest der Orthodoxie gefeiert.

Christoph erklärt auch die Bedeutung des Begriffs *Monophysitismus* (von gr. *monos,* einzig, *physis*, Natur). Im Gegensatz zur Position des Konzils von Chalcedon (451), die eine Zweinaturenlehre Christi vertritt, nach der die göttliche und die menschliche Natur Christi völlig unvermischt und getrennt nebeneinander stehen, ist Monophysitismus die christologische Position, Christus sei vollkommen göttlich und habe nur *eine* Natur, nämlich eine göttliche.

Heute vermeidet man vielfach die missverständliche Bezeichnung Monophysiten und bevorzugt die Bezeichnung *Miaphysiten*. Gr.: *mia* bedeutet *eins*. Dieses Wort betont eher die *Einheit* als die *Einzahl* und reflektiert besser die Position, dass in Christus das Göttliche und das Menschliche *eine* Natur bilden, vereint *ohne eine Vermischung, ohne Trennung, ohne Durcheinander und ohne Wechsel*, wie eine seit der Spätantike übliche theologische Kompromissformel lautet. In ihrer eigenen Wahrnehmung lehnen die Mono- bzw. Miaphysiten die Zweinaturenlehre also nicht prinzipiell ab und gehen doch davon aus, Jesus Christus sei Gott *und* Mensch gewesen. Sie nehmen dabei allerdings an, dass sich die beiden Naturen Christi vermischt hätten, wobei die göttliche dominiert habe.

Im 20. Jahrhundert näherten sich die monophysitischen Kirchen sowohl untereinander als auch den Östlich-Orthodoxen Kirchen wieder stärker an. Theologen beider Konfessionen sind inzwischen zur Einsicht gelangt, dass durch Sprachunterschiede verursachte verschiedene Ansichten über die Bedeutung des Wortes Natur (*phýsis*) wesentlich zu dem Streit beigetragen haben, und dass in vieler Hinsicht beide Seiten mit verschiedenen Wörtern jeweils das gleiche ausdrücken wollten.

Im Fresko in der Kuppel der Kirche Drosiani ist Christus zweimal dargestellt: als Bärtiger (Gott) und ohne Bart (Mensch). Der Maler und/oder seine Auftraggeber waren demnach Anhänger der Zweinaturenlehre.

Bergdörfer im Inselzentrum

Von Chalkí fahren wir weiter nach Filóti. Gut 2 km nach dem Ortsausgang von Filóti nehmen wir die Abzweigung rechterhand zur Kapelle Agia Marína, zum **Kloster Fotodótis** und nach Danakós. Von der Kapelle kann man auf den Berg Zas aufsteigen. Wir nehmen die breite Erdpiste, ein schöner Panoramaweg trotz der Metalldrahtzäune wegen der vielen Ziegen, zuletzt etwas steiler hinunter zum Kloster, das auf einem kleinen, 560 Meter hoch gelegenen Plateau inmitten der wildromantischen Bergwelt steht.

Die heute verlassene Klosterkirche mit ihren massiven Außenmauern aus unverputztem Bruchstein ist zwischen 2004 und 2008 mit EU-Mitteln umfassend renoviert worden und wieder zugänglich. Eine Besonderheit ist die Ikonostase mit vier Ikonen, mit Säulen aus weißem Marmor und Reliefs. Die Anlage geht auf das 9. Jh. zurück. Im 12. Jh. wurde der Bau vergrößert und befestigt wie ein Pýrgos. Die kleinen Säulenstümpfe vor den heutigen Säulen markieren die Ausmaße der ursprünglichen Kirche. Moderne Halogenlampen beleuchten die Kirche von innen.

Auf einem steilen, mit Marmorplatten gepflasterten Weg geht es nach **Danakós** hinunter. Eine kleine Taverne, mit schattiger Terrasse unter Bäumen, macht einen gemütlichen Eindruck. Der Wirt allerdings hat heute seinen schlechten Tag und wirft uns bald raus, weil einige nur Wasser trinken. Vier besonders Wandertüchtige steigen wieder hinauf zur Kapelle und holen die Autos.

Wir kehren zurück zur Hauptstraße, die sich in einigen Serpentinen weiter hinauf in das Bergland schraubt; atemberaubend sind die Blicke über die tiefer liegenden Höhenzüge, kleine Dörfer und einzelne Kirchlein hier und dort, hinunter aufs Meer und hinüber nach Paros. Bald kommt das hübsche Bergdorf **Apíranthos** mit seinem Pyrgos in Sicht**,** 600 Meter hoch gelegen.

Das Dorf wurde in venezianischer Zeit von Kretern gegründet, die vor den Türken flüchteten. Ein eigener Dialekt ist geblieben, der Name eines Hotels, *Studios Zórbas*, erinnert an diese Vergangenheit. Wir gehen die schmale Hauptgasse entlang, bummeln über das Marmorpflaster der Seitengässchen, passieren überwölbte Durchgänge und steigen Treppen hinauf und hinunter, durch ein Labyrinth aus weißgetünchten Bruchsteinmauern und -häusern, schauen hoch zu dem sorgfältig renovierten Pýrgos der Familie Zefgólis, der direkt an die Felswand angebaut ist und von einem großen Rundbogen abgestützt wird. Es gibt fünf Museen, das archäologische mit Funden schon aus dem dritten vorchristlichen Jahrtausend.

Von Apíranthos machen wir einen Abstecher nach **Moutsoúna** an der Ostküste. In Serpentinen geht es steil hinab durch einsames Gebiet, mit schönen Blicken auf die Küste und die Inseln südöstlich von Naxos: Koufonissi, die Makares-Inselchen, Donoussa und Amorgós. Kurz vor Moutsoúna, ehemals Verladehafen der Schmirgelbergwerke, treffen wir auf die alte Seilbahn. Auf der Hafenmole stehen noch die Verladekräne. Hier ist nun gar nichts los. Uns ist es recht. Unter schattigen Bäumen machen wir eine Kaffeepause in einer der Hafentavernen.

Von Apíranthos führt die Straße weiter bergauf bis zu einer Kreuzung; hier findet man Anschluss an die Hauptverbindung – die Straße kommt von Chalkí bzw. Kinidaros hoch – in den Inselnorden (Apóllonas). An einer der windreichsten Stellen der Insel – auf einem Kamm an der Straße oberhalb von Kóronos – ist modernste Technik etabliert, hier wurden in den Jahren 2007 und 2008 mit EU-Fördermitteln neun Windräder errichtet. Das Ensemble trägt den klangvollen Namen **Aeolikó Párko Náxou**, Windpark Naxos.

Industriedenkmäler im Schmirgelabbaugebiet

Vor Kóronos fahren wir ein kurzes Stück in Richtung Líonas (an der Ostküste) und biegen ab in die Schotterpiste zum Freilichtmuseum im Schmirgelabbaugebiet, wo Teile der Seilbahnanlage, die alte Antriebs- und Verladestation, Gerätschaften des Schmirgelabbaus und in den seitlichen Hängen die teils noch offenen Bergwerksstollen zu sehen sind. Die Stollen gehen 50 bis 250 Meter in den Berg. Die Seile zwischen den Masten der Bahn sind noch gespannt, einige der verrosteten Transportkörbe sind sogar noch mit Schmirgel gefüllt.

Die riesigen Lagerstätten von Schmirgel an der Ostseite des Hauptgebirges zwischen Moutsoúna und Líonas waren seit jeher von besonderer Bedeutung für die Insel. Schon in der Antike hat man *smirígli* als Schleifmittel benutzt, dann lange Zeit zur Herstellung von Schleifpapier. Der Hauptbestandteil ist Korund, der fast so hart ist wie Diamant. Je höher sein Anteil (zwischen 64 bis maximal 82 %), desto wertvoller ist der Schmirgel.

Vor allem zu Ende des 19. und Beginn des 20. Jhs. florierte der Abbau. Schmirgel war das wichtigste Produkt von Naxos. Sein Abbau und der Verkauf waren ein Monopolgeschäft der griechischen Regierung. Männer von Kóronos und Líonas haben hier geschuftet und ihre Gesundheit ruiniert. Der deutsche Geografieprofessor Alfred Phillipson schrieb: *Die Dorfbewohner, welche den Schmirgel in primitiver Weise zu brechen haben, sind schlecht bezahlt und sehr arm.* Zeitweis arbeiteten bis zu tausend Bergleute in den Stollen. Der Schmirgel von Naxos gilt als der beste Naturschmirgel der Welt. Er wird allerdings heute nicht mehr abgebaut, die Anlagen stehen still und rosten. Gleichwertige Produkte werden mittlerweile industriell billiger hergestellt. Mehr Informationen findet man auf www.koronos.de (Freundschaftskreis Bochum-Koronos/ Naxos e.V.).

In einem Taleinschnitt sind die kykladischen Würfelhäuser des heute etwa 600 Einwohner zählenden Orts **Kóronos** fast senkrecht übereinander gestapelt, fast alles in blendendem Weiß, mit vielen Rundbögen, dazu bunte Türen und Fensterläden. Auf schier endlosen und steilen Treppengässchen klettern wir hinunter – die Autos müssen oben an der Straße stehen bleiben – in den beschaulichen und ruhigen Ortskern. Dort speisen wir in der Taverna *Plátsa*, die von Matína und Stávros geführt wird.

Delos und Mykonos

Mit dem Ausflugsschiff *Alexander* fahren wir zur heiligen Insel **Délos**, wo sich die Reste eines der wichtigsten Heiligtümer des Gottes Apollon befinden. Die Insel ist ein schmaler, fünf Kilometer langer Granitrücken mit dem Berg Kynthos im Zentrum (112 m). Heute leben auf Délos nur die Museumsaufseher mit ihren Familien. Die Insel wurde 1990 von der UNESCO zum Weltkulturerbe erklärt.

Délos war in der Antike ein geheiligter Ort. Leto gebar hier die Artemis und den Apollo (daher ihre Beinamen *Delia* und *Delios*), deren Vater Zeus war. Warum gerade hier?

Hera, die eifersüchtige Gattin des Zeus, versuchte, Letos Niederkunft zu verhindern, denn Gaia, die Erdgöttin, Heras Großmutter, hatte ihr vorhergesagt, dass die Kinder des Zeus mit Leto mächtiger würden als ihre eigenen. Sie entsandte den Drachen Python, der Leto verschlingen sollte, doch Zeus verhinderte das. Nun ließ Hera die Erde einen Eid schwören, dass sie der schwangeren Leto keine Stätte zum Gebären gestattete, welche je von der Sonne beschienen wurde. Daraufhin ließ Poseidon die schwimmende Insel Delos aus dem Wasser auftauchen, wohin Hermes Leto auf Befehl von Zeus brachte.

Als Nächstes setzte Hera die Eileithyia, ihre Tochter, die Göttin der Geburt, so unter Druck, dass diese Leto, die schon fast zu bersten drohte, nicht beizustehen wagte. Die anderen Götter standen aber auf Letos Seite und kauften dem Himmel den Mond ab, dann übergaben sie ihn Hephaistos, damit er ihnen daraus das schönste Halsband schmiede. Mit diesem bestachen sie sodann Eileithyia, und so konnte Leto ihre Zwillinge endlich entbinden.

Unter einer Palme gebar sie zuerst Artemis und dann mit deren Hilfe Apollon. Währenddessen lärmten rings um sie die Kureten, ein schlagkräftiger Trupp von neun Dämonen, mit ihren Waffen, so dass Hera Letos Schreie während der Wehen nicht hören konnte.

Als dich, Herrscher Apoll,
dort unter dem wipfelnden Palmbaum,
Den sie mit Armen umschlang,
Leto, die Hehre, gebar,
Dort am Auge des Sees,
dich aller Unsterblichen Schönsten,
ward von ambrosischem Duft
Delos geheiligtes Rund
Bis an die Ufer erfüllt,
und es lachten
umher die Gefilde
Und es erglänzte vor Lust
blauer die Tiefe des Meers.

Theognis von Megara: *Die Geburt des Apollon*
(Mitte 6. Jh. v .Chr.; übersetzt von Emanuel Geibel)

Noch heute könne man beobachten, sagen manche, wie das klare griechische Licht um die Insel nicht merken lässt, wann feuchtere Luftströme in der oder jener Richtung fließen, was glauben lasse, dass etliche sichtbare Kykladeninseln einmal näher, ein andermal ferner rücken, so dass also der alte Mythos, Delos sei einst auf den Wassern geschwommen, ganz plausibel wird.

Zahlreiche Tempel und Kunstwerke schmückten Delos; der prachtvolle Apollotempel mit der Kolossalstatue des Gottes, einem Weihgeschenk der Naxier, galt allen Griechen als größtes Heiligtum. Es war ein dorischer Bau aus dem Beginn des 4. Jahrhunderts v. Chr. von beachtlicher Größe. Er maß 29,49 m in der Länge und 13,55 m in der Breite, wie die seit 1877 für das französische archäologische Institut ausge-führten Ausgrabungen gezeigt haben.

Sämtliche griechischen Staaten schickten hierher feierliche Gesandtschaften mit reichen Opfergaben, große Schätze häuften sich in den Tempeln der Insel an. Auch ein Orakel befand sich in Delos, das zur Zeit seiner Blüte als eins der zuverlässigsten galt. Alle fünf Jahre wurde das berühmte Delische Fest mit Wettgesängen, Wettkämpfen und Spielen aller Art gefeiert, woran alle Stämme Griechenlands teilnahmen. Da Delos kraft seiner Heiligkeit ein sicher umfriedeter Bezirk war, konnte hier auch einer der größten griechischen Sklavenmärkte entstehen.

Im 6. Jh. v. Chr. hatte Peisistratos, der durch einen bewaffneten Staatsstreich Tyrann von Athen geworden war, die sogenannte *Erste Katharsis* durchführen lassen: Aus der Umgebung der Tempel wurden sämtliche Gräber entfernt. Diese Reinheitsvorschrift wurde 425 v. Chr. durch die sogenannte *Zweite Katharsis* noch verschärft: Nun waren auf Delos alle Geburten, Todesfälle und Bestattungen verboten, die Gräber wurden auf die Nachbarinsel Rinia verlegt, ein Ort noch öder und kahler als Delos, nur von Hirten besucht.

Schon 454 v. Chr. war Delos in Abhängigkeit von Athen gekommen, erfreute sich aber nach dem Sieg der Makedonen 336 v. Chr. von neuem der Freiheit. Nun blühte die Stadt Delos, deren Ruinen nördlich von denen des Tempelareals liegen, als Handelsplatz auf, namentlich blieb sie ein vielbesuchter Sklavenmarkt und wegen ihrer Zollfreiheit Mittelpunkt des Verkehrs zwischen dem Schwarzen Meer und Alexandria. Ab 166 v. Chr. war Delos römisches Protektorat, wurde aber an Athen als zollfreier Hafen zurückgegeben und erlebte die Zeit seiner größten wirtschaftlichen Blüte, insbesondere nachdem 146 v. Chr. Korinth zerstört wurde und damit als Konkurrent ausfiel.

Ein schwerer Schlag, von dem sie sich nie erholte, traf die Insel, welche selbst von den Persern geschont worden war, im Mithridatischen Krieg. Der Feldherr des Mithridates landete 87 v. Chr. mit seinen Truppen, ermordete und verkaufte die Bewohner, plünderte und zerstörte die Stadt und das Heiligtum mit seinen zahlreichen Kunstschätzen. Nicht einmal 20 Jahre später wurde die Insel in einem Seeräuberkrieg erneut verwüstet und war seitdem kaum noch bewohnt.

Von den Prachtbauten des Altertums sind nur noch einige Trümmer des Apollotempels, des Theaters und des Gymnasiums vorhanden; die französischen Ausgrabungen legten Reste des Letoon, des Artemision, des Schatzhauses und anderes frei.

Der Haupttempel war der des Apollo, auf den hin sich fast alle anderen Tempel und Gebäude orientieren. Der Tempelbezirk ist immer wieder mit neuen Tempeln erweitert worden. Der Hauptzugang wurde seit dem 2. Jh. v. Chr. von einem Marmor-Propylon geschmückt. Zur Rechten steht das *Haus der Naxier* (7. Jh. v. Chr.). Hier stand auch ein Kouros, der Koloss der Naxier aus Naxos-Marmor mit etwa neun Metern Höhe. Auf der Vorderseite, an der noch erhalten gebliebenen Basis, befindet sich ein Namen: *Naxioi Apolloi*, „die Naxier dem Apollo". Die Skulptur wird deshalb als Figur des Apollo gedeutet.

Dieser Kouros entstand etwa 600 v. Chr. und war der größte, der je aufgestellt wurde. Lediglich der Kouros, der im Steinbruch bei Apóllonas auf Naxos liegen blieb, ist mit 10,7 Metern größer. Der Koloss ist in mehrere Teile zerbrochen. Die Basis, der Oberkörper und der Unterkörper liegen auf Delos. Der linke Fuß befindet sich im Britischen Museum in London. Die linke marmorne Hand war durchbohrt, um darin einen Bogen aufzunehmen. Der Kopf und die Oberschenkel sind verloren gegangen. Am oberen Rand des Unterkörpers befand sich früher ein breiter Gürtel aus Bronze. An den

Seiten des Oberkörpers sind Löcher angebracht, mit denen die Arme befestigt waren. Am Nacken sind Spuren von Locken erkennbar.

Der Koloss wurde aus einem Steinbruch bei Mélanes auf Naxos gebrochen. Dort wurde er nicht fertiggestellt, sondern lediglich in seinen Umrissen grob ausgearbeitet und zum Hafen von Naxos transportiert. Der Transport der etwa 30 Tonnen schweren Figur von Naxos nach Delos erfolgte auf dem Schiffswege. Es gab zwar Schiffe, die mehr als 40 Tonnen transportieren konnten, aber das Verladen war schwierig. Daher wird angenommen, dass der halbfertige Koloss zwischen zwei Schiffen im Wasser transportiert wurde, was zusätzlich eine Gewichtsersparnis von 35 Prozent bedeutete.

Zum Aufbau des Kolosses der Naxier soll ein etwa 11 Meter hohes Gerüst erstellt worden sein, um ihn mit Flaschenzügen und Winden senkrecht aufzustellen. Die Statue stand an einem hervorgehobenen Platz, sodass sie von weitem zu sehen war, und überragte alle in der damaligen Zeit auf der Insel befindlichen Gebäude. Da die Statue erst nach der Aufstellung in ihrer äußeren Form vollendet wurde, hatte sie beim Transport ein Gewicht von etwa 25 Tonnen.

Zwischen Delos und dem touristischen **Mykonos** besteht ein reger Verkehr von Ausflugsschiffen. Eine der Fähren bringt uns in einer knappen Stunde hinüber. Nicht weit von der Anlegestelle steht die Marienkirche *Panagia Paraportiani*. Sie besteht aus fünf ursprünglich eigenständigen Kapellen, die im Lauf der Zeit zu einem Komplex zusammengewachsen sind. Die erste Kapelle *Agii Anargyri* stammt aus dem Jahr 1425. Die Kirche ist einsturzgefährdet, ihr Inneres kann nicht besichtigt werden. In Mykonos-Stadt ist die für

die Kykladen typische Architektur zu sehen: oft steile, gepflasterte Straßen, weiße Häuser mit Flachdächern, farbige
Holztüren und Fenster und mit Blumen geschmückte
Balkone. Wir lassen uns im Strom der Besucher durch die
verwinkelten Gassen treiben und schauen von weitem auf
das meerumspülte Viertel *Klein-Venedig*. Hier sind die
Begleiterscheinungen des modernen Inseltourismus in weit
größerem Umfang als in Naxos-Stadt anzutreffen, wo man
alles in einer deutlich geringeren Dosierung antrifft: schicke
Cafés, bunte Musik-Bars, mehr oder minder empfehlenswerte Tavernen, Souvenir-Schops, zeitweise ein erdrücken-
des Touristengedränge. Am Nachmittag wartet schon die
Alexander auf uns zur Rückfahrt nach Naxos.

Von Náxos zurück nach Athen

Viele Menschen wollen an Bord, zurück nach Athen. Abfahrt ist um 9 Uhr 30, wieder mit einer *Blue Star Ferry*, sie
kommt aus der Tiefe der südlichen Ägäis. Ein letztes Picknick gibt's an Bord, Christoph hat es besorgt. Nach einigen
Stunden sehen wir Attikas Küste, das Athener Häusermeer
kommt in Sicht, Ankunft in Piräus ist um 15 Uhr.
Am Hafen von Piräus türmen sich moderne Geschäftshäu-
ser aus Stahl und Glas, an der Hafenstraße sind gelbe Taxen
aufgereiht. Die Fußgängerbrücke ist bekannt wegen ihrer
Konstruktion; der tragende Stahlpfeiler ist wie ein Schiffs-
mast mit aufgespanntem Segel gestaltet. Schräg gegenüber
der Anlegestelle, am Karaiskáki-Platz, in einem auffälligen
gelben Gebäudekomplex, erreichen wir die Metrostation der
Linie Nr. 1. Von Piräus geht die Fahrt zur Station Monastiráki, wo wir umsteigen. Die nächste Station und unser Ziel
ist der Syntagma-Platz; hier steht das Parlamentsgebäude. Im

Gedränge des überfüllten Metroabteils versucht schon wieder einer, mir die Geldbörse aus der Tasche zu ziehen, aber diesmal ohne Erfolg.

Unser Hotel Hermes liegt an der Apóllonas-Straße, zwischen Sýntagma-Platz und der Pláka, der Athener Altstadt. Wir haben Zeit, einen Blick in die Kleine Metropolis-Kirche zu werfen; sie erhielt ihre heutige Gestalt im 12. und 13. Jh. Die Große Metropolis-Kirche, Hauptkirche Athens, erbaut im 19. Jh., ist schon seit Jahren außen und innen eingerüstet und wird umfassend restauriert. Wir erhaschen noch einen Blick hoch zur Akropolis, bevor wir uns zur abendlichen Abschiedsfeier aufmachen, mit Bouzouki-Livemusik im *Stamatópoulos* in der Plaka.

Essen und Trinken

Auf Naxos im *Parádiso* am Plaka-Strand, im *Apólafsi* oberhalb von Kastráki im Hinterland der südlichen Westküste, im *Smyrméiko* an der Hafenpromenade und im *Lavírinthos* in der Altstadt von Chora, im *Paraportiani* in Chóra Mykonós, auf Paros im *Ephesos* in Parikiá, in Athen im *Stamatópoulos* in der Plaka, in diesen Tavernen haben wir gegessen und vorher die Speisekarten studiert. Hier ein Überblick.

Vorspeisen

Sie sind die eigentliche Domäne der griechischen Küche; gehen mehrere Personen zusammen essen, kann man für alle eine Auswahl an verschiedenen Vorspeisen bestellen:
Chtapótisaláta, Oktopussalat
Dolmadákia, mit Reis und Gewürzen gefüllte, Weinblätter
Gígantes, dicke weiße Bohnen in einer scharfen Soße aus
  Gemüse und Tomaten

Kolokathákia tiganitá, frietierte Zucchini

Marídes, Kleinfische in Sardellengröße, frittiert

Melitsánasaláta, Auberginenpüree, es hat eine helle Farbe

Mezédes sind Appetithäppchen

Saganáki, gebratener Schafskäse

Skordliá, Knoblauchpüree (sehr heftig)

Taramosaláta, rosafarbenes Püree aus Fischroggen

Tsatsíki, fettreicher Joghurt mit Knoblauch und Gurken

Hauptgerichte

Gíros, Schweinefleisch vom Riesenspieß, dünn geschnitten, auf dem Teller oder zwischen Fladenbrot (Pítta) serviert

Biftéki, eine Art Frikadelle, allerdings anders gewürzt, manchmal auch gefüllt

Keftédes, kleine, kräftig gewürzte Bällchen aus Hackfleisch

Kokorétsi, Innereien in Darm gewickelt, am Spieß gebraten

Souvláki, Fleischspieß (Schweine- oder Lammfleisch) mit Kräutern gewürzt, auf dem Holzkohlengrill zubereitet

Moussaká, Auflauf (Auberginen, Hackfleisch, Kartoffeln)

Pastítio, Auflauf aus Nudeln, Hackfleisch und Tomaten-soße, überbacken mit Käse

Stifádo, zartes Rindfleisch, zusammen mit Zwiebeln und Zimt lange gekocht; auch mit Lamm oder Kaninchen

Tomátes jemistés, mit Reis und Hackfleisch gefüllte Toma-ten; auch als Paprikavariante (Piperjés jemistés) oder mit Auberginen; manchmal auch fleischfrei

Spanakópites oder Tiropittes, mit Spinat oder Käse gefüllte Teigtaschen

Kléftiko, mit Kartoffeln und Gemüse im Ofen gegart

Fisch

Fángria, Zahnbrasse

Sórgos, Meerbrasse

Tónno, Thunfisch

Scórpio, Skorpionsfisch

Xifías, Schwertfisch, in große Scheiben geschnitten, gebraten oder gegrillt, auch in Stücken aufgespießt, gegrillt

Chtapódi, auch Oktapódi; der Oktopus wird nach dem Fang lange und kräftig gegen eine Mauer, z.B. den Hafenkai, geschlagen, damit das Fleisch weich wird, dann auf Leinen zum Trocknen aufgehängt; die Arme werden gegrillt oder in eine Marinade eingelegt; meist teuer

Kalamarákia, die kleinen Kalmare, mit Netzten gefangen, werden als Ganzes gegrillt oder paniert und frittiert

Beilagen, Gemüse, Salate

Sie sind meist extra zum Hauptgericht zu bestellen, können dieses aber auch ersetzen.

Bríam, geschmortes Gericht aus Gemüse und Kartoffeln

Choriátiki, griechischer Bauernsalat aus Tomaten, Gurken, Zwiebelringen, grünem Salat und Oliven, garniert mit würzigem Féta, Schafskäse

Chórta, Mangold, oft als Wildgemüse, mit Öl und Knoblauch gekocht und mit Zitronensaft beträufelt

Fassólia, gekochte grüne Bohnen

Fáva, kleine gelbe Bohnen, meist zusammen mit verschiedenen Würzgemüsen gekocht

Melitzánes, Auberginen in Öl angebraten

Pseftikeftédes, falsche Keftédes, also Fleischbällchen ohne Fleisch, aus Bohnen

Revithokeftédes sind Pseftikeftédes aus Kichererbsenmehl

Kolokothákia, Zucchini

Patátes, Kartoffeln

Nachspeisen, Süßes

Bakláva, süße Blätterteigroulade, Honig- und Nussfüllung

Halvá, knusprig-süßes Gebäck mit Honig und Sesamkörnern und evtl. Mandeln; schmeckt am besten, wenn frisch gepresster Zitronensaft darüber geträufelt wird

Risógalo, süßer Milchreis

Bugátsa, Blätterteigtaschen mit Quarkfüllung

Lukamádes, in Öl fritierte Teigkugeln mit Honig begossen

Getränke

Neró, Wasser, für Griechen eine Kostbarkeit

Soda, Wasser mit Kohlensäure

Kafé ellínikó, Kaffee, der bei uns als Türkischer Kaffe angeboten wird; der Süßegrad wird immer mitbetellt: skétto, ohne Zucker – métrio, mit etwas Zucker – glíko, süß – mit Milch, me Gála

Tsai, Tee, gibt es nur in der Beutelversion, Zucker und Zitrone sind dabei

Neskafé sésto, Instantkaffee, heiß

Frappé, Instantkaffee kalt mit Eiswürfeln

Bíra, Bier - Mýthos, Álfa, Fix

Krassí, Wein

Aspro krassí, Weißwein

Kókkino krasí, Mávro krassí, Rotwein, ksirí, trocken

Retsina, der Geschmack rührte vom Harz der Aleppokiefer her, mit dem die Fässer abgedichtet wurden. Heute hat man meist Metallfässer, das Harz wird beigemischt.

Oúzo, ein Anisschnaps

Tsipouro, ein traditioneller griechischer Tresterbrand aus der Region Makedonien. Tsipouro wird aus den Pressrückständen verschiedener weißer Rebsorten zweimal, zuweilen dreimal destilliert. Nach der ersten Destillation wird manchmal mit Anis aromatisiert.

Rakí, ebenfalls ein Tresterbrand.

Rakomelo, ein Getränk aus Raki, der mit Honig und Nelken erhitzt und warm getrunken wird.

Liedtext – Singen mit Mikis Theodorakis

Pende pende deka - Várka Sto Jaló
    Kleines Boot am Strand

    Gesungen von Maria Farandouri

Fünf fünf zehn
Zehn, zehn gehe ich die Stufen hoch
Zu deinen beiden Augen,
zu den beiden Feuern,
bei denen ich, wenn sie mich ansehen,
Messerstiche fühle
    Kleines Boot am Strand,
    Kleines Boot am Strand,
    Blumentopf mit Hyazinthen und Basilikum.
Várka sto jaló, Várka sto jaló
Glástra me sumbulja kje vasilikó.
Fünf fünf zehn
Zehn, zehn werde ich dir die Küsse geben
Und wenn ich dich betrunken mache
Und wenn ich dich vernaschen werde
Werde ich dich in den Schlaf singen
Mit einem süßen Lied.
    Kleines Boot am Strand …
Fünf fünf zehn
Zehn, zehn gehe ich die Stufen hinab,
Ich gehe weg, in die Fremde
In fremdes Land
Und weine nicht um mich
Meine süße Geliebte.
    Kleines Boot am Strand …

Quellen

Dirk Schönrock, Naxos. Michael Müller Verlag. 5. Aufl., Erlangen 2012.

Photini Zaphiropoulou, Naxos – Denkmäler und Museum. Krene Verlag, Athen, 1988.

Christoph Löhr, Naxos 2013. www.griechenland-fan.de
NN, The Church of Panagia Drosiani", Naxos 2004, S. 36

Athen, du Ärmste. Der Schriftsteller Martin Walser im Gespräch mit dem Reporter Moritz von Uslar über das richtige Europa. DIE ZEIT Nr. 24, 6. Juni 2013.

Martin Walser, *Was ist euch Hecuba?* Dokumentation einer Rede zur Eurokrise und zur Schönheit der griechischen Antike in DIE ZEIT Nr. 21.

Mani/Südpeloponnes (2014)

- Ursprüngliches Griechenland

Träume im deutschen Winter

Wir haben 2014. An einem trüben Spätwintertag sitze ich am Fenster und blicke auf die regennasse Straße. Mein Blick geht durch den Nieselregen auf die Häuserzeile gegenüber. Meine Hände wärme ich an einer heißen Tasse Tee. Ich vermisse die Sonne, ich sehne mich nach Sand unter den Füßen und dem Rauschen der Brandung. Ich habe genug von Asphalt und Verkehrslärm. Fernweh lautet die Diagnose meines Befindens.

In der Nacht habe ich einen Traum. Kaum eingeschlafen bin ich schon am Flughafen. Es geht alles ein wenig schnell, erscheint aber völlig real. Ich fahre mit dem Auto in eines der riesigen Parkhäuser, finde auch ganz schnell einen Parkplatz und mache mich auf den Weg in die Abflughalle. Dann gebe ich mein Gepäck auf, schaue auf die Anzeigentafel und bin erleichtert, dass mein Flugzeug planmäßig starten wird. Kaum habe ich mein Gate entdeckt, sitze ich auch schon auf einem Fensterplatz im Flieger, vor mir ein Glas Champagner zum Beginn des Urlaubs. War da was mit Einchecken oder Sicherheitskontrollen?

Wir haben kaum die Alpen überquert, da setzt die Maschine schon zum Landeflug auf Athen an. Wir zerren unsere Koffer vom Fließband, rennen zum Ausgang. Da kommt uns Christoph mit dem SKR-Schild entgegen, verstaut das Gepäck im Bus, und los geht's. Landschaften ziehen vorüber – Küste und Meer, die felsigen Berge Attikas, Hänge voller Olivenbäume. Wir überqueren den Kanal von Korinth, sind nun auf dem Peloponnes und fahren hinauf ins arkadische Bergland. Rasant geht es weiter, vorbei an Tripoli, durch die Stadt Sparta. Die hohen Berge des Taygetos grüßen herüber. Fast unmerklich gleite ich aus dem Traum in die Wirklichkeit hinüber.

Die Akroktima Boukouvala in Vathi – Idylle am Meer

Wie schon 2008 sind wir Gäste auf dem Landgut der Familie Boukouvala in Vathi bei Gythio. Das Gut liegt in einer kleinen Talebene, die sich nach Süden zum Meer hin öffnet. Die Hügel im Osten und Westen sind Ausläufer des Taygetosgebirges. Das Tal ist durch Quellen das ganze Jahr über mit Süßwasser versorgt. Auf dem acht Hektar großen Gut wird Gemüse angebaut, gedeihen Oliven, Orangen, Mandarinen, Zitronen und Feigen.
Die kleine Ferienanlage – die wenigen Häuser mit Natursteinen gemauert, idyllisch und ganz im Grünen – ist umstanden von Oleander und Palmen, Feigen- und Orangenbäumen und grenzt direkt an den ruhigen Sandstrand der Bucht von Vathi – eine Oase der Entspannung und Ruhe. Still ist es hier. Oft hört man gar nichts. Kein Motorengeräusch, kein fernes Flugzeug, kein Kirchenglockengeklöppel. Kein Geläut vom Ziegenhals, keine menschlichen Stimmen. Manchmal scheint die Zeit still zu stehen.
Der Chef hier ist Iannis. Seine wichtigste Stütze ist Vasso, die Köchin. Jeden Morgen baut Iannis ein Frühstücksbuffet auf, frisch gepresster Orangensaft ist stets dabei. Gegessen wird im Freien auf der Terrasse unter einer großen Markise, die Schutz vor der Sonne bietet.

Im Tal und in den Hügeln kann man spazieren gehen soweit die Füße tragen, kann Feigen aufsammeln und Orangen pflücken und dabei Pflanzen und Tiere kennenlernen.

Christoph – Musikfan und Spezialist für Altertümer

Christoph Löhr ist unser Reiseleiter. Griechenland ist für ihn zur zweiten Heimat geworden, er lebt über einen großen Teil des Jahres in Athen. Nach dem Abendessen gibt es Unterricht, Neugriechisch für den Urlaub. Unvergessen bleiben die Abende mit griechischer Musik. Wir hören die Stimmen von Sotiría Béllou, Maríka Nínu, Jórgos Daláras, Dímitra Galáni.

Christoph ist promovierter Archäologe. Man kommt gar nicht umhin, mit Altertümern und den Wechselfällen der Geschichte Griechenlands befasst zu werden. Und in der Tat, ist es nicht unerlässlich, die Vergangenheit zu kennen, um die Gegenwart zu verstehen, um das einzuordnen, was man zu hören und zu sehen bekommt?

Vom sogenannten klassischen Altertum und auch von den Römern ist auf der Mani wenig geblieben. Um 400 n.Chr. begann das Byzantinische Zeitalter, doch spielten sich Ereignisse von historischem Rang erst einmal keine ab im alten griechischen Mutterland, d.h. in Attika und auf dem Peloponnes. Sie waren relativ unbedeutende Randprovinzen des Byzantinischen Reiches. Geschichte wurde in Konstantinopel (heute Istambul) gemacht, Hauptstadt des oströmischen Reichs nach der Teilung in Ostrom und Westrom.

Eine gewaltige Zäsur brachte das Jahr 1204: Konstantinopel wurde ein Opfer des Vierten Kreuzzugs. Das Kreuzfahrerheer, französische Ritter und venezianische Seeleute und Soldaten mit ihren Schiffen, eroberte die Stadt.

Fromme Kreuzritter und venezianische Seefahrer, eine seltsame Allianz auf den ersten Blick.

Nun, es gab einen *deal*. Die reichen Reeder der Republik Venedig gingen in Vorleistung; sie rüsteten die Schiffe aus, die von den Rittern benötigt wurden, um ins östliche Mittelmeer zu gelangen. Bezahlen mussten die Kreuzfahrer dann später, mit einem großen Teil ihrer Beute nämlich, die sie machten. Das Beuteversprechen war wohl einer der Gründe, warum das reiche Konstantinopel angegriffen wurde und nicht, wie ursprünglich geplant, Jerusalem und Ägypten, wo außer Ruhm nicht viel zu holen war.

Auch der Peloponnes fiel in die Hände der Kreuzfahrer. Er wurde in mehrere Fürstentümer, Baronien, unterteilt, die von fränkischen, also französischen, Kreuzrittern regiert wurden. Der mächtigste von ihnen war der Herr Gottfried (Geoffroy) de Villehardouin aus Nordfrankreich. Ein Nachkomme, Wilhelm II. Villehardouin erbaute die berühmteste Festung der Kreuzritter, Mistras.

Nach gut fünfzig Jahren beendeten byzantinische Heere die Herrschaft der fränkischen Ritter, Konstantinopel wurde zurückerobert. Wilhelm und andere Frankenfürsten gerieten in Gefangenschaft und mussten als Gegenleistung für ihre Freilassung die Festungen an Byzanz abtreten.

Unter den byzantinischen Kaisern wurde Mistras zu einem glanzvollen zweiten Zentrum des Reiches ausgebaut, wurden Klöster angesiedelt, eine Reihe prächtiger Kirchen erbaut. Der byzantinische Statthalter auf dem Peloponnes residierte dort.

Das byzantinische Reich zerfiel, als es dem Ansturm der Türken keinen dauerhaften Widerstand mehr zu leisten vermochte. Konstantinopel wurde von den Türken erobert, dann Athen. 1460 fiel auch das letzte Bollwerk, Mistras.

Nach Jahrhunderten der Unterdrückung begann 1821 der griechische Freiheitskampf, der seinen Ausgang im Süden des Peloponnes nahm und mit der Unabhängigkeit Griechenlands im Jahr 1830 endete.

Vasílis, ein deutscher Grieche, in Ageranós

In Ageranós stehen zwei Wohntürme; sie sind vom Tal von Vathi aus auf dem westlichen Höhenrücken zu sehen. Einer davon ist noch bewohnbar. Er gehört schon seit Generationen der Familie des Antonobey Grigorakis. Wir essen im Restaurant *Thalami* bei Vasileios Bourtzinakos und seiner Frau Marie-Jose. Vasílis erzählt gerne von sich, seiner Familie, seinem Restaurant und seinem Zuhause, der Mani. „Die Familie meines Vaters wohnt schon seit Generationen in Ageranós. Jedoch kannte ich diese Gegend nur aus Urlauben, die ich als Kind hier verbrachte. Meine Eltern sind in den 1960er Jahren nach Deutschland ausgewandert; ich bin in Hannover geboren und aufgewachsen. Während meiner Wanderjahre war ich in Frankreich, um dort Erfahrungen in der Gastronomie zu sammeln. Dann habe ich mit meiner Frau Urlaub in Griechenland bei meiner Familie gemacht, wir haben Pläne geschmiedet und schließlich entschieden. 1999 zogen wir endgültig hierher, nach Ageranós. In unserem Restaurant kommen Fisch und Octopus aus dem Lakonischen Golf zu unseren Füßen, das Olivenöl von den Bäumen unseres Dorfs und das Gemüse aus den Nachbardörfern."
Dann kommt auch Marie-Jose zu Wort. „Ich bin in den Niederlanden geboren und aufgewachsen, in der Nähe der deutschen Grenze. Deshalb sprechen mein Mann und ich oft deutsch miteinander. Auf der Insel Mykonos habe ich Vasílis

kennen gelernt. Unsere beiden Mädchen gehen in Mavrovouni bei Gythio zur Schule und sprechen neben Griechisch auch Holländisch und Deutsch."

Und Vasílis ergänzt: „Im Winter sind wir und eine ältere Frau die einzigen Bewohner unseres Dorfs. Aber wir sind nicht einsam. Am Wochenende kommen Freunde, und bei schönem Wetter sitzt man selbstverständlich draußen auf der Terrasse, genießt das Essen, den Wein und den Blick aufs Meer."

Gythio – Kleinstadt mit Hafen und Flair

Gythio ist eine lebhafte Kleinstadt in einer geschützten Bucht des Lakonischen Golfs. Viele Häuser sind im neuklassizistischen Stil erbaut und drängeln sich am Berghang wie ein um Aussicht heischender Haufen Neugieriger. Die lange Hafenpromenade, steile Treppen, enge Gassen und mehrere Kirchen sorgen für ein urgriechisches Ambiente mit all seinen baulichen Provisorien und strukturellen Ungereimtheiten.

Nur vierzig Kilometer von Sparta entfernt war Gythio in der Antike dessen wichtigster Kriegs- und Handelshafen. Von den Athenern zerstört, erlebte es in römischer Zeit erneut eine wirtschaftliche Blüte; materieller Wohlstand kam durch regen Warenaustausch über den Umschlaghafen zustande. Nach einem verheerenden Erdbeben, der späteren Invasion plündernder Goten und dem Einfall der Slawen in Hellas um 600 n. Chr. wurde Gythio von vielen seiner Einwohner aufgegeben.

Erst als sich die einflussreiche Familie Grigorakis hier niederließ, wurde der Ort wieder stärker besiedelt, bis er im Zuge der Landflucht im 20. Jh. erneut schrumpfte. Zeugen der Glanzzeit im 19. Jh. sind die Häuser über dem Hafen, teils im Verfall begriffen, teils liebevoll restauriert. Die kleine Insel Marathonisi mit einem Pinienwäldchen und einem Leuchtturm ist mit Gythio durch einen Damm verbunden und grenzt das Stadtbild malerisch gegen das offene Meer hin ab. In Gythio kann der Urlauber sich griechischem Gegenwartsleben widmen, frei vom sonstigen landesimmanenten Kulturzwang, denn aus ihrer älteren Vergangenheit hat die Stadt nur ein kleines römisches Theater zu bieten.

Abseits der touristischen Straßen entdecken wir eine kleine Bäckerei, in der auch Kaffee geröstet wird; der Kaffeeduft steigt schon in einiger Entfernung in unsere Nasen und führt uns hin. Hier begegnen wir zwei älteren Damen, die gerne aus ihrem Leben erzählen. Wie nicht wenige Griechen haben sie jahrzehntelang im Ausland gelebt, weil es in der Heimat nur Krieg, Diktatur und Armut gab, aber keine Arbeit. Die eine hatte es nach Australien, die andere nach Minnesota (USA) verschlagen. Als Rentnerinnen sind sie in die Heimat zurückgekehrt. Sie weisen uns auch auf das Foto an der Wand hin, auf dem Onkel des jetzigen Inhabers als junger Mann zu sehen ist; damals, vielleicht in den 1960er Jahren, wurden die Kaffeebohnen noch über einem Holzfeuer geröstet und die Rösttrommel mit einer Handkurbel gedreht.

Ja, so warn's die alten Rittersleut' - Die Frankenfestung Passavas

Zu Passavas im Taygetos,
Glaubt es mir, da war was los,
Da ham edle Ritter g'haust,
Denne hat's vor garnix graust.

Hoch über der Straße von Gythio nach Areópolis, elf Kilometer nach dem Ort, sieht man die Festung Passavas. Hinaufsteigen ist mühsam, Pfade sind zugewachsen, die stacheligen Blätter der Stecheichen zerkratzen die Beine. Der Blick auf die karge Landschaft, die Berge des Taygetos und hinunter in die Senke, in der die Straße verläuft, lohnt die Mühe.

Passavas gehörte in der Antike über lange Zeit zu Sparta. Nach der fränkischen Eroberung des Peloponnes wurde es Besitz des Barons Jean de Neuilly. Der Name Passavas ist vermutlich abgeleitet vom Motto dieser Familie: *Passe-Avant,* „vorwärts bewegen".

Passavas war eine kleine, aber wichtige Baronie, weil sie die widerspenstigen Manioten in Schach hielt. Im finalen Kampf mit den Byzantinern wurde auch der Baron de Neuilly gefangen genommen. Seine Tochter war gezwungen, ihre Burg als Teil des Lösegelds aufzugeben. Später wurde der Ort von den osmanischen Türken besetzt, als sie den größten Teil des Peloponnes eroberten, aber mit dem Versuch scheiterten, die Kontrolle über die Manioten zu erlangen.

Was die Sage erzählt: Nachdem in einer Karwoche ein Anführer der Manioten von den Osmanen hingerichtet worden war, galt die Totenklage seiner Mutter weniger der Trauer oder dem Verlust, sondern mehr der Rache: „*... ich will keine Kränze in die Schürze oder rote Eier in den Korb, nur Gerechtigkeit für meinen Sohn... erstecht alle Türken und verbrennt ihre Burg*".

Und so geschah es. Die Mutter führte die maniotischen Männer nach Passavas; als Priester verkleidet wurde ihnen am Ostersonntag das Betreten der Burg erlaubt. Als sie drin waren, zogen sie ihre versteckten Waffen. Wie viele der 700 türkischen Familien in der Festung das Gemetzel überlebten, ist nicht überliefert.

Areópolis - Sieg oder Tod

Areópolis ist das Zentrum der südlichen Mani. In den vergangenen Jahren wurden Häuser und Wohntürme renoviert, die Kirche Johannes des Täufers und die Doppelkirche des Ájos Charálambos und der Panajía Faneroméni wurden zugänglich gemacht. Restaurants und Cafés öffneten. Die ganze Stadt steht jetzt unter Denkmalschutz. Ein kleines Mani-Museum wurde im Pikulákis-Turm eingerichtet.

Auf dem Marktplatz steht das Denkmal für **Petros Mavromichális**, den Petrobey, den *Krieger*, dessen mächtige Familie jahrhundertelang auf der Mani ansässig war. Obwohl Petros ein osmanischer Bey war, gehörte er der Filiki Eteria an. Dies war ein Geheimbund griechischer Patrioten und europäischer Philhellenen, die im 19. Jh. die Befreiung Griechenlands von den Osmanen und die Errichtung einer griechischen Republik erreichen wollten.

Ob alle Touristen, die, wie wir, am *Platz des 17. März 1821* ihren Kaffee trinken, wissen, was es mit dem Namen auf sich hat? An diesem Tag, an dieser Stelle trafen sich die Freischärler um Petros Mavromichális zum Schwur. Er hisste hier zusammen mit anderen die Fahne der Mani, auf der ein blaues Kreuz und die Losung ΝΙΚΗ Ἤ ΘΑΝΑΤΟΣ, Sieg oder Tod, aufgedruckt sind. Sie gaben damit ein Startsignal zum griechischen Freiheitskampf, bevor sie sich nach Kalamata aufmachten und die Stadt als erste Griechenlands von den Türken zurückeroberten.

Die Innere Mani: Blutrache und Totengesänge

Durch den Exodus der Bevölkerung ist die Mani südlich von Areópolis (die *innere* Mani) heute äußerst dünn besiedelt.

Umgekehrt war die Region bis ins 20. Jh. wegen ihrer Unwegsamkeit ein Rückzugsgebiet für Menschen auf der Flucht vor fremden Eroberern und auch für Piraten. Die Mani blieb lang ein Landstrich fast frei von staatlichen Eingriffen.

Einen festen Bestandteil der Kultur bildeten die traditionellen Totengesänge, die Moirologia. Zumeist wurden sie von Frauen vorgetragen. Oftmals sangen sie sich dabei in tranceartige Zustände. Archäologen vermuten, dass schon die Totengesänge der Spartaner so geklungen haben. Die Moirologia sind das, was die Maniaten neben eigener Architektur von Kirchen und Wehrtürmen an Volkskultur hervorgebracht haben.

Durch den Exodus der Bevölkerung findet jedoch so gut wie kein kultureller Austausch der Generationen mehr statt, so dass die Tradition der Moirologia über kurz oder lang verschwinden wird oder schon verschwunden ist.

Durch die Äußere Mani und über den Langada-Pass nach Sparti

Von Areópolis windet sich die Straße zur Bucht von Liméni hinunter. Hier steht das Geburtshaus des Pétrobey Mavromichális. Es hat den für große Máni-Häuser typischen Aufbau: ein hoher Wehrturm für Kriegszeiten, ein lang gestrecktes Wohnhaus für Friedenszeiten und eine niedrige Vorhalle für das Vieh.

Wir fahren durch die Ortschaft Thalámai mit seinem schönen Brunnenhaus am Dorfplatz und der riesigen Platane vor der Taverne *O Platanos*. In Platsa lohnt ein Abstecher zur alten Kirche Ájios Nikolaos Kambinari. Die dreischiffige Basilika wurde im 10. Jh. erbaut, die Kuppel erst Mitte des 14. Jhs. aufgesetzt.

Eine Kaffeepause ist angesagt. Wir sitzen bereits auf dem hübschen Platz mit den Maulbeerbäumen, als der Regen einsetzt, der sich schon am Morgen angekündigt hat. Verkehrte Welt: die einheimischen Männer, die vor dem Kafenion hocken, zücken ihre Handies und knipsen die Touristen, die ihren Kaffee unter Regenschirmen schlürfen. In der Statistik ist ein Regentag im September übrigens nicht vorgesehen, aber dieser wird auch der einzige bleiben.

In Stoupa begegnet uns zur Abwechslung ein Stück Literatur- und Filmgeschichte. Oberhalb des Orts sind noch immer die Eingänge zu den Kohleminen zu sehen, die in dem Film von Nikos Kazantzakis *Zorba the Greek* aus dem Jahr 1946 eine so bedeutende Rolle spielten. Das Vorbild für den Filmhelden Alexis Zorbas war der Minier Georgis Zorbas aus Westmakedonien, den Kazantzakis zum Vorarbeiter in seinen Minen gemacht hatte.

In Kardamyli besuchen wir das gerade wieder eröffnete Troupakis-Mourtzinos-Turmensemble.

Nun sind es noch knapp vierzig landschaftlich schöne Kilometer bis nach Kalamáta. Von da fahren wir durch die Nedon-Schlucht hinauf ins Taygetos-Gebirge und über den Langada-Pass. Brände in den Jahren 2005 und 2007 haben einen großen Teil der Wälder in diesem Teil des Gebirges zerstört. Schöne Bestände der Griechischen Tanne und der Schwarzkiefer sind vernichtet. Durch die Langada-Schlucht geht's hinab nach Sparti und zurück nach Vathi.

Geraki - Byzantinische Kirchen, Fränkische Stadt und Festung

Geraki liegt an den südlichen Ausläufern des Parnon-Gebirges am Ostrand einer fruchtbaren Ebene. In der Antike gehörte es zu den mit Sparta verbündeten Städten. In byzantinischer Zeit schwang sich Geraki zu beachtlicher Blüte auf. Mit der Eroberung des Peloponnes durch fränkische Kreuzritter wurde Geraki Sitz einer Baronie unter Guy de Nivelet, der südöstlich der Stadt auf einem Felsrücken eine Festung erbaute. Darunter entwickelte sich eine neue Stadt. Die Festung war fast so groß wie die von Mistras.

Nach der Niederlage gegen Byzanz mussten die Franken auch Geraki den Byzantinern überlassen. Die Stadt wurde Sitz eines Bischofs, neue Kirchen wurden gebaut. Sie sind an Zahl kaum weniger als in Mistras, wenn auch kleiner; auch sie sind mit kunstvollen Fresken ausgemalt.

Dorfkirchen sind Agios Sozon, eine Kreuzkuppelkirche, ferner Ag. Nikolaos, eine zweischiffige Kirche. Ag. Ioannis Chrysostomos entstand während der Bauzeit der fränkischen Stadt. Die Türpfosten der einschiffigen Kirche sind Marmorblöcke, in die eine Marktverordnung des römischen Kaisers Diokletian aus dem Jahre 301 n. Chr. eingemeißelt ist. Sie sollte mit Hilfe einer Höchstpreisfestsetzung den Preisverfall im römischen Reich aufhalten.

Am Ortsrand steht die Kirche der Panagia Evangelistria aus der Mitte des 12. Jh.s. Auch bei ihrem Bau wurden Spolien verwendet, z. B. an der Südwand eine Triglyphenplatte. Am Friedhof steht die größte Kirche von Geraki, Ag. Athanasios, eine Kreuzkuppelkirche. Von der Straße zur Festung aufsteigend passieren wir zuerst die Agia-Paraskevi-Kirche. Weiter oben steht die Kirche Zoodochos Pigi (*Lebenspendende Quelle*), schließlich innerhalb der Mauern der alten Festung die einstige Bischofskirche Ag. Georgios.

Die Namen der meisten Kirchenpatrone sind uns fremd. Wer waren sie? Sozon, ein Märtyrer, ist der Schutzheilige der Insel Limnos. Johannes von Antiochia war im 4.Jh. Erzbischof von Konstantinopel. Im 6. Jh. wurde ihm der Beiname Chrysostomos (gr.: Goldmund) gegeben, weil er ein großer Prediger war. Athanasius ist als Kirchenlehrer und Bischof von Alexandria (4. Jh.) bekannt.

Das griechische Wort Paraskevi bedeutet sowohl *Vorbereitung* als auch *Freitag*. Häufig wird angenommen, der Name beziehe sich auf den Karfreitag. Gemeint ist aber die Vorbereitung auf jeden Sonntag, da traditionell bereits freitags damit begonnen wurde, am Sonnabend die sonntägliche Messe und das zugehörige Fest vorzubereiten. Mehrere Heilige tragen diesen Namen. In Griechenland wird dabei vor allem jene Paraskevi aus dem 2. Jh. verehrt, die als Heilerin der Blinden galt. Sie soll auch dem römischen Kaiser Antoninus Pius das Augenlicht gerettet haben, obwohl dieser sie zuvor, infolge der Christenverfolgungen im Römischen Reich, foltern ließ. Nach dieser Tat schenkte er ihr die Freiheit und beendete die Verfolgung der Christen. Später starb die Paraskevi doch noch den Märtyrertod, als unter Marcus Aurelius die Verfolgungen erneut begannen

Monemvasiá - Belebte Gassen, geraubte Ikonen, Heimat eines großen Dichters

Östlich von Gythio queren wir eine ausgedehnte Ebene, durch die der Fluss Evrotas dem Lakonischen Golf zufließt. Die Talebene wird intensiv landwirtschaftlich genutzt. Von da fahren wir hinauf ins Parnon-Gebirge. Auf einem Felsrücken sehen wir, selten in Griechenland, Windräder. Dann liegt vor der südöstlichen Küste Lakoniens der 300 Meter hohe Fels von Monemvassia wie ein riesiger Hut, das *Gibraltar Griechenlands*. Als Monemvassia noch eine venezianische Festung war, galt es als uneinnehmbar.

Wir erreichen Gefyra am landseitigen Beginn des Straßendamms zur Altstadt, die sich mehr und mehr touristisch profiliert. Immer mehr kleine Hotels und Restaurants ziehen in die restaurierten alten Häuser ein. So kommt neues Leben in die alten Steine. Doch nur wenige Familien bewohnen Monemvassia ständig.

Monemvassia zählt zu den Top-Adressen vermögender Griechen. Vor dreißig Jahren war hier ein fast menschenleeres Gewirr von halbverfallenen Häusern, heute gehört es in Athen zum guten Ton, dort eine Zweitwohnung zu besitzen oder wenigstens seine Tochter im Ambiente der Basilika zu verheiraten. Die Renovierung des erworbenen Hauses nach den Richtlinien der Archäologischen Gesellschaft darf dann noch ein bisschen extra kosten; Monemvasia hat inzwischen eine Armee von Denkmalschützern auf seiner Seite.

In den engen Gassen reihen sich Geschäfte, Restaurants und Cafés aneinander. Auf Schritt und Tritt finden sich Zeugnisse venezianischer und byzantinischer Architektur, an jeder Ecke bieten sich neue Sichten und Einblicke. Man kann stundenlang durch die Gassen wandern, steile Treppen ohne Geländer auf- und absteigen und wird doch immer wieder Neues entdecken.

Plötzlich stehen wir vor jenem Haus, in dem einer der bedeutendsten griechischen Dichter der Neuzeit, Jannis Ritsos, lange gelebt hat. Er ist hier 1909 geboren. Gestorben ist er im Jahr 1990 in Athen, aber auf dem Friedhof von Monemvassiá bestattet.

Der Hauptplatz mit der Kanone wird beherrscht vom Glockenturm der Kirche Elkomenos Christos. Die Kirche ist eine dreischiffige Basilika mit Kuppel. Zwei in den Stein gehauene Pfauen über dem Portal der Kirche verheißen dem Eintretenden das Paradies.

Diebstahl von Ikonen, so erfahren wir hier, gab es auch schon in der Vergangenheit. Ein byzantinischer Kaiser mit dem Beinamen Angelos ließ das Bildnis des Christos Elkomenos rauben und nach Konstantinopel bringen. Eines der größten und schönsten Kreuzigungsbilder aus dem 14. Jh. wurde ebenfalls gestohlen, hing viele Jahre im byzantinischen Museum von Athen und wurde erst 2011 an die Kirche Christos Elkomenos zurückgegeben, wo es jetzt aufwändig gesichert in einem Seitenraum hängt.

Eine sehenswerte Kirche ist auch die der Panagia Chrysafitissa. Die Kuppelkirche wurde in der Zeit der osmanischen Herrschaft errichtet. Während der venezianischen Herrschaft diente sie als katholische Pfarrkirche. Die Panagia Chrysafitissa ist die Schutzpatronin der Stadt. Der Name geht auf eine Legende zurück: Die Ikone der Chrysafitissa, die ursprünglich in einer Kirche in Chrysafa (ein Dorf in der Nähe von Sparti) gehangen hatte, fand man eines Tages hier in dem Brunnen auf der Südseite der Kirche. Dorthin wurde dann eine Kapelle gebaut. Der Madonna und dem Quellwasser werden zahlreiche Wunder zugeschrieben.

Dem Restaurant *To Kanoni*, wo wir zu Abend essen, haben die New York Times und andere internationale Magazine bereits Artikel gewidmet. Früher, noch 1991, hatte es ein griechisches Ambiente, mit Griechen, die Kaffee tranken und nachdachten …

Wanderungen bei sommerlichen Temperaturen

Christophs *Olivenwanderung* im Hinterland von Gythio führt uns zur Kapelle Áji Theódori und weiter zum Biohof Karábabas von Giorgos Germanakos und Susanne Schneck. Dort kann man alles kaufen, was *bio* ist: Olivenöl, Honig, selbst gemachte Marmeladen, Kräuterpasten ... Man kann es sich auch schicken lassen, im Herbst betreibt Susanne einen Versandthandel mit den Produkten des Sommers.

Von Pírgos Dirú führen uralte Pflasterwege nach Areópolis. Noch blühen hier griechische Alpenveilchen. Unterwegs gibt es ein einfaches Picknick an der Kapelle des Ájos Sózon, wo wir gemütlich im Schatten sitzen können, und am Marktplatz von Areópolis erholsames Kaffeetrinken, während Christoph den kleinen Bus aus Pirgos nachholt.

Von Thalámes steigen wir nach Trachíla ab. Auf dem steinigen Pfad gehen von zwei Paar Wanderstiefeln die Sohlen ab. Nach kurzer Kaffeepause geht es auf anderem Weg zurück zum Aus-gangspunkt (+/- 400 Meter).

In Trachila kehrt nur über den Sommer und an den Wochen-enden Leben ein. Bei der Kirche hat eine kleine Taverne Tische an der Straße stehen. Die freundliche Wirtin möchte – auch wenn man eigentlich nur für ein kühles Getränk Platz genommen hat – ihre Speisen anpreisen. Sie fordert dazu auf, in die Küche zu kommen und in die Töpfe zu schauen, was früher in griechischen Tavernen die Regel war, aber in-zwischen zur Ausnahme geworden ist. Geschäfte gibt es nicht. Aber die üblichen, sich über Lautsprecher an-kündigenden Pickups kommen mit Lebensmitteln und Allem, was sonst noch benötigt wird, auch in das abgelegene Trachila.

Schützt den Wald: Mediterrane Eichenwälder

„Du bist doch Botaniker, jetzt sag mal, das ist doch eine Eiche; was für eine ist es denn?" Im Mittelmeergebiet gibt es wenigstens fünfzehn Eichen-Arten. Vier haben wir gesehen: die immergrüne Stein-Eiche, die immergrüne Kermes- oder

Stech-Eiche, die sommergrüne Zerr-Eiche und die halb-immergrüne Wallonen- oder Arkadische Eiche, die nur von Italien nach Osten zu auftritt.

Die Wälder der Stein-Eiche würden ohne Einwirkung des Menschen im Mittelmeerraum weite Flächen bedecken. Die Kermes- oder Stech-Eiche ist ein Strauch, im östlichen Mittelmeergebiet auch ein stattlicher Baum. Die Walloneneiche ist ein wichtiges Element der Kulturlandschaft Griechenlands. Wälder der Walloneneichen sind selten, in Europa sind sie fast ausschließlich auf Westgriechenland und Albanien beschränkt ist.

Weil durch das Abholzen der Wälder die Humusdecke von den Hängen herunter geschwemmt wurde, besteht die innere Mani nur noch aus kahlen Bergen. Ausschließlich Frauen haben im Laufe von Jahrhunderten mühsam die Erde wieder hinauf geschleppt und sie mit abertausenden Terrassenmauern gesichert, um hier bis zum Zweiten Weltkrieg Korn anzubauen. „Die maniotische Frau war ein Arbeitstier, das *wichtigste Haustier*" schrieb Hellmut Loos in seinem Buch *Durch die wilde Mani*.

Immer noch rodet man vielerorts den Wald und pflanzt Oliven an, wo es der Boden gestattet.

Ein informatives Schild habe ich fotografiert; übersetzt lautet der Text: Schützt den Wald -

    Es ist streng verboten Eichen zu fällen   Forstamt …

Wie reagieren die Griechen auf die hellenische Krise?

Viele Griechen wollen im Land bleiben und nicht vor der Krise flüchten. Ich habe mit einigen gesprochen.

„Geld ist nicht alles", sagt Manoussos. „Du weißt das, ich weiß das, aber die Politiker scheinen das noch immer nicht zu wissen - weder die unseren noch die in Europa. Die sorgen sich doch nur um Märkte und Banken. Die Menschen, solche wie wir, kommen ganz zum Schluss. Wir sind für die doch nur wie Ameisen!" Doch warum sieht man auf dem Peloponnes nicht viel von der Krise? „Schau dich doch um! Wir haben Obst und Gemüse, hier wachsen Oliven-bäume, hier leben tausende Ziegen und Schafe. Und wenn ich Durst habe, gehe ich da runter, da ist eine Quelle, und trinke Wasser. In Athen musst du für einen Schluck Wasser bezahlen."

Michalis ist Bürgermeister einer kleinen Gemeinde. Im Hochsommer ist sie überrannt, in der Nebensaison wirkt sie idyllisch und ein bisschen verschlafen. „Ich bin Bürgermeister, weil ich die Stadt liebe und nicht, weil ich Politiker bin. Wenn du liebst, was du tust, dann gibt es nur die Wahrheit. Die griechischen Politiker haben nie die Wahrheit gesagt! Warum? Na ganz einfach! Weil sie ihr Land nicht lieben! Sie sind Politiker aus reinem Egoismus."

Vivi, 25 Jahre alt, ist erst vor einigen Monaten hierher zurückgekommen. „Mein Dorf ist für mich wie ein sicherer Hafen. Ich bin hierher zurückgekommen, weil ich mir das Leben in Athen nicht mehr leisten kann", sagt sie. „Das Problem ist, dass sich in Griechenland niemand an Gesetze hält, schon gar nicht die Politiker. Zum Beispiel das Rauchverbot in Lokalen: In Griechenland ist das Rauchen in Lokalen genauso verboten wie anderswo auch. Aber die Leute rauchen überall! Trotzdem, wir werden diese Krise überwinden!"

Die 23-jährige Eleni studiert. „Europa, das sind die Möglichkeiten, dass wir alle voneinander lernen. Ein Griechenland ohne Europa? Das kann ich mir nicht vorstellen. Und schon gar nicht ein Europa ohne Griechenland!"

Maria ist Anfang 30. „Gut", sagt sie, „die Situation ist schwierig. Viele junge Menschen kommen jetzt wieder zurück aus Athen und lassen sich auf dem eigenen Stück Land nieder, das der Familie gehört. Sie können ihr Haus bauen und haben alles zum Leben, was sie brauchen."

Georgios lebt bereits mehrere Jahrzehnte in Deutschland. Ich lerne ihn in einer Klinik kennen, wo er Arzt ist.

„Gesundheit ist doch ein höheres Gut als Schuldenfreiheit oder Wirtschaftswachstum. In Griechenland sterben Menschen, weil sie sich die Behandlung beim Arzt nicht mehr leisten können. Nur dank Tausender Ärzte, die nur gegen eine geringe oder gar keine Bezahlung solchen Leuten helfen, werden viele Griechen überhaupt noch behandelt. Man spricht davon, dass es ein Untergrundnetz von Ärzten gibt".

Die Troika aus Internationalem Währungsfond, Europäischer Zentral-Bank und EU habe sich beim letzten Besuch „zufrieden" gezeigt. Aber könne man damit zufrieden sein, dass es in Griechenland wieder Malaria-Tote gibt? Zufrieden damit, dass die Lebenserwartung besonders bei Männern drastisch gesunken ist? Oder zufrieden mit der Verdreifachung der Selbstmordrate, die jahrelang eine der niedrigsten in Europa war? Zufrieden vielleicht mit der Arbeitslosigkeitsquote von 27 Prozent? Oder mit einer Jugendarbeitslosigkeit von 70 Prozent in der Region Dykiti Macedonia? Zufrieden damit, dass mehr als 300.000 Griechen ihr Auto abgemeldet haben, dass das Benzin sehr viel teurer ist als in Deutschland? Dass Eltern ihre Kinder in SOS-Kinderdörfern abgeben, weil sie sie nicht mehr ernähren können?

„Das sind die Zustände in Griechenland in diesem Sommer", sagt Giorgios.

Wieder ist die Zeit fürs Träumen gekommen

Über das Schreiben ist es November geworden. Die ersten Herbststürme fegen übers Land. Man muss sich wieder wärmer anziehen.

Die ersten Reisekataloge für das kommende Jahr sind eingetroffen, es ist Zeit, wieder Pläne zu schmieden. Wir denken an die Mani und an das, was wir im Jahr 2014 haben auslassen müssen.

Beeindruckend sind die Höhlen von Pírgos Dirú. In einem Boot fährt man durch die Höhlen und kann die faszinierenden Tropfsteine bestaunen.

In Mistras wurde der letzte byzantinische Kaiser gekrönt. Zur Blütezeit des Reichs haben hier 40.000 Menschen gelebt. Der ehemalige Statthalterpalast ist aus Ruinen wiedererstanden und dient jetzt als kulturelle Begegnungsstätte. Nirgendwo auf dem Peloponnes wird der Glanz byzantinischer Herrlichkeit deutlicher als in Mistras' prachtvollen Kirchen.

Durch die *Wilde Mani* bis hinunter zum Kap Taenaron möchten wir noch einmal fahren, vorbei an byzantinischen Kirchlein und Bergdörfern mit ihren Wehrtürmen aus einer Zeit, als die Manioten ein besonders kriegerisches Volk waren.

Vielleicht lassen wir uns dann von Christoph auch zu einem Bootsausflug zu einsamen Buchten des Golfs von Gythio überreden.

Quelle

Peloponnes. Merian, Hamburg 1996

Athen (2015)

Hierin ist die Stadt der Bewunderung würdig, aber nicht minder in anderem ... Denn wir allein sind es, die den, der sich solchen (den politischen Dingen) *ganz fernhält, nicht für einen Ruheliebenden, sondern für einen Unnützen erachten.*
... Indem ich alles zusammenfasse, so sage ich, dass unsere Stadt im Großen eine hohe Schule für ganz Griechenland ist ...
(Rede des Perikles für die Gefallenen, 431 v. Chr. In: Thukydides, Geschichte des Peloponnesischen Krieges, II)

Griechen und Deutsche

Uns Deutsche mögen die Griechen zurzeit nicht sehr. Man merkt es aber nur an Kleinigkeiten. Zum Beispiel der Taxifahrer, der uns vom Flughafen in die Stadt fährt. Er hat seine Kindheit in Stuttgart verbracht, wo seine Eltern das Geld verdienten, mit dem sie sich danach in Athen zur Ruhe setzten. Wenn er auf Frau Merkel zu sprechen kommt, entlockt er seinem Mercedes ein paar zusätzliche Drehzahlen (obwohl er längst schneller fährt als erlaubt) und faucht ihren Namen.

Doch es wäre nicht gerecht, uns in den aktuellen Knatsch zwischen Deutschland und Griechenland hineinzuziehen. Wir sind mit den allerbesten Absichten nach Athen geflogen. Griechische Kultur und griechisches Essen wollen wir loben; jede antike Tempelsäule, jede Statue aus griechischem Marmor, jeder Rohkostsalat aus Zwiebeln, Tomaten, Gurken und Fetakäse soll ein Anlass sein, die griechische Nationalhymne anzustimmen.

Türken mögen die Griechen übrigens noch weniger als Deutsche. Sie hatten nicht nur bis 1862 einen deutschen König als Staatsoberhaupt – Otto wurde den Griechen einfach oktroyiert wie heute der Milliardenschirm –, zuvor hatten schon die Osmanen das Land 400 Jahre lang besetzt. (Sarrazin prophezeit das unserem Vaterland ja auch.)

Wiedersehen mit Athen

Nun bin ich wieder in der Stadt, von der meine Schilderung einer Reise *Von Athen auf die Mani* ihren Anfang nahm, auch damals im Frühjahr. Mehr als ein halbes Jahrhundert ist seither vergangen. Jetzt ist es Mitte April, am 12./13. April ist hier Ostern, eine Woche später als in Deutschland. Sonst sind die Griechen uns voraus, gegenüber der Sommerzeit wenigstens die eine Stunde, um die wir unsere Uhren vorstellen müssen. Die Tage mit 23-25 Grad, und mehr noch die Abende und Nächte sind auch schon wärmer als in Deutschland, und es ist nicht zu kühl, um draußen zu sitzen. Wir werden noch erfahren, dass man auch um wenigstens eine Stunde orientalischer isst.
2.500 Jahre und immer vorneweg! Was der Besucher dieser erstaunlich sauberen Stadt als Erstes lernt, ist die Bedeutung Athens in der europäischen Geschichte. Vorher gab es nichts und danach nur Imitationen. Griechisch war die erste Sprache, die man schreiben konnte. Die Römer ahmten nur nach, was sie vorfanden, als sie Griechenland besetzten und griechische Lehrer, Künstler und Köche beschäftigten.
Als Ziel einer Städtereise war Athen jahrzehntelang nicht sonderlich attraktiv. In den Zeitungen las man Berichte über allsommerliche Smog- und Hitzetote. Ein viel zu beengter Flughafen und chaotische Verkehrsverhältnisse auf den

Straßen verleideten so manchem Urlauber schon die ersten Stunden in der Stadt. In vielen Hotels herrschten archaische Zustände.

Dies und vieles andere hat sich im ersten Jahrzehnt des 21. Jhs. gewandelt. **Die Vergabe der olympischen Sommerspiele 2004 an Athen** war ein Impulsgeber. Zusätzliche Finanzmittel und ausländisches Know-how gelangten nach Athen. Auch war den Griechen eine feste Frist gesetzt. Die termingerechte Verbesserung der Infrastruktur wurde zu einer Frage des nationalen Stolzes.

Museen wurden neu gestaltet, das alte Akropolis-Museum zog im Winterhalbjahr 2008/9 in einen grandiosen, hypermodernen Neubau unterhalb des markanten Felsens um. Die großen Ausgrabungsstätten sind heute romantisch anmutende Parklandschaften. Neugeschaffene Fußgängerzonen, für die teilweise sogar ehemalige Hauptverkehrsstraßen umgestaltet wurden, und aus denen man den Autoverkehr verbannte, machen einen Stadtbummel zum geruhsamen Vergnügen. Tausend neue Sitzbänke wurden in der Innenstadt aufgestellt. Man kann jetzt zu Fuß die Akropolis weiträumig umrunden, ohne eine einzige Autostraße überqueren zu müssen. Die Athener sprechen vom archäologischen Boulevard.

Die Besucherströme haben zugenommen, das Warenangebot vieler kleiner Geschäfte hat sich dem angepasst, was man auch andernorts für den Touristengeschmack hält. Dennoch ist das Angebot vielfältig. Straßencafés prägen das Stadtbild mit, eine Vielzahl von Tavernen, Restaurants, Snackbars und Eisständen sorgt dafür, dass kaum ein Besucher Athens mit Gewichtsverlust nach Hause kommt.

Der private Pkw-Verkehr hat in Zeiten der Krise etwas abgenommen, bleifreies Benzin und moderne Autotechnik haben für bessere Luft in den engen Straßen als noch Ende des 20. Jhs. gesorgt. Busse, die mit Bio-Treibstoff fahren, und die weiter ausgebaute Metro entlasten Straßen und Umwelt; auch die traditionellen Busse, die den Strom für ihre Elektromotoren aus einer Oberleitung beziehen, sind noch unterwegs. Relativ preiswerte Taxis gibt es in Fülle.

Auf den ersten Blick wirkt ganz Athen wie ein großer Basar. Läden und Märkte sind über die gesamte City verteilt. Die wichtigsten und bekanntesten Einkaufsviertel sind das Kolonáki, die Ermoú, Emborikó Trígono und Pláka. Das Kolonáki ist das Einkaufsviertel der wohlhabenden Athener. Hier sind fast alle griechischen Mode-Designer und die ausländischen Top-Labels zu finden. Nahe beim Syntagma-Platz steht Athens neues Edel-Kaufhaus, *Attica*.

Nach Hermes, dem antiken Gott des Handels, ist die autofreie Haupteinkaufsstraße Ermoú benannt, die den Syntagma-Platz mit Monastiráki verbindet. Im Handels-dreieck Emborikó Trígono stehen u.a. die Hallen des Zentral-Marktes, die Kentriki Agorá. Pláka ist der Name des Altstadtviertels am Nordhang des Akropolishügels. Es ist von Souvenirgeschäften geprägt, zwischen die einige Läden mit Kunsthandwerk gestreut sind. Hier gibt es auch besonders viele urige Gastwirtschaften.

Dieses Mal bin ich nicht alleine hier, sondern zusammen mit einer kleinen Gruppe von sechs Personen, zwei wie ich aus Bonn, zwei aus der Münchner Gegend und eine aus dem Salzburger Land. Unser Führer in der Stadt ist der Archäologe Dr. Christoph Löhr, den ich schon von den Mani-Reisen und von Naxos gut kenne.

Nein, wir steigen nicht im besten Hotel der Stadt ab, dem Fünf-Sterne-Hotel *Grande Bretagne*. Unser Hotel *Hermes* hat nur drei Sterne. Es hat vor manchem anderen Haus dieser

Kategorie den Vorzug, in der Mitte der Apollonos-Straße ruhig und doch zentral zu liegen. Von hier ist man ebenso schnell am Syntagma-Platz wie in der Pláka, kann die Einkaufsviertel und nahezu alle archäologischen und andere Sehenswürdigkeiten fußläufig erreichen. Man sollte sich ein Zimmer zur Straße reservieren lassen, weil man von den Fenstern der rückwärtigen Zimmer nur den Blick auf eine Brandmauer hat, die zwar mit Blumen-Graffiti bemalt ist, aber dennoch …, und am besten in der fünften Etage, wo es am ruhigsten ist. Der Frühstücksraum ist zu klein, wenn das Hotel voll belegt ist; dann wird es laut, und die Luft ist rasch nicht mehr die frischeste.

Das Frühstücksbuffet ist reichhaltiger als bei uns, eben auch orientalischer. Damit meine ich nicht nur das sanft-süße Halwa, die Karamellcreme und die gekochten Früchte, die man gern zum Frühstück addiert, sondern diesen wunderbar fetten Jogurt mit Honig und gekochten und enthäuteten Trauben.

Doch keinesfalls hat die türkische Küche die Essgewohnheiten der Griechen beeinflusst, es war nämlich umgekehrt. „Als die asiatischen Horden das Fleisch noch unter dem Sattel weich ritten...", diese bekannte Floskel wird von der Kochbuchautorin Chrissa Paradissis als Beweis dafür angeführt, dass die Griechen nicht nur Philosophie, Physik und Demokratie erfunden wurden.

Das Hotelpersonal ist freundlich und aufmerksam. Kalós orísate – Willkommen heißt es zur Begrüßung. Aber vielleicht ist es doch ein Zeichen der Geringschätzung deutscher Kultur, dass das Fernsehen unseres Hotels nur einen deutschen Sender im Repertoire hat, und zwar Deutsche-Welle-TV. Im Fünf-Sterne-Hotel *Grande Bretagne* soll es nicht anders sein.

Rundgänge und Ausflüge

Die Rundgänge durch das historische Zentrum und die Ausflüge sind ganz- oder halbtätige Unternehmungen zu Fuß, wenn nichts anderes gesagt wird. Jederzeit kann man Entfernungen mit Taxi, Bus oder Metro überbrücken. Man kann auch mit einem Züglein in 50 Minuten durch die Altstadt fahren (*Athens by train*). Diese Trenakis, rot, blau oder grün gestrichen, sehen aus wie kleine Dampfeisenbah-nen, fahren aber mit Benzin auf Gummirädern. Die Fahrgäste sitzen in offenen Waggons.

1. Rundgang: Metropoleus-Platz, Monastiraki-Platz, Griechische Agorá mit Hephaistos-Tempel und Museum in der Attalos-Stoa, Römische Agorá, Hadriansbibliothek

Vom Hotel *Hermes* sind es nur wenige Minuten bis zum Metropoleus-Platz. Dort steht die **Metrópolis**, die Bischofskirche von Athen, erbaut 1842-62, eine dreischiffige, überkuppelte Basilika mit zwei Türmen. Architektonisch trägt sie deutliche Anzeichen westlicher Dominanz im 19. Jh.
Seit Jahren ist sie zum Zweck der Renovierung außen und innen eingerüstet, eine Besichtigung lohnt kaum. Immer wieder kommen aber fromme Besucher, auch Popen, Mönche und Nonnen, zur Andacht und zum Gebet.
Im byzantinischen Zeitalter ist die **Kleine** (Míkri-) **Metrópolis** entstanden; sie erhebt sich neben der Metrópolis.
Auf dem Platz steht das **Denkmal des Archiepiskopos Damaskino,** ehemals Erzbischof von Athen (1891-1949). Die weit überlebensgroße Statue aus schwarzem Stein wurde auf einen weißen Sockel gestellt, der gleich lautende Inschriften in Griechisch und Englisch trägt:

ARCHIBISHOP DAMASKINOS TO THE GERMAN OCCUPATION AUTHORITIES (1943) „THE MEMBERS OF THE CLERGY OF GREECE MAY NOT BE SHOT; THEY MAY ONLY BE HANGED, I BEG YOU TO RESPECT THIS TRADITION …"
ARCHIBISHOP DAMASKINOS DURING THE GERMAN OCCUPATION (1941 – 1944) ASSISTED THE PEOPLE WHO SUFFERED AND DEFENDED THEIR RIGHTS AND FREEDOM AND OPPOSED STRONGLY TO THE PERSECUTION AND HOLOCAUST OF THE GREEK JEWS.

Die Gebäude am Platz sind teils durch Jugendstilarchitektur geprägt, teils sind sie neueren Datums, die meisten in gutem Zustand, das eine oder andere, ebenso wie in den Seiten-straßen, aber auch heruntergekommen und nicht mehr be-wohnt. Cafés und Restaurants haben sich eingerichtet und man findet zahlreiche Geschäfte mit orthodoxen Devotio-nalien, passend zu den beiden Gotteshäusern.

Am **Monastiraki-Platz** erhebt sich einer der wenigen er-haltenen Bauten aus der Zeit der Türkenherrschaft (1456 – 1833), die **Tzistaraki-Moschee**. Ein hoher türkischer Be-amter, Mustafa Tzistarakis, hat sie 1759 erbauen lassen. Um genügend Baumaterial zur Verfügung zu haben, ließ er eine Säule des großen Zeus-Tempels einreißen. Heute ist hier ein Museum für traditionelle Töpferei untergebracht.

Mitten auf dem Platz steht die byzantinische Pantanassa-Kirche, eine dreischiffige Basilika aus dem 10. Jh.

Interessant ist auch die vollkommen restaurierte U-Bahn-station *Monastiraki*, eine der ältesten des Bahnnetzes.

Durch die Adrianou-Straße erreichen wir eine ausgedehnte archäologische Stätte, die **Griechische Agorá** am Fuß der Akropolis. Im Altertum, etwa zwischen 2.500 v.Chr. und 200

n. Chr., war die Agorá ein Markt- und Handelszentrum der Stadt und gleichzeitig politischer, kultureller und religiöser Mittelpunkt. Verwaltungsgebäude standen neben Tempeln und Heiligtümern, Behörden neben Gerichten. Hierher kamen die Athener häufig, um Waren zu kaufen oder zu verkaufen, aber auch, um die letzten Neuigkeiten zu erfahren, die Entscheidungen der Regierung zu kritisieren, Meinungen auszutauschen oder einfach nur dem Klatsch und Tratsch zu frönen.

Der **Hephaistos-Tempel**, auch als **Theseion** bekannt, weil man früher dachte, er sei dem sagenhaften Theseus gewidmet gewesen, steht an der Westseite der Agorá, etwas erhöht auf einem Hügel. Erbaut 460-415 v. Chr. ist er der besterhaltenen griechische Tempel überhaupt.

Von hier, mitten im Grünen, umgeben von blühenden und duftenden mediterranen Sträuchern und Bäumen, hat man einen wunderschönen Blick über die Agorá und hinüber zum Akropolisfelsen. In der Ferne ist die Pnyx zuerkennen, in der Antike der Versammlungsplatz aller Athener.

Das zweistöckige, 116 Meter lange Gebäude an der anderen Seite der Agorá ist die wiederaufgebaute **Stoa des Attalos**. Das ursprüngliche Bauwerk hat König Attalos II. von Pergamon der Stadt Athen um 150 v. Chr. zum Geschenk gemacht. Die Stoa war eine Art antikes Shoppingcenter mit 21 Läden auf jedem Stockwerk. Heute ist dort ein **Museum** untergebracht, das überwiegend Objekte der antiken Agorá birgt, vielfach waren es Grabbeigaben, Gegenstände des täglichen Gebrauchs aus mehreren Jahrtausenden wie Vasen. Krüge und andere Gefäße aus Ton, aber auch ein Klostühlchen für Kleinstkinder incl. Gebrauchsanleitung.

Auch Objekte mit Bezug zum damaligen politischen Leben sind zu bestaunen, darunter eine Losmaschine oder Tontäfelchen für Scherbengerichte (gr.: Ostrakismós). Mit diesem Verfahren konnte durch Mehrheitsbeschluss der Bürger alljährlich ein missliebiger Bürger in die Verbannung geschickt werden. Die Namen wurden in Tonscherben eingeritzt, der am häufigsten genannte musste die Stadt für ein Jahr verlassen. Ausgestellt sind u.a. fast hundert Täfelchen mit dem Namen des Themistokles. Das Verfahren wurde Ende des 6. Jh.s v. Chr. eingeführt und knapp fünfzig Jahre später wieder aufgegeben, weil immer häufiger Missbrauch damit getrieben wurde.

Die **Römische Agorá** (in der Plaka) war ein geschlossener Baukomplex. Er bestand aus einem weiten rechteckigen Platz, der von Säulenhallen eingefasst war, in denen verschiedene Läden untergebracht waren. Im Nordteil der Anlage ließ Kaiser Hadrian 132 n. Chr. eine rechteckige Bibliothek errichten. An den zentralen Bibliothekssaal dieser **Hadriansbibliothek** mit vielen Wandnischen zur Aufbewahrung von Pergamenten und Papyrusrollen schlossen sich zu beiden Seiten Lese- und Hörsäle an. Im Innenhof, der von 100 Säulen umstanden war, spendeten Brunnen und Wasserbecken wohltuende Frische.

Der Turm der Winde aus dem 1. Jh. v. Chr. am Rand des römischen Markts, in dem eine hydraulische Uhr untergebracht war, ist leider eingerüstet und mit Kunststofffolien verhängt.

2. Rundgang: Akrópolis, Herodes-Attikus- und Dyonysos-Theater, Asklepieion, Philopáppos-Hügel, Lysikrates-Momument

Für den obligaten Aufstieg zur **Akrópolis** ist passendes Schuhwerk unbedingt erforderlich! Fahren (mit dem Taxi) könnte man bis zu dem Vorplatz, wo japanische Invasoren ihre Kameras ausprobieren, Selfies mit ihren neuen Smartphones knipsen und auch gleich nach Hause schicken: *Ich, und hinter mir die Akropolis.*

Die letzten 200 Meter klettern wir über Stein und Marmor *(„Don't touch the marble")* zum ältesten Symbol europäischer Kultur empor, der herausragenden Sehenswürdigkeit Athens, passieren die **Propyläen**, den monumentalen Eingang zur Akropolis, schauen hinüber zum **Erechtheion** und stehen vor dem **Parthenon-Tempel**, der großartigsten architektonischen Leistung des klassischen Altertums. 447 v. Chr. wurde der Bau des Parthenon begonnen, 432 v. Chr. abgeschlossen.

Das Bauprogramm für die Akropolis wurde vom Athener Staatsmann Perikles nach dem Sieg über die Perser 479 v. Chr. initiiert. In nur etwa 60 Jahren, zwischen 467 und 404 v. Chr., wurden die Bauten geschaffen, die heute so bewundert werden. Ebenso bedeutend wie als Kunstwerk ist die Akropolis aber auf einer anderen Ebene: alle freien Bürger Athens hatten bei der Bauplanung und der Haushaltsführung Mitsprache- und Kontrollrechte. Die Akropolis ist das erste große Bauwerk der Menschheitsgeschichte, das ein demokratischer Staat errichtete.

Der Parthenon war nicht nur Tempel, sondern auch Schatzkammer. Athen stieg im 5. Jh. v. Chr. zur Vormacht im ägäischen Raum auf. Die Inseln wurden in den attischdelischen Seebund gezwungen, in dessen Bundeskasse sie erhebliche Tribute zu entrichten hatten. Zu Anfang war die Bundeskasse auf der heiligen Insel Delos stationiert, später holten die Athener sie kurzerhand auf die Akropolis und sicherten sie im Tempel. Einen Teil des Geldes verausgabten sie für ihre Bauwerke.

Im Lauf späterer Jahrhunderte wurde der Parthenon und die Akropolis für die verschiedensten Zwecke genutzt. Als das Christentum Ende des 4. Jhs. Staatsreligion war, wandelte man den großen Tempel in eine Marienkirche um. Im Mittelalter residierten die Athener Bischöfe und fränkische Kreuzritter-Herzöge hier oben. In türkischer Zeit wurde der Tempel zum Munitionslager, zwischen den antiken Bauten errichtete man Wohnhäuser, Ställe, Moscheen und Bäder. 1687 schlug eine versehentlich abgeschossene Kanonenkugel in den Parthenon; die herausgesprengte Lücke schmerzt noch heute. Als Athen nach der Befreiung Griechenlands vom Türkenjoch 1834 griechische Hauptstadt wurde, erklärte König Otto die Akropolis zur schutzwürdigen archäologischen Stätte. Alle mittelalterlichen und späteren Bauten wurden abgerissen. Von nun an war die Akropolis ein nationales Symbol einstiger Größe. Seit 1975 ist sie wieder eine Baustelle, es wird saniert und rekonstruiert. Erst 2020 sollen die Arbeiten abgeschlossen sein.

Wie beim Kölner Dom, der Münchner Frauenkirche oder wo sonst der Geist der Antike weht, banalisieren Gerüste und Kräne den feierlichen Eindruck. Auffallend aber auch hier, wie ungewöhnlich gepflegt das Areal ist, trotz der vielen Besucher.

Das **Erechtheion** wurde an der Stelle auf der Akropolis erbaut, die den Athenern als die heiligste galt. Der Name Athens soll auf einen Streit zurückgehen, der zwischen den beiden Gottheiten Poseidon (Poseidon Erechtheus) und Pallas Athene, der Tochter des Zeus, entbrannte. Beide wollten dem Land Attika ein besonderes Geschenk machen, um die Gunst der Menschen zu gewinnen und die Herrschaft zu erlangen. Poseidon, der Meergott, rammte seinen Dreizack in den Boden, worauf eine Quelle aus dem Fels sprudelte. Aber es war Salzwasser. Was sollten die Menschen damit? Athene ließ mit dem Schlag ihrer Lanze einen Ölbaum aus dem Fels sprießen. Die Menschen gaben dem Ölbaum den Vorzug, und so erhielt die Stadt den Namen der Göttin.

Das Erechtheion wurde 404 v. Chr. vollendet. In dieses Jahr fällt auch der Sieg Spartas über Athen, der das Ende der Demokratie im klassischen Griechenland bedeutete.

Nur 400 Meter entfernt, unterhalb des heiligen Felsens, ist 2007 das neue **Akropolismuseum** gebaut worden. Es ist hell und luftig, durch riesige Fenster hat man den direkten Blick auf den heiligen Felsen. Schön anzusehen sind fünf Statuen schöner Priesterinnen (Karyatiden, Koren). Sie trugen das Dach der kleinen vorgelagerten Halle am Erechtheion; dort stehen jetzt Kopien. Das Museum enthält wertvolle Trümmer, welche Zeugnis ablegen von der Größe Athens. Die wertvollsten Trümmer befinden sich freilich im Britischen Museum in London, wohin sie im 19. Jh. von Lord Elgin entführt wurden. *Elgin marbles* ist ein Reizwort für jeden Athener. Jetzt, wo sie ein neues Museum haben, fordern die Griechen mehr denn je eine Rückgabe.

An das unvorteilhafte Grau der Wände im neuen Museum muss man sich gewöhnen; mit dem Eintrittspreis von zwölf Euro versucht der Staat den Bankrott hinauszuschieben.

Auf dem Weg zum neuen Museum haben wir am Südhang der Akropolis zuerst das römische Herodion (Irodio, Odeion)), das **Theater des Herodes Attikus** (161 n. Chr.) passiert. Heute finden hier jeden Sommer im Rahmen der Athener Festspiele Konzerte, Balett- und Opernaufführungen statt. Dann das **Dyonysostheater**, das 17.000 Besucher gefast haben soll. Hier erlebten im 5. Jh. v. Chr. die Werke der vier größten griechischen Dichter des Altertums,

Aischylos, Sophokles, Euripides und Aristophanes ihre Ur-aufführung.

Zwischen den beiden Theatern erstreckt sich die **Säulen-halle des Eumenes**, im 2. Jh. v. Chr. errichtet, gedacht als Wandelhalle für die Theaterbesucher. Oberhalb des Halle sind Reste eines **Asklepieions** erhallten, das die Athener dem Heilgott 429 v. Chr. nach einer Pestepidemie errichteten, welche die Bevölkerung der Stadt dezimiert hatte. Die Ausgrabungen in diesem Bereich haben einen Gebäude-komplex zutage gefördert, zu dem ein Haus für die Unter-bringung der Patienten gehörte, die hier Heilung suchten. Neben Baukostenrechnungen haben die Archäologen eine Liste mit 43 Wunderheilungen entdeckt.

Der **Asklepios-Tempelkult** war aus Epidaurus gekommen. Aber hier, obwohl die Stätte von Visionen und Wundertaten durchdrungen und umrankt war, handelte es sich vermutlich um das fortschrittlichste und effektivste Krankenhaus-system Griechenlands, womöglich der Welt. Durch die von Archäologen in Epidaurus entdeckten Instrumente weiß man, dass zu den erfolgreichen Heilmethoden des Kranken-hauses auch die Chirurgie gehörte. Ferner liest man, dass der Dichter Sophokles Priester des Asklepios war, sein eigenes Haus dem Heilgott weihte und sich auch eine eigene Schlange hielt. – Aus der Höhle mit der Quelle des Gottes wurde später eine christliche Taufkapelle.

Der Spaziergang vom Museum über einen stufenreichen Weg auf den grünen **Philopáppos-Hügel** belohnt uns mit fantastischen Blicken auf die Akropolis direkt gegenüber und, nach Süden, auf Piräus, den Saronischen Golf, die Inseln Sálamis und Égina, die hohen Berge des Peloponnes in dunstiger Ferne und die untergehende Sonne. Das monu-mentale Denkmal ganz oben, von den Athenern im 2. Jh. n.

Chr. errichtet, erinnert an einen aus Antiochia (Syrien) gebürtigen Fürsten und großzügigen Gönner der Stadt, der 109 als erster Bürger Athens in Rom zum Konsul gewählt wurde. Er trug den Spitznamen Philopáppos, was soviel wie *der geliebte Enkel seines Großvaters* bedeutet.

An der Tripodenstraße in der Pláka steht das **Lysikrates-Monument.** Im alten Athen wurden die Kosten für die Theateraufführungen von reichen Bürgern übernommen, die gleichzeitig miteinander um den Preis für die beste Aufführung wetteiferten. Der jeweilige Sieger dieses Theaterwettstreits wurde meist mit einem bronzenen Dreifußkessel belohnt. Als 334 v. Chr. ein gewisser Lysikrates den Preis gewann, ließ er seinen Dreifußkessel auf einem kunstvollen Unterbau ausstellen.

3. Rundgang: Gräberstadt Kerameikos mit Museum, Akropolis-Museum

Deutsche Archäologen erforschen seit 1913 das antike Stadtviertel Kerameikos. Die Ausgrabungsstätte ist heute ein Parkidyll. Kerameikos lag am Nordwestrand der antiken Stadt, teils noch innerhalb, teils außerhalb der Stadtmauer, die jetzt das Grabungsgelände durchzieht. Hier sind dicht nebeneinander die beiden berühmtesten Tore des alten Athen zu erkennen, **Dipylon** und **Heiliges Tor.** Rings um diese Tore lag der älteste und größte Friedhof Attikas.

Der Name leitet sich vermutlich davon her, dass Töpfer (gr. *kerameis*; daher unser Begriff Keramik) ihre Werkstätten am Ufer des Flüsschens Eridanos hatten, der durch das Gelände fließt.

Der Kerameikos ist vor allem wegen seiner Grabmale bekannt, so die wunderschöne **Grabstele der Hegeso** (spätes

5. Jh. v. Chr.) oder die des Dexileso, der in einer Schlacht nahe Korinth den Tod fand. Viele der im Kerameikos-Museum ausgestellten Funde sind Beigaben, die den Toten mit ins Grab gelegt wurden.

Vom Kerameikos ging jährlich der **panathenäische Festzug** über die Agorá zur Akropolis hinauf, um der Athene im Parthenon ihr Festgewand, Peplos genannt, zu überbringen, ein wollenes Kleid, das eine Priesterin in neun Monaten mit Hilfe junger Mädchen gewebt hatte. Es ist dieser Festzug, der auf dem großartigen Fries des Parthenon abgebildet ist, jetzt mit Ergänzungen komplett zu sehen im Akropolis-Museum. Auf dem Grabungsgelände stand früher eine Kirche. Sie sollte abgerissen werden, weil sie die Grabungsarbeiten erheblich behinderte. Die Verhandlungen zwischen dem griechischen Staat und der orthodoxen Kirche zogen sich lange hin. Schließlich ließ der Staat am Rand des Grabungsgeländes eine neue, viel größere Kirche erbauen.

4. Rundgang: Klassizistisches Stadtzentrum – Markthallen, Acharnisches Tor am Kotziá-Platz, Athener Trilogie, Schliemann-Haus, Syntagma-Platz, Regierungsviertel, Olympisches Stadion, Záppio und Kaffetrinken im *Aígli*

In der ***Kentrikí Agorá***, zu Deutsch **Zentralmarkthall**e, in der Athinas-Straße muss man gewesen sein, und sei es, um Vegetarier zu werden: kilometerlange Gänge, die rechts und links mit Fleischteilen dekoriert sind, Lammherden, zerhackt, zerschnitten, zur Schau gestellt, um den Besucher daran zu erinnern, dass das Dasein ein Gemetzel ist und nur erträglich wird, indem die Köpfe, das Gedärm, Herz, Leber, Hoden, Keulen und Füße auf gekonnte Art in Essbares verwandelt werden. Ein minotaurisches Labyrinth aus Fett, Muskeln, Blut und Sehnen. Sensible Menschen, die hier den Ausgang nicht finden, brauchen anschließend einen Psychologen oder einen Schnaps.

Mitten in dieser Markthalle existiert eine Kneipe (Taverne), wo man 24 Stunden am Tag etwas Warmes zu essen kriegt, das *Papandreou*. Dieser moderne Kubus im karnivorischen Umfeld scheint auf den ersten Blick nicht einladend, ist aber mit *Vatier* in den Pariser Markthallen der sechziger Jahre zu vergleichen. Da sitzt man einfach und isst authentische Hausmannskost, beispielsweise eine Kuttelsuppe. Ab und zu kommt ein Metzger mit blutbeschmierter Schürze, der wenige Meter vor den großen Fenstern tote Tiere zerteilt.

Am **Kotziá-Platz** hat man Teile des Acharnischen Tores der antiken Themistokleischen Stadtmauer aufgegraben.

An der Eolou-Straße steht über einer weiteren Ausgrabungsstätte das neue Verwaltungsgebäude der **Nationalbank** (2002), eines der architektonisch bedeutendsten modernen Bauwerke in Athen, das griechische Architekten unter Mitwirkung des berühmten Architekten M. Botta entworfen haben. Im Untergrund wurde ein Teil der antiken Acharner Straße aufgedeckt und in ihrem ursprünglichen Zustand belassen.

Die **Panepistimiou**-Straße (Elefthérios Venizelou-S.) verbindet den Omonia-Platz und den Synthagma-Platz. Sie ist eine der verkehrsreichsten Straßen Athens. Entlang dieses Boulevards stehen einige der wichtigsten und repräsentativsten öffentlichen Bauten der Stadt. Wir passieren die Nationalbibliothek (erbaut 1887-1902), das Hauptgebäude der Universität (1839-1864) und die Akademie (1859-1887). Diese drei Geistestempel, die **Athener Trilogie**, sind bald nach der Unabhängigkeit Griechenlands entstanden.

Entworfen wurden sie von den Gebrüdern Hansen, zwei berühmten dänischen Architekten.

Die **Athener Augenklinik** (1854) ist in einem Mischstil aus byzantinischen und neoklassizistischen Elementen errichtet. Das **Schliemann-Haus**, 1879 von Ernst Ziller mit Neurenaissance-Elementen als Stadtpalais für den deutschen Archäologen und Philhellenen Heinrich Schliemann erbaut, gilt als das schönste neoklassizistische Gebäude Athens.

Der **Syntagma-Platz** ist das Zentrum der Stadt. Die Gebäude an Athens *Verfassungsplatz* haben keinen einheitlichen Stil. Schöne historische Fassaden, Zweckbauten jüngerer Jahre, ein Luxus-Hotel und Fast-Food-Outlets wechseln sich ab.

Das dominierende Bauwerk ist das Parlamentsgebäude. Der Bau wurde 1842 für den ersten König, Otto, erstellt. Seit 1935 ist er der Sitz des Parlaments. Unterhalb stehen die Evzonen Wache am Grabmal des Unbekannten Soldaten. Diese Ehrengarde in ihren putzigen Röckchen zelebriert die stündliche Wachablösung nach einer unverständlich exaltierten, also pittoresken Choreografie. An jedem Sonntagmorgen um 11 Uhr marschiert die ganze Kompanie auf. Wir haben sie im **Regierungsviertel in der Iródou-Atti-koú-Straße** zu Ehren von Irgendwem paradieren sehen.

Der **Nationalgarten** ist eine Oase inmitten der Steinwüste der Stadt. Auf fast 16 ha gedeihen viele hundert verschiedene Arten von Pflanzen aus allen Teilen der Welt. Der Park wurde ab 1838 als Hofgarten angelegt.

Das **Záppio** ist ein eleganter Bau zwischen Nationalgarten und Olympischem Stadium, entworfen von einem der Brüder Hansen und erbaut zwischen 1874 und 1888. Heute ist es ein Konferenz- und Ausstellungszentrum.

In den letzten Jahren war das Záppio Schauplatz einiger wichtiger Ereignisse der neueren Geschichte des Landes: hier wurden die Dokumente über den Beitritt Griechenlands zur Europäischen Gemeinschaft unterzeichnet und zwei europäische Gipfeltreffen durchgeführt.

Rechts und links vom Eingang stehen die Standbilder der Vettern Zappas, die den Bau finanziert haben. Direkt neben dem Zappion befindet sich ein elegantes Café, *Aígli*, das Christoph nicht auslassen will.

Das **Olympische Stadion** in Hufeisenform ist an derselben Stelle angelegt wie das antike Stadion. Der Marmorbau wurde für die ersten Olympischen Spiele der Neuzeit gebaut, die 1896 in Athen ausgerichtet wurden.

5. Rundgang: Anafiótika, Hadrianstor, Tempel des Olympische Zeus, Erster Friedhof

Dieser Gang führt uns zunächst noch einmal zum oberen Rand der Pláka am Fuß der Akropolis in das kleine Areal **Anafiótika**. Otto, der erste König des neuen Griechenland, ließ für den Bau seines Palastes am Syntagma-Platz Maurer von der kleinen Kykladeninsel Anafí nach Athen holen, die als Meister ihres Faches galten. Da ihnen klar war, dass sie so schnell nicht auf ihre Insel zurückkehren würden, bauten sie sich am Fuß der Akropolis ein kleines Inseldorf, kleine weiße Häuschen in exakt demselben Stil wie auf Anafí. In Anafíotika wohnen immer noch einfache Leute in den winzigen, blumengeschmückten Häuschen an extrem schmalen, steilen und stufenreichen Gassen. Katzen streunen umher, kein Souvenirgeschäft, keine Taverne stört.

Nach einer langen Vorgeschichte, die bis in die Zeit der Tyrannis, um 515 v. Chr., zurückreicht, und mehrmaligem

Baubeginn wurde der **Tempel des olympischen Zeus** 131 n. Chr. unter dem römischen Kaiser Hadrian vollendet; er war eines der größten Bauwerke des Altertums. Zur Vollendung ehrten die Athener den römischen Kaiser mit der Errichtung eines marmornen Torbogens an der Tempelumfriedung (**Hadrianstor**).

Auf der der Akropolis und der alten Stadt zugewandten Seite des Tors findet sich die Inschrift *Dies ist Athen, die Stadt des Theseus.* Auf der anderen Seite, die dem Tempel und der unter Hadrian angelegten Stadterweiterung zugewandt ist, steht zu lesen: *Dies ist die Stadt Hadrians und nicht des Theseus.* Heute steht das Hadrianstor etwas verloren am Rand einer vielbefahrenen Straße.

Der **Erste Friedhof** des Athens der Neuzeit wurde fast gleichzeitig mit der Gründung des neuen Staates angelegt. Er ist letzte Ruhestätte der bedeutendsten Persönlichkeiten Griechenlands der letzten beiden hundert Jahre (Politiker, Wissenschaftler, Künstler u.a.) und ein einziges Freilichtmuseum neuerer griechischer Bildhauerkunst in einer schönen, friedlichen Parkanlage. Berühmt sind die *Schlafende*, das Grabmal von G. Averoff, der gern als nationaler Wohltäter bezeichnet wird (wie ist er wohl zu dem vielen Geld gekommen?) und das Mausoleum für Heinrich Schliemann, von Ernst Ziller in Form eines kleinen dorischen Tempels errichtet

Byzantinisches Athen: Kleine Metropolis, Kapnikaréa, Agii-Apostoli-Kirche

In Athen stehen noch wenigstens 18 byzantinische Kirchen. Die meisten wurden im 11., 12. und 13. Jh. errichtet. Wir besuchen einige. Knappe Shorts und bloße Schultern oder

Tops sind in den Kirchen verpönt, ansonsten sind die Kleiderregeln liberal.

Die **Kleine (Míkri-) Metropolis** am Mitropoleus-Platz wurde Ende des 12. Jhs. gebaut. Sie ist Theotokos Gorgoepikoos und Ayios Eleytherios geweiht. Es ist eine einfache, typische Kreuzkuppelkirche. In früheren Jahrhunderten hat sie eine Zeit lang als Bischofskirche gedient. Hier, wie neben vielen Sehenswürdigkeiten in der Stadt und auch in anderen Teilen Griechenlands, sind Hinweistafeln in griechischer und englischer Sprache angebracht.

In den Außenwänden dieser winzigen Kirche wurden zahlreiche Steinblöcke mit Reliefs aus antiker und, davon deutlich verschieden, aus frühbyzantinischer Zeit verbaut (sogenannte Spolien). Besonders schön ist ein antiker Fries auf der Portalseite, der von einem Bauwerk des 4. Jhs. stammen soll. Dargestellt sind Tierkreiszeichen und antike Monats-feste des attischen Festkalenders, u.a. mit nackten Athleten. In regelmäßigen Abständen sind später Kreuzbilder eingehauen worden. Die heidnischen Bräuche erhielten dadurch gewissermaßen den christlichen Segen.

Kapnikaréa heißt die kleine Kirche, die mitten auf der Ermou-Straße steht, eine Kreuzkuppelkirche aus dem 11. Jh. mit einem späteren Anbau aus dem 12./13. Jh.; die beiden Baukörper bilden eine schöne Einheit. 1834, als die Ermou angelegt wurde, dachte man daran, die Kirche abzureißen, weil sie im Weg stand. Durch das Eingreifen des bayrischen Königs Ludwig I., Vater von König Otto, und des Athener Metropoliten wurde sie davor bewahrt.

Über dem Gelände der griechischen Agorá steht die **Agii-Apostoli-Kirche**, die ursprünglich zwischen 1000 und 1025 über den Fundamenten eines römischen Brunnenheiligtums errichtet worden war. Um 1950 wurde sie aus alten Bauteilen wieder aufgebaut, ergänzt durch spätbyzantinische Wandmalereien aus der abgerissenen St.-Spiridon-Kirche.

Noch mehr Athen: Archäologisches Nationalmuseum, Gazi, Lykabettus

Mit dem Bus fahren wir vom Syntagma-Platz zum **Archäologischen Nationalmuseum**, dem größten Museum des Landes, wo Kunstwerke und Artefakte aus über 5.000 Jahren griechischer Geschichte versammelt sind. Bei einem Rundgang konzentrieren wir uns auf die berühmtesten Vertreter jeder Epoche.

Modern muten die Kykladen-Idole aus der ägäischen Inselwelt an, Marmorskulpturen aus dem 4. und 3. Jh. v. Chr. Danach lernten die Menschen die Metallverarbeitung. Auffällig sind die goldenen Totenmasken mykenischer Herrscher. Haben wir nun, wie einst Heinrich Schliemann vermutete, dem sagenhaften König Agamemnon in die (toten) Augen geschaut?

Es folgen Geometrische Kunst und Archaik, u.a. die für das 6. Jh. typischen monumentalen Jünglingsstatuen, die *Kuroi*. Die Skulpturen und Statuen aus der klassischen Zeit wirken von aller Starrheit befreit. Ein Beispiel für die Anfangsphase ist die Bronzestatue des Zeus (oder Poseidon). Reliefs auf Grabstelen zeigen dann eine viel stärkere Individualisierung. Als eines der schönsten Werke dieser Art gilt die Grabstele der Hegeso, Ende des 5. Jhs. entstanden; die Kopie haben wir bereits auf dem Kerameikos gesehen.

Die Römer ließen, nachdem sie Griechenland erobert hatten, viele Werke der griechischen Bildhauer kopieren. Nur dadurch kennt man zahlreiche Statuen, deren Bronzeoriginale längst nicht mehr existieren. Seit dem 2. Jh. v. Chr.

entstanden viele Werke mit stark realistischen Zügen. Ein Beispiel hierfür ist der Kinder-Jockey zu Pferd.

Auf dem Gelände der ehemaligen Gaswerke Athens und ihrer Umgebung ist das jüngste Nightlife-Zentrum der Stadt entstanden: **Gazi.** Wir werden Zeugen eines *Dinners in the sky* und essen selbst im Restaurant *Tirbousson.*

Vom Kolonaki-Viertel geht es mit dem Schrägaufzug auf den 277 Meter honen Fels **Lykabettus** (Lykavittós), von dem sich uns eine phantastische Aussicht auf die Stadt bietet. Fast alle Stätten, die wir besucht haben, erkennen wir von hier oben wieder, auf Spielzeuggröße reduziert.

Essen, Gastronomie

Das Ritual griechischer Mahlzeiten ist geradezu raffiniert, verglichen mit unserem Ein-Teller-Menue. Die erste große Beratung findet bei der Wahl der Vorspeisen statt. Da sollte man nicht pingelig sein und für sieben Personen acht oder zehn Vorspeisen bestellen. Viele kleine Vorspeisen ergeben zusammen schon ein ganzes Menü.

Je nach der Kategorie des Restaurants sind die Vorspeisen Salate, unterschiedlich mit Reis, Hackfleisch oder vegetarisch gefüllte Teigtaschen oder Weinblätter, Gyros vom großen Spieß, Knoblauch-Kartoffelpuree, Auberginenmus, Spinat- bzw. Mangoldauflauf, oder ein wenig raffiniertere Vorspeisen wie Fischrogenpüree, kleine Muscheln, eingelegte Anchovis, gebratene Sardinen, Oktopussalat, Lammfleischstücke. Es existieren davon hundert Variationen, je nach Landschaft und nach Talent des Kochs. Die alte Sitte, dazu nur Ouzo, den Anisschnaps, und Wasser zu trinken, ist längst aus der Mode. Den Wein bekommt man nicht mehr erst zu den Hauptgerichten.

Nach den Vorspeisen hat man den besten Teil des Menüs hinter sich gebracht. Die Hauptgerichte kommen aus dem Backofen oder sind Fleisch und Fisch vom Grill.

Süßspeisen haben keine Ähnlichkeit mit den künstlerischen Arrangements unserer Konditoren, sondern sind rustikal, aber lecker.

Dass unter dem allgemeinen Sparen vor allem die Gastronomie leidet, kann man nicht unbedingt behaupten. Gut besuchte Restaurants, wo man am Abend ohne Vorbestellung kaum einen Tisch für sieben Personen bekommt, sprechen dagegen. Das Personal ist überall in der Stadt von großer Herzlichkeit, die Preise sind akzeptabel. Vielleicht herrscht nicht immer und überall jene orgiastische Stimmung, die der Tourist in einer griechischen Taverne erwartet. Aber nicht wenige Tavernen sind einmalig und repräsentieren authentische griechische Küche, wie es keine Operninszenierung besser könnte. In manchen Kneipen wird an den Wochenenden Bouzouki-Livemusik gespielt, so im Stamatópulos in der Pláka.

Die Hochpreiskategorie erwartet der Gast zu Recht im besten Hotel der Stadt, dem *Grande Bretagne*. Es besitzt von seinem Speisesaal im achten Stock den spektakulärsten Ausblick auf die nachts beleuchtete Akropolis. Weiße Tischtücher – hier in der Gastronomie so selten wie Männer mit Krawatten – und die kostbaren Blumengebinde deuten auf das Besondere hin.

In warmen Nächten genießt man das Spektakel sogar unter freiem Himmel. Auch Hausmannskost schmeckt hier deutlich feiner als die in den Tavernen. Spätestens wenn man sieht, wie Franzosen am Nachbartisch eine riesige Languste verzehren, wird einem bewusst, dass auch in Athen die Verfeinerung möglich ist.

Wenn dann von unten das Rauschen des Großstadtverkehrs empor brandet, fragt sich der zufriedene Gast bei seinem Syrah aus Mazedonien, was in den *Spiegel* gefahren sein mag, einen so angewiderten Bericht über diese schöne, gepflegte Stadt zu veröffentlichen.

Ausflüge zur Insel Égina und zum Kap Soúnion

Schiffe von Piräus legen in der Inselhauptstadt **Égina** an, die an der Hafenpromenade am schönsten ist. Mit dem Linienbus gelangt man zum hoch über dem Meer gelegenen **Aphaía**-Tempel aus dem 5. Jh. v. Chr.; noch 23 Säulen stehen aufrecht. Große Teile seiner Giebelskulpturen erwarb der bayrische König Ludwig I.; jetzt sind sie in der Münchner Glyptothek zu sehen. Aber auch was blieb ist sehr eindrucksvoll.

Eine Halbtagestour mit dem Mietwagen führt an die Südspitze der Halbinsel Attika, dem **Kap Sunión** mit den Säulen eines **Poseidon-Tempels** (erbaut 444-440 v. Chr.). Besonders romantisch sind der Anblick des Tempels und die Sicht auf den Saronischen Golf und seine Inseln, Salamis und Égina, wenn die Sonne am Abend schon tief steht und bald untergeht.

> *Auch möcht ich*
> *Bei Sunium oft landen, den stummen Pfad*
> *Nach deinen Säulen fragen, Olympion!*
> *Noch eh der Sturmwind und das Alter*
> *Hin in den Schutt der Athenertempel*
> *Und ihrer Gottesbilder auch dich begräbt ...*

F. Hölderlin, *Der Neckar*

Wie geht es den Athenern im siebten Jahr der Krise?

Wie eine deutsche Filmschauspielerin die Griechen bei Dreharbeiten in Athen erlebte

Die deutsche Schauspielerin Aglaia Szyszkowitz hat gerade in einem Film mitgewirkt, der in Athen spielt; sie hatte die weibliche Hauptrolle übernommen. Ihr Filmpartner ist ein Grieche. In einem Zeitungsinterview im April 2015 wurde sie gefragt:

„Haben Sie denn von der Wirtschaftskrise etwas mitbekommen?"

Szyszkowitz: „Natürlich war die Wirtschaftskrise ein Riesenthema unter den Schauspieler-Kollegen. Einige Rollen sind mit Griechen besetzt, auch der Großteil der Film-Crew war griechisch. Die Krisenstimmung spürt man total. Es gibt ein irrsinniges Gefälle zwischen den Gagen der Deutschen und den griechischen Gagen. Viele griechische Kollegen müssen sich unglaublich einschränken, mussten von großen Wohnungen in kleine Appartements ziehen. Dabei sind sie sehr gastfreundlich, und es ist ihnen unangenehm, wenn sie einen beispielsweise nicht mal zum Essen einladen können."

„Kennen Sie Griechenland von früher?"

Szyszkowitz: „Als Kind war ich mit meinen Eltern oft dort. Übrigens habe ich trotz meines griechischen Vornamens keine griechischen Wurzeln; mein Vater war mal als junger Mann in eine griechische Schauspielerin mit diesem Namen verknallt, seine Tochter sollte dann so heißen wie sie. Ein Jahr vor den Dreharbeiten war ich auf Naxos und so begeistert, dass wir in den Pfingstferien wieder dort zwei Wochen Urlaub machen. Ich bin ein totaler Griechenlandfan. Ich mag die Mentalität, die Küche, die Kulturgeschichte. Erschreckend finde ich das Bild, das hierzulande gemeinhin von den

Griechen gezeichnet wird. Wenn man Griechenland bereist oder hier arbeitet, stellt man fest, dass das Land einfach anders funktioniert. Ich habe engagierte, fleißige Menschen kennengelernt, die sehr unter den Vorwürfen leiden. Das Land hat sich sehr verändert. Es gibt auch kaum Geld für Kultur."

Ein deutscher Reisebus wird gestohlen, mitten in Athen.
Das glauben Sie nicht? Griechen sagen, dass das nur möglich war, weil die Deutschen so geldgierig und sparwütig sind. Lesen Sie, was in Athener Zeitungen berichtet wurde.
Die 45jährige Rieke Bauer wollte in dem Reisebüro arbeiten, das ihrer Familie gehört. Weil sie Autofahren kann und auch mit längeren Routen keine Probleme hat, wurde sie als Busfahrerin eingestellt. Zwar gelang es ihr, auf der ersten Fahrt alle Passagiere unversehrt von Wuppertal nach Athen zu bringen, aber dann geschah das Unglück: Am Morgen nach der Ankunft stellte sie fest, dass der Bus gestohlen wurde. Das wäre nicht weiter schlimm gewesen, denn in Deutschland sind solche Fahrzeuge gegen Diebstahl versichert. Das wusste vermutlich auch der Dieb. Die Polizei meinte: das kann nur ein Albaner gewesen sein, die albanische Mafia.
Aber die Versicherung wollte nicht für den Verlust aufkommen, weil Frau Bauer den brandneuen Bus, Wert circa 300.000 Euro, nicht auf einem bewachten und behördlich für Busse lizensierten Parkplatz abgestellt hatte, sondern an der Straße direkt vor dem Hotel. Aus Bequemlichkeit? Um zu sparen? Nun war sie unter Druck, durch ihre Schwester und durch den Versicherungsagenten, der schon am nächsten Tag auftauchte, und sie suchte nach einer Lösung des Problems.

Not macht erfinderisch, sagen die Deutschen. Zuerst lernte Frau Bauer den Behördendschungel kennen, unter dem auch wir leiden, und weil sie gehört hatte, die griechischen Beamten seien alle bestechlich, versuchte sie es auf diese Tour. Aber da kam sie an den Falschen. Der Polizeikommissar ließ sie abblitzen: „Die Deutschen glauben wohl, dass man mit Geld alles kaufen kann". Dann machte sich Frau Bauer daran, mit einem gefälschten Parkschein die Versicherung zu betrügen. Aber dazu kam es dann doch nicht. Interpol konnte in Zusammenarbeit mit der griechischen Polizei den Bus aus-findig machen – in Istanbul. Dort musste er nur noch abgeholt zu werden.

Ein Taxifahrer erzählt

Mit einem Taxifahrer komme ich ins Gespräch. Er hat einige Zeit in Köln gearbeitet, sagt er, und spricht Deutsch. Und er erzählt; eine Fahrt zum Flughafen dauert. Seine Mutter benötigt einen Herzschrittmacher. Der Eingriff soll 5.000 Euro kosten. Die Versicherung will die Kosten nicht übernehmen, weil die Mutter die Versicherungsprämie nicht mehr bezahlt hat. Er und seine Mutter haben das Geld nicht. In dem Krankenhaus, in dem er wegen seiner Mutter war, hatte er weitere deprimierende Erlebnisse. In dem Arzt, mit dem er dort spricht, erkennt er einen Taxifahrer-Kollegen wieder.

„Was machst denn Du hier? Bist Du etwa ein Doktor?"

„Viele, die hierher ins Krankenhaus kommen, sind nicht mehr krankenversichert. Sie konnten die Beiträge nicht mehr bezahlen. Wir, die Ärzte und Schwestern, behandeln sie kostenlos. Aber wir verdienen dadurch auch viel weniger als vorher. Also muss ich zusätzlich noch Taxi fahren, um meine Familie durchzubringen."

Noch ein Beispiel: Ein jüngerer Patient war gestürzt und hatte Schmerzen in der Hand und im Arm. Ein Sanitäter hatte zur Ersthilfe einen langen Holzlöffel als Schiene verwendet und eine Bandage angelegt, um Hand und Arm ruhig zu stellen. Im Krankenhaus wurde eine Röntgenaufnahme angefertigt. Befund: Radiusfraktur kurz hinter dem Handgelenk. Der Arzt sagte: „Wir legen Ihnen die Schiene wieder an und bandagieren neu. Eigentlich müssten wir einen Gipsverband machen, aber dazu haben wir gegenwärtig kein Material. Ja, wir haben keinen Gips für einen solchen Verband."

Der stumme Führer
Unser Reiseleiter besitzt keine Lizenz zu Führungen in den Athener Museen. Er hat einen Bekannten mit Lizenz, der uns begleiten wird, lediglich als stummer Führer, der nicht Deutsch spricht. Er ist ein älterer Herr, er geht nur mühsam am Stock, seine Kleidung ist abgetragen. Er übernimmt diese Begleitung gegen Bezahlung, weil er Geld benötigt. Er bezieht nur eine kleine Rente, die gerade für das Nötigste ausreicht. Miete muss er nicht bezahlen, weil er eine kleine Eigentumswohnung besitzt. Das ist seine Altersvorsorge. Aber die ist nun in Gefahr. Seit Kurzem – die Regelung ist neu, sie ist Teil der sogenannten Reformen – muss er nämlich Steuer für die Wohnung bezahlen, etwa zwölf Prozent der geschätzten Miete. Woher soll er das Geld nehmen?
Dieser Mann ist kein Einzelfall. Mancher Grieche musste schon verkaufen, gewiss unter Wert. Die Immobilienhaie nehmen solche Schnäppchen gerne mit.

Eine Demonstration auf dem Syntagma-Platz
Auf dem Weg zum Benaki-Museum werden wir am Freitagnachmittag Zeugen einer Demonstration vor dem Parla-

mentsgebäude. Aber der Syntagmaplatz in Athen ist nicht der Tahrir-Platz in Kairo, es fliegen keine Steine. Es sind Plakate mit griechischer Schrift, die die Demonstranten hier in die Luft halten. Griechisch habe ich nicht gelernt. So kann ich nur hoffen, dass auf diesen Plakaten nicht etwa steht *Hachtel, go home!* Na wenn schon, übermorgen fliegen wir ohnehin zurück.

Vielleicht tausend Menschen haben sich versammelt, Arbeiter und Angestellte, Männer, aber auch Frauen von Griechenlands größter Goldmine auf der Halbinsel Chalkidiki. Sie tragen leuchtend goldgelbe Westen mit der Aufschrift *Hellas GOLD*, und sie haben ihre weißen Schutzhelme mitgebracht, mit denen sie trommeln. Reden werden gehalten. Worum geht es? Die Gold- und Kupfermine Skouris, im Besitz des Unternehmens *Hellas Gold*, ist Griechenlands vielleicht größtes und definitiv umstrittenstes Wirtschaftsprojekt. Mit der Anlage verband sich einmal die Hoffnung auf Arbeitsplätze und Wohlstand. Eine Milliarde US-Dollar versprach der Mutterkonzern von Hellas Gold, das kanadische Unternehmen Eldorado, auf Chalkidiki zu investieren, um Edelmetalle zu gewinnen. 2000 Arbeiter sollen einmal auf der Großbaustelle im Einsatz sein. 400 Mill. Dollar will Eldorado bereits ausgegeben haben. Griechenland könnte der größte Goldförderer in Europa werden.

Andere Erz-Minen auf Chalkidiki werden schon seit Jahrzehnten ausgebeutet. Der industrielle Bergbau hat den Menschen in der Region Arbeit gebracht, aber auch Probleme. Denn auf die Umwelt nahmen die Betreiber wenig Rücksicht. Wegen deren Umweltsünden sind Hoteliers, Landwirte, Fischer und andere Bürger zu Umweltaktivisten geworden. Sie machten mobil gegen den Bergbau. Jetzt haben sie einen mächtigen Verbündeten: die neue Regierung.

Seit in Athen das linke Bündnis Syriza regiert, gelten die Zusagen früherer Regierungen an das Bergwerkunternehmen nicht mehr. Der neue Umweltminister hat *Hellas Gold* schon eine Reihe von Lizenzen entzogen. Mehr noch: das ganze Vorhaben soll erneut überprüft werden.

Um dagegen zu protestieren, sind die Kumpel nun nach Athen getourt. Sie sind auf der Straße für den Erhalt ihrer Jobs. Viel Polizei ist aufgeboten, das Parlament, der Palast des Staatspräsidenten und der Sitz des Ministerpräsidenten müssen geschützt werden. Eine Bannmeile um das Parlament gibt es nicht. Der angrenzende Nationalpark ist jedoch schon am Vormittag ganz geschlossen worden, auch wir hatten ihn verlassen müssen. Es bleibt ruhig. Vom Syntagmaplatz sehen wir die Demonstranten die Königin-Amalia-Straße hinunterziehen. Alles läuft geordnet ab. Doch sollen in der Nacht Autonome die Situation genutzt haben, um in der Innenstadt Krawall zu machen und Autos und Mülltonnen in Brand zu setzen.

Noch eine pikante Fußnote: Ohne öffentliche Ausschreibung und gegen läppische elf Millionen Euro soll der griechische Staat 2003 die Minen auf Chalkidiki mitsamt allen Schürfrechten für mehr als 300 Quadratkilometer an Hellas Gold verkauft haben, ein Unternehmen, das nur drei Tage vorher gegründet worden war. Wenig später schätzten unabhängige Prüfer den Marktwert auf 400 Millionen Euro. Hauptaktionär von *Hellas Gold* war damals die Familie eines griechischen Oligarchen, die schließlich 2011 ihre Anteile für satte 1,8 Milliarden Euro an Eldorado verkaufte.

Ausblick

Wenige große Städte Europas haben diese mediterrane Atmosphäre wie Athen. Wenn dann tagelang nicht demonstriert wird, man sich an den Ouzo gewöhnt hat, wenn die Sonne wärmt, während unser Land im Regen ertrinkt, dann scheint die Zukunft Griechenlands längst nicht so düster, wie die deutschen Medien meinen. Unsere Rentner, die auf den Balearen keinen Platz mehr finden, könnten in Athen überwintern. Ihnen muss auch die griechische Sprache keine Schwierigkeiten machen. Sie sollten einfach wie seinerzeit Archimedes nackt durch die Straßen rennen und „Heureka!" rufen.

Quellen
Athener Frühjahr 2015. Dr. Christoph Löhr. Eigenverlag. Athen, 2015.

Athen. Klaus Bötig. Dumont Reiseverlag. Ostfildern, 2014.

Athen/Attika – Griechenland. Griechische Zentrale für Fremdenverkehr, 2004.

Griechische Welt. Eliot Porter (Fotografie) und Peter Levi (Essay). Deutschsprachige Ausgabe: Christian Verlag, München 1981.

250 Tonnen Gold und trotzdem arm – Griechenland könnte Europas größter Goldproduzent sein. Doch Naturschützer machen mobil gegen den Bergbau. Sie haben einen mächtigen Verbündeten: Die neue Regierung. Von Claus Hecking. In: DIE ZEIT, Nr. 20,13.052015, S. 24.

Buch-Tipp: ‚Warte nur, es passiert schon was' von Christos Ikonomou, Erzählungen über das Leben im heutigen Griechenland, Verlag C. H. Beck.

Argolis und Korinthia (2016)

Eine Reise

Bei unserer Reise zum Peloponnes im September 2016 besuchten wir die Argolis und Korinthia. Veranstalter war SKR (Studien- und Kontaktreisen, Köln). Unser Reiseleiter war der Archäologe Dr. Jens Rohman. Anreise: Direktflüge von Hamburg, Frankfurt oder München nach Athen. Transferdauer vom Flughafen Athen zum Ferienstandort Palea Epidauros ca. zwei Stunden.

Unser kleines Hotel ELENI liegt 3 km außerhalb des Ortes Palea Epidaurus mit Blick auf den Saronischen Golf. In einer gepflegten Gartenanlage befinden sich 18 Studios. Die etwa 50 qm großen Zimmer für zwei Personen verfügen über Dusche/WC, eine Küchenecke mit Herd und Kühlschrank, eine Klimaanlage sowie einen Balkon oder Terrasse, z.T. mit Meerblick. Das Hotel wird von einer griechischen Familie in sehr persönlichem Stil geführt. Frühstück und Abendessen: typisch griechische Küche. Ein kleiner Fußweg von 300 m führt durch den hoteleigenen Orangenhain zum kilometerlangen Kiesstrand. Im Hain liegt ein Schattenplatz zum Verweilen. Besonders empfehle ich Schwimmen am Morgen vor dem Frühstück.

Das Ausflugsprogramm eignet sich ebenso für Peloponnes-Kenner wie für solche, denen die Region noch fremd ist. Unsere Ziele in der Argolis:

Nafplio, eine reizvolle, malerische Stadt mit griechischer, venezianischer und osmanischer Vergangenheit.

Das neu gestaltete archäologische Museum in Nafplio.

Die mykenische Burg von **Tiryns** und das antike Hera-Heiligtum (**argivisches Heraion**).

Argos, eine der ältesten Stätten Griechenlands.

Lerna, eine der wichtigsten frühgeschichtlichen Grabungsstätten Griechenlands, und das schöne Kloster Loukous.

Didyma: Zwei kreisrunde Dolinen in einer Felswand sind ein faszinierendes Naturwunder.

Die **Inseln Hydra, Spetses und Poros.**

Auch einige Ziele in der Region Korinthia besuchten wir: **Isthmia,** das Heiligtum am Kanal von Korinth, sowie die malerische Bucht **Kenchreai,** einst Hafen von Korinth.

Nemea, Austragungsort für die panhellenischen Spiele.

Die Argolis – eine Einführung

Bereits in der Antike hatte das Territorium der Stadt Argos diesen Namen, und keine andere Landschaft des Peloponnes besitzt mehr antike Sehenswürdigkeiten als die Argolis. Die Burgen von **Mykene** und **Tiryns,** das Theater von **Epidauros, Argos** mit seinen Ausgrabungen am Stadtrand, … Die Liste ließe sich fortsetzen.

Die Argolis, der *Daumen der peloponnesischen Hand,* liegt zwischen dem Saronischen Golf und dem Argolischen Golf im Nordosten des Peloponnes. Sie besteht im Kern aus dem fruchtbaren Schwemmland des Flusses Inachos, das intensiv durch den Anbau von Getreide, Oliven, Wein und Zitrusfrüchten bewirtschaftet ist. Mit ihm zählt die Argolis zu den fruchtbarsten Gebieten des Peloponnes. Diese Ebene wird von Gebirgen umrahmt, die die Argolis westlich von Arkadien und nördlich von Korinthia abgrenzen. Im Osten erstreckt sich die ebenfalls bergige argolische Halbinsel, zu der an der Ostküste die alte Landschaft Epidauria und im Südosten das karge Bergland von Kranidi gehören, die schier endlosen Zitronenhaine bei Galatas – es gibt viele Kontraste.

Nafplio ist unbestritten das reizvollste Städtchen der Argolis. Nicht umsonst war nach der griechischen Revolution Nafplio von 1829 bis 1834 die griechische Hauptstadt. Enge Gassen, hübsche Promenaden und eine Vielzahl von architektonischen Attraktionen ziehen Jahr für Jahr zahlreiche Touristen an. Unweit von Nafplio gibt es kilometerlange Sandstrände.

Die saronischen Inseln, das von Pinien übersäte Spetses, Poros mit dem Kloster Zoodochos Pigis und die steinigkarge Hydra, sind heute Teil der Region Attika.

Nafplio

Nafplio ist eine Hafenstadt am Argolischen Golf. Der Name des Ortes ist bereits um 1370 v. Chr. unter Amenophis III. in einer Ortsnamenlisten als *Nupliya* erwähnt. Damals bestanden Handelsbeziehungen zwischen Ägypten und der Argolis.

Dem Mythos zufolge wurde die Stadt unter dem Namen *Nauplia* von Nauplios, dem Sohn des Poseidon und der Amymone, gegründet und war die Heimat des Helden Palamedes. Im 7. Jh. v. Chr. wurde Nauplia vom benachbarten Argos erobert, ansonsten spielte es in der Antike keine größere Rolle und war bereits im 2. Jh. v. Chr. verlassen.

In byzantinischer Zeit wurde Nafplio neu gegründet und erlangte durch seine strategisch hervorragende Lage Bedeutung. 1211 wurde die Stadt von den Venezianern erobert, kam zwischenzeitlich unter türkische Herrschaft, wurde jedoch von den Venezianern zurückerobert und trug den ‚Napoli di Romania'. Die Stadt wurde nochmals stark befestigt, wovon die Bastion Palamidi zeugt. 1715 wurde es unter Sultan Ahmed III. unter grausamsten Umständen von

den Türken erobert, die ein Massaker an der Zivilbevölkerung und den venezianischen Soldaten verübten.

1822 von griechischen Revolutionstruppen erobert, war
Nafplio von 1829 bis 1834 die Hauptstadt des modernen
Griechenland nach der Unabhängigkeit vom Osmanischen
Reich. 1833 wurde sie Residenz von Otto von Bayern, dem
ersten griechische König. Jedoch zogen 1834 König und Hof
nach Athen, das seither die griechische Hauptstadt ist.

Nafplio ist auf einer felsigen Landzunge erbaut, vom Argolischen Golf umrahmt. Überragt wird die Stadt von zwei
zwei Festungen, Palamidi und Akronafplia, die man schon
von weitem erblickt. Von letzterer sind nur wenige Mauern
und Bastionen erhalten geblieben. Sie geben heute den
historisch edlen Rahmen für das Fünfsternehotel ‚Nafplia
Palace' ab, das in die Ruinenanlage integriert wurde.

Auch für die imposantere Palamidi-Festung (1711–1714
erbaut) mit acht mächtigen Türmen, aber ohne Hotel, ächzen
nur wenige Touristen über 999 schweißtreibend steile Stufen
den felsigen Hügel hinauf, um aus gut 200 Metern Höhe
hinunterschauen zu können auf den Argolischen Golf und
auf das Herz von Nafplio, den Syntagmatos. Früher oder
später landet jeder auf diesem Platz mit Cafés, Restaurants
und einem Pflaster, das so glatt ist und glänzt wie ein frisch
gebohnerter Linoleumboden.

Im Zentrum findet man ottomanische Brunnen, venezianische Gebäude, Museen, Kirchen. Das erste griechische
Parlament tagte in der einstigen Vouleftiki-Moschee (1550
erbaut). Am Navarchon-Platz befand sich die erste Grund-
schule und gegenüber seit 1833 die erste Oberschule
Griechenlands, die heute als Stadthalle benutzt wird.

Sogar einen Tatort kann man besichtigen. Ioannis Kapodistrias, erster Präsident Griechenlands, fiel hier am 9.

Oktober 1831 einem Attentat zum Opfer. Eine Glasscheibe an der Fassade der Kirche Agiou Spiridonos schützt heute die Stelle, wo eine erste Kugel den Putz von der Mauer sprengte, nachdem sie den Politiker knapp verfehlt hatte.

Der zweite Schuss traf. Kapodistrias hatte es in seiner kurzen Amtszeit nicht geschafft, die verfeindeten Clans und Parteien zu vereinigen, und was dem griechischen Staatsoberhaupt nicht gelungen war, sollte nach seinem Tod der erst siebzehnjährige Wittelsbacher Prinz Otto von Bayern deichseln – er sollte ein stabiles Land schaffen.

Am 6. Februar 1833 erreichte Otto I. an Bord einer britischen Fregatte den Argolischen Golf und betrat in Nafplio griechischen Boden – zum ersten Mal in seinem Leben. Nicht die besten Voraussetzungen für eine Regentschaft. Dennoch gelang es Otto, drei Jahrzehnte lang König von Griechenland zu bleiben, Athen zu einer repräsentativen Metropole auszubauen und das bayerische Reinheitsgebot für Bier bei den Hellenen in Kraft zu setzen.

Den orthodoxen Glauben aber nahm Otto nicht an. So blieb er für die Griechen ein Fremder. Sein Schicksal als König von Griechenland endete, als 1862 das Militär gegen seine Majestät revoltierte. Otto I. dankte ab und verschwand, wie er gekommen war: auf einem britischen Kriegsschiff.

Aber selbst in einer der hübschesten griechischen Städte ist das Leben zu wahr, um nur schön zu sein. Davon erzählen die Graffiti-Botschaften an Hausmauern: „Merry crisis and a happy new fear" und „Bring down the system" – Worte der Wut, in scharlachroten Buchstaben gesprüht.

Nafplio hat noch eine andere Seite. Um die zu sehen, muss man sich in die Neustadt oder in die hinteren Teile der Altstadt begeben. Geschirr klappert, Frauen fegen mit Reisigbesen die Gassen, Kinder jagen einem Rudel Hunde hinterher, und auf den Treppen der Hauseingänge sitzen wie eh und je die Tavli-Spieler, schieben ihre Steine über das Brett und lassen sich nicht aus der Ruhe bringen. Hier hängen Fensterläden schief in den Scharnieren. Rost frisst sich durch die Balkongitter. Staub und Taubendreck liegen auf den Fassaden. Hier wird Nafplio ein klein wenig hässlich.

Eine Reise durch die Vorgeschichte im Archäologischen Museum in Nafplio

Das Gebäude des Archäologischen Museums steht im Zentrum der Altstadt am Syntagma-Platz (Verfassungs-Platz). Erbaut wurde es 1713 unter venezianischer Herrschaft als Kaserne und Militärmagazin. Die Ausstellung befindet sich in den beiden oberen Stockwerken. Sie war fünf Jahre wegen Umbau geschlossen, hat nun aber wieder geöffnet. Durch einen Treppenlift – eher eine Seltenheit in Griechenland – ist das Museum barrierefrei zugänglich. Nach seiner Wiedereröffnung präsentiert es sich großzügig in der Aufteilung, lichtdurchflutet mit großen und ansprechenden Vitrinen und zielgerichteter Beleuchtung. Zu sehen sind über 2000 Ausstellungsstücke. Eine komplette Rundum-Innenansicht findet man auf der Homepage des Museums.

Zu entdecken ist eine faszinierende Sammlung von Gegenständen, die Einblick in die Geschichte, die Kulturen und Legenden der Region Argolis eröffnet. Die Ausstellungsstücke stammen aus prähistorischen Zeiten bis zur Spätantike. Die nahe gelegenen Ausgrabungsstätten Franchthi, Asini, Epidauros, Tiryns, Midea und Dendra, Nafplio Evangelistra und andere werden vorgestellt.

Der Schwerpunkt des ersten Stocks liegt auf der Prähistorie, die ältesten Exponate stammen aus dem Paläolithikum (Altsteinzeit) und sind ca. 30.000 Jahre alt. Alle Exponate sind in englischer und griechischer Sprache beschrieben. Weiterhin wird in einem Einführungsvideo auf Englisch erläutert, woher die Objekte stammen.

Zu den Höhepunkten des Museums gehört eine Rüstung aus Bronze, die aus der mykenischen Epoche stammt (15. Jh. v. Chr.). Weiterhin sind schöne Töpferarbeiten zu sehen. Beachtenswert ist auch das Skelett eines mykenischen Babys, das in einem kleinen Grab liegend gezeigt wird. Andere herausstechende Exponate sind handgefertigte neolithische Keramik, kykladische Figürchen aus Marmor, Steinstempel (Siegel), Knochenschmuck und Bronzemesser.

Das **Neolithikum**, die **Jungsteinzeit**, ist durch die 2013 mit EU-Geldern erschlossene **Höhle von Franchthi** repräsentiert. Sie liegt über einer Bucht gegenüber **Kilada** in der Argolis. Die Höhle war von der Mitte der Altsteinzeit an (ca. 30.000 v. Chr.) bis ca. 3.000 v. Chr. in Benutzung und ist dann teilweise eingestürzt. Die ältesten Spuren sind Speerspitzen und Messer aus der Zeit von 28.000 bis 15.000 v. Chr. In der Höhle wurde das Skelett eines 1,54 m großen Mannes entdeckt, der etwa 25 Jahre alt war und etwa im 7. Jahrtausend v. Chr. lebte. Diese Einwanderer sind, nach derzeitigem Kenntnisstand, die älteste Gruppe der neolithischen Bauern, aber womöglich nur eine von vielen. Die Jungsteinzeit ist eine Epoche, deren Beginn in Europa mit dem Übergang von Jäger- und Sammlerkulturen zu sesshaften Bauern mit domestizierten Tieren und Pflanzen definiert ist. Sie hat sich vom Mittleren und Nahen Osten über Anatolien und via Griechenland und den Balkan über den Rest Europas ausgebreitet.

In der jüngsten Schicht der Höhle wurden Knochen domestizierter Ziegen und Schafe und Spuren von Gerste und

Weizen gefunden. Dies markiert den Übergang zur Boden-bewirtschaftung und Weidewirtschaft. Die Menschen sind keine Nomaden mehr, sondern sesshaft geworden, ihr Le-bensraum ist nun zweigeteilt: die Höhle und ein Bereich außerhalb. Beide Bereiche werden zu Bestattung der Toten benutzt. Die Menschen beginnen zu Töpfern. Die Produkte sind von hoher Qualität, auch künstlerisch anspruchsvoll. Objekte mir symbolischer Bedeutung entstehen, z.B. Figür-chen und Ornamente. Importierte Objekte und Materialien, z.B. Obsidian, zeigen, dass eine Verbindung zu anderen Gruppen bestand.

Aus der Höhle stammen Beispiele für das **Keramische Neolithikum** im östlichen Mittelmeergebiet (ab 5.800 v. Chr; im Vorderen Orient ab etwa 6.200 v. Chr.). Dieses wird archäologisch unterteilt in monochrome, bemalte und klassische Phase. Aus der monochromen Phase stammen ein Krug, eine Schüssel und ein Kindergrab mit Beigaben (5.800 v. Chr. und später). Funde aus der bemalten Phase sind ein birnenförmiges Gefäß mit hohem Fuß, ein Fruchtständer, eine Schöpfkelle (5.800-5.300 v. Chr) und eine sitzende weibliche Figur (5.300-4.500 v. Chr.). Zu sehen sind auch Schmuck und Ornamente aus Stein, Knochen und Schalen mariner Muscheln und Schnecken, ferner Messer und Speerspitzen aus Stein und Werkzeuge aus Knochen.

Auf die Jungsteinzeit folgte die **Bronzezeit**. Der Begriff ‚**helladische Periode**' oder **Helladikum** bezeichnet die Bronzezeit auf dem griechischen Festland; genauer: auf allen griechischen Gebieten mit Ausnahme von Kreta und der Kykladen, wo eigenständige bronzezeitliche Kulturen (die Minoische Kultur und die Kykladenkultur) existierten. Zu den helladischen Gebieten gehören Zentralgriechenland (Phokis, Böotien, Attika), Peloponnes (Korinth, Argolis),

Thessalien und die griechischen Inseln ohne die Kykladen. Die helladische Periode wird gegliedert in Frühhelladikum (frühe Bronzezeit, 3.000–2.100/2.000 v. Chr.), Mittelhelladikum (mittlere Bronzezeit, 2.100/2.000–1.600 v. Chr.) und Späthelladikum (späte Bronzezeit, 1.600–1.050/1.030 v. Chr.), auch unter dem Namen Mykenische Periode bekannt. Lebensgrundlage der früh- und mittelhelladischen Bevölkerung war die Landwirtschaft. Handelsbeziehungen zu den Kykladen und zum Balkan sind belegt.

Architektonisch herausragend sind die frühhelladischen Korridorhäuser (wie etwa das **Haus der Ziegel** in **Lerna**) und ein **Rundbau** in **Tiryns**. Keramik wurde ab dem Mittelhelladikum mithilfe der Töpferscheibe hergestellt.

Es ist offensichtlich, dass während der frühen helladischen Periode zunehmend Überschüsse erzeugt wurden, sie wurden in kleineren bis sehr großen Tongefäßen gespeichert. Große Gebäude von kommunalem Charakter wurden errichtet, u.a. für Speicherzwecke. Von hier wird auch die Wiederverteilung der gespeicherten Waren erfolgt sein. Solch ein Gebäude, einzigartig in seiner Architektur in der Ägäis, ist der Rundbau in Tyrins, entstanden zwischen 2.400 und 2.300 v. Chr., in Resten auf der Oberburg von Tyrins erhalten). Monumentaler Charakter, Größe und zentrale Lage am höchsten Punkt des damals noch unbefestigten Hügels weisen auf seine besondere Rolle innerhalb der Ansiedlung hin. Ob nun Getreidespeicher oder Verteidigungsturm, er ist als das Ergebnis einer zentralen Planung und einer gemeinsamen Anstrengung anzusehen.

Aus dem **Frühhelladikum** sind ein Kühlgefäß, Fruchtständer, ein Krug, ein Pithos, spulenförmige Steingewichte und Tonsiegel ausgestellt (alle von Tyrins). Pithos, Mehrzahl Pithoi, sind große, gelegentlich sogar übermannshohe, dickwandige, bauchige Vorratsgefäße aus Ton ähnlich einer Amphore, jedoch meist mit flachem Boden, und häufig mit Transportösen in der oberen Hälfte.

Aus dem **Mittelhelladikum** fällt ein Kantharos ins Auge. Als Kantharos, Plural Kantharoi, bezeichnet man ein becherartiges Trinkgefäß mit zwei meist an der Lippe ansetzenden, hochgezogenen, vertikalen und ausgeschweif-ten Schlaufenhenkeln. Das Gefäß ist eng mit dem Kult des Gottes Dionysos verbunden, als dessen Attribut der Kantharos auch gilt. Seine Form entwickelte sich in mittelhelladischer Zeit. Er war eine typische Votivgabe, aber auch Kultgegenstand im privaten Bereich. Ferner sieht man eine Tasse mit vertikalem Henkel und ‚Ouzo-Gläser' aus Tyrins.

Vom **Ende des Mittelhelladikums** sind ein Krug aus der Gegend von Nafplio und ein Askos (gr.: Schlauch, Mehrzahl Askoi), ein eher flaches, bauchiges Gefäß mit einem engen Ausguss, an dem der Henkel auf dem Rücken angesetzt ist, aus dem Kindergrab von Tyrins.

Die Entwicklung ging vom Sesshaftwerden weiter zur Bildung von Kommunen. Im Späthelladikum bildete sich mit der mykenischen Kultur die erste Hochkultur des griechischen Festlands heraus. In **Mykene, Tiryns**, Pylos, Theben und Athen entstanden große Palastzentren. Späthelladische und spätminoische Schriftstücke in **Linear B** stellen die ältesten entzifferten Zeugnisse griechischer Sprache dar. Dem **Späthelladikum** werden zugeordnet: Eine dreibeinige Grillplatte, eine weibliche Figur (Terracotta), das Bruchstück eines Serviertischs (Stuck), ein bemaltes Krater-Fragment mit einer Wagenszene, ein Elfenbeinkamm, mehrere Kraterfragmente mit Kriegern auf Wagen, alle aus Tyrins. Ein Krater ist ein Gefäß zum Mischen von Wein und Wasser, das im antiken Griechenland für festliche Anlässe wie

Bankette und Symposien verwendet wurde. Der Name stammt von dem griechischen Wort für ‚mischen'. Verwendet wurde der Krater zusammen mit einem Psykter. Dieser wurde in den Krater eingesetzt. Es ist bis heute unklar, ob Kelch oder Psykter den Wein oder das Kühlmittel enthielt.

Asine war eine antike Siedlung auf dem Kap Kastraki beim Badeort Tolo in der Argolis. Der Platz ist vom Frühhelladikum an besiedelt gewesen. Schon für die früheste Zeit lassen sich Kontakte zu den Kykladen, Melos und Kreta nachweisen. Der Ort hatte seine größte Bedeutung als Hafenplatz in der mykenischen Zeit und blieb auch noch später kontinuierlich besiedelt. Asine wird auch im Schiffskatalog der Ilias erwähnt. Nach einer Unterbrechung der Besiedlung entstand im 2. Jh. v. Chr. wieder ein befestigter Ort, der dann laut Pausanias im 2. Jh. n. Chr. wieder verlassen war.

Ins **Frühhelladikum** werden Speckstein-Siegel von der Akropolis von Asine datiert. Im **Mittelhelladikum** bestand dort eine ländliche Ansiedlung: kleine, eher zerstreute Gruppen einfacher Häuser, eine Stadtplanung ist nicht erkennbar, es fehlen monumentale Gebäude. Importierte Keramik von den Kykladen, aus dem minoischen Kreta und von der Insel Aegina beweisen Kontakte zu wichtigen Zentren jener Zeit. Beigaben wurden in Gräbern in und außerhalb der Siedlung gefunden.

Weiter östlich wurde ein um einen monumentalen **Tumulus** angelegter **Friedhof** entdeckt. Er befindet sich auf den östlichen und nördlichen Abhängen des **Barbouna-Hügels**. Gruppen von Schacht- und Kammergräbern liegen weiter nördlich in einer Gegend, die **Tapia** genannt wird. Die Gräber wurden kontinuierlich während der späten Bronzezeit genutzt. Die zugehörige Siedlung prosperierte, besonders im 12. Jh. v. Chr., hauptsächlich wegen ihres Hafens, der eine wichtige Rolle im maritimen Handel mit den Palastzentren der argolischen Ebene gespielt haben dürfte.

Hier sind die Grabbeigaben reicher; Wohlstand war offensichtlich räumlich und zeitlich sehr ungleich verteilt. Aus der Unterstadt von Asine, vom Friedhof und aus dem Tumulus stammen ein Goldenes Diadem, Krüge, ein Alabastron, ein Dolch aus Bronze mit silbernen Nieten, ein Weihrauch-Brenner.

Alabastra wurden zur Aufbewahrung von Duftstoffen und aromatischen Flüssigkeiten verwendet. Sie wurden hauptsächlich von Frauen genutzt; Männer verwendeten als Salbgefäß den Aryballos. Als Vorbild dienten Gefäße aus dem Orient und aus Ägypten, die dort oft aus Alabaster gefertigt wurden. Alabastra wurden auch in den Nekropolen von Knossos und Phaistos auf Kreta gefunden; sie stammen aus der Zeit 1.900-1.300 v. Chr. und sind mit Vogel-, Fisch- und Oktopus-Darstellungen verziert. In den orthodoxen Kirchen wird auch heute noch das aus Glas oder Metall bestehende Gefäß, welches das Myron enthält, als Alabastron bezeichnet. Das Myron ist ein mit duftenden Spezereien angereichertes Olivenöl und wird in den orthodoxen und katholischen Ostkirchen als höchstrangiges liturgisches Salböl benutzt.

Funde aus dem **Späthelladikum von Asine sind ein** Henkel-Topf mit der Ziege sowie der ‚Lord von Asine‘ und andere Figürchen.

Auf dem **mykenischen Friedhof in Nafplio** am nordöstlichen Hang des Palamidi-Bergs bei der **Evangelistria**-Kirche wurden mehr als 50 Gräber aus der Zeit 16. bis Ende 13. Jh. v. Chr. erforscht. Größe des Friedhofs, Wert und Reichhaltigkeit der Grabbeigaben erlauben den Schluss, dass an der Stelle des modernen Nafplio eine bedeutende Siedlung, vermutlich ein Handelszentrum, mit komplexer Sozialstruktur bestanden hat.

Von den Gegenständen aus den Kammergräbern sind ein weibliches Figürchen vom Proto-Phi-Typ (wie das griech. Φ) und ein Figürchen, das auf einem Thron sitzt, ausgestellt.

Zu sehen sind auch Ikonographien der **mykenischen Bestattungskultur** aus Kammergräbern. Von Evangelistria stammen ein amphorenartiger Krater mit Wagenszene, Krater mit Vögeln, Krater mit Lyra-Spieler, Krug mit Doppeläxten, Krug mit Greifen (aus Tierkörpern gebildetes Fabelwesen) sowie ein Stier-Figürchen; von Panariti (Region Korinth) ein Askos mit schematisierten Fischen, aus dem Berbati-Tal (östlich von Mykene) ein Krug mit Octopus und einer mit Quallen als dekorativem Motiv.

Die Burg von **Midea** liegt am Rand der Ebene von Argos. Ein Gefäß mit Linear-B-Inschrift (*wi-na-jo*, möglicherweise der Name des Besitzers), Bronzemesser, ein glockenförmiger Krater aus Ton und eine Grillplatte sind Funde, die in die zweite Hälfte des 13. Jhs. v. Chr. datiert werden.

Nahe der Burg, in **Dendra**, fand man einen **mykenischen Friedhof (Nekropole)**, der vermutlich mit diesem Palastzentrum in Beziehung stand. Er wurde von 1.500 bis 1.180 v. Chr. genutzt. Die ausgeklügelte Anlage der Kammergräber und die reichen Grabbeigaben, spektakulär die Bronzerüstung, lassen eine komplexe Sozialstruktur vermuten. Ausgestellt sind Krüge und Alabastra, ein Wasserbecken und ein Krug aus Bronze, silberne Tassen, das Tonmodell eines Throns, eine weibliche Fayence-Figur, Glasperlen und Ketten, Goldschmuck (1.500-1.300 v. Chr.).

Die **Dendra-Rüstung** ist um 1.400 v. Chr. aus Bronze hergestellt worden und besteht aus einem Brustpanzer, einem Rückenpanzer, sechs Panzerringen, mehrteiligen Schulterpanzern, einem Halsschutz und einem Helm aus Leder, belegt mit polierten Eberzähnen. Auf der Oberseite ist eine Befestigung angebracht, die wahrscheinlich für einen Federbusch gedacht war. An den Seiten sind Wangenklappen aus Bronze. Der runde Halsschutz lag auf dem Brustpanzer auf. Er ist mit einem gebogenen Rand versehen und schützt das Gesicht etwa bis zum Kinn des Trägers. Der Brustpanzer besteht ebenfalls aus Bronze und besitzt Brust- und Rückenteil. Diese Teile konnten wahrscheinlich mit Lederbändern verbunden werden. Unterhalb des Brust- und Rückenpanzers sind sechs Bronzehalbringe, je drei auf der Vorder- und Rückseite, die untereinander beweglich verbunden sind. Der letzte Ring auf der Rückseite ist breiter als der letzte Ring auf der Vorderseite und steht somit nach unten über den Vorderring. Die Schulterpanzer bestehen aus mehreren, beweglich miteinander verbundenen Plattenteilen. Die Mehrteiligkeit sorgte für eine bessere Beweglichkeit der Arme des Trägers. Zur Rüstung gehörten wahrscheinlich noch Arm- und Beinschienen. An den Füßen wurden die üblichen Sandalen getragen. Alle Außenränder der Rüstungsteile waren wahrscheinlich mit Leder gepolstert, um den Träger vor den scharfen Kanten zu schützen.

Es wird angenommen, dass diese Rüstung auf einem Streitwagen benutzt wurde, da die Verwendung als Rüstung eines Fußsoldaten wegen der Bewegungseinschränkung unwahrscheinlich ist. Der Träger der Rüstung war der Speerwerfer, während ein zweiter Soldat den Streitwagen lenkte. Der Träger der Rüstung war gegen Beschuss mit Pfeilen geschützt und konnte sich auf seine Ziele konzentrieren.

In Dendra wurde auch ein ungeplündertes Kuppelgrab (Tholosgrab) aus dem 14. Jh. v. Chr. entdeckt, aus dem ein goldener Becher und ein Straußenei-Rhyton stammen.

Palea Epidauros war in der Antike der Hafenort, über den Pilger zum Asklepios-Heiligtum anreisten. Mykenische Gräber wurden westlich des heutigen Städtchens freigelegt. Ausgestellte Grabungsfunde: Bronze-Siegel mit Abdruck in Ton und eine frühe kykladische Marmorfigur, beide vermutlich nicht authochthon (Frühhelladikum), Krüge, ein weibliches Figürchen vom Phi-Typ (wie das gr. Φ), Glasornamente, eine Amphore, ein Askos, eine Bronze-Phiale (eine Art Kaserolle), ein Kurzschwert (Späthelladikum).

Das **Tholosgrab von Kazarma** ist ein unterirdisches Kuppelgrab. Es befindet sich in Agios Ioannis, einem Ortsteil von Arkadiko am südlichen Abhang des Kazarma-Hügels, und liegt etwa 8 km nördlich der Straße nach Lygourio. Etwa 300 m nördlich vom Grab erhebt sich die Akropolis von Kazarma. Das Grab datiert in die späthelladische Zeit. Von der Kuppel ist nur der hintere Teil bis in eine Höhe von 4 m erhalten; sie hatte ursprünglich einen Durchmesser von 7,20 m und eine Höhe von 7 m. Ihr unterer Teil ähnelt in der Bauweise dem Kyklopengrab in Mykene. In den Boden waren drei Grabschächte gegraben. In einem war eine Frau und in den anderen beiden je ein Mann beigesetzt worden. Die Verstorbenen gehörten vermutlich zu einer lokalen Elite, die die Straße von Epidauros nach Argos kontrollierte; sie fanden zwischen 1500 und 1450 v. Chr. hier ihre letzte Ruhe. Als Grabbeigaben fand man hochwertige Keramik, Schmuck und Bronzewaffen.

Das Grab wurde danach noch weiter genutzt, vermutlich über 250 Jahre von der gleichen Familie. Am Ende der Nutzungsphase (Anfang 12. Jh. v. Chr.) wurden in der Grabkammer zwei Tote ohne Beigaben beigesetzt und ein großes Feuer entzündet. Das Grab wurde endgültig verschlossen und auf einem Steinhaufen vor dem Eingang ein

Kalb und ein kleiner Skyphos (Trinkschale mit niedrigem Fuß und zwei horizontalen Henkeln nahe der Mündung) geopfert. Die Funde, alle aus der Zeit zwischen 1.500 und 1450 v. Chr., befinden sich in Nafplio: birnenförmige Krüge, ein Kohlebecken, ein silberner Becher mit goldenem Rand und Griff, Blätter aus Goldfolie, Bronzewaffen, ein Kylix (Trinkschale), Alabastra.

Generell waren aus vielen Gräbern späthelladische **Waffen als Beigaben** geborgen worden: ein Kurzschwert aus Bronze (Evangelistria), ein Kurzschwert (Asine, Barbouna), Pfeilspitzen aus Obsidian und Flint (Dendra), Speerspitzen aus Bronze (Palea Epidavros).

Im Museum hängen auch Fotos der Ausgräber. Sie erinnern an wenigstens einige der vielen Männer und Frauen, welche alle die Schätze aus dem Dunkel wieder ans Licht und uns vor Augen gebracht haben.

Weitere Funde aus der Argolis und nahezu alle Funde aus Mykene werden im Archäologischen Nationalmuseum in Athen aufbewahrt.

Tiryns

Tyrins ist einer der ältesten Siedlungsplätze in der Argolis, 7 km südöstlich von Argos am Argolischen Golf. Die Siedlung, später Stadt, erstreckte sich auf einem bis zu 30 Meter hohen Kalkfelsen in einer Ausdehnung von 300 m x 40 m bis zu 100 m. Das Meer reichte früher näher an den Burghügel heran und spielte daher in vielerlei Hinsicht eine große Rolle für die Besiedlung. Der Ort war ab der Jungsteinzeit (Neolithikum) besiedelt. Vom 3. Jahrtausend v. Chr. an gehörte Tiryns zu den wichtigsten Zentren des bronzezeitlichen Europas.

Der **Gründungsmythos** von Tiryns beginnt mit Proitos, dem Zwillingsbruder von Akrisios, des Königs von Argos. Die beiden hätten sich schon im Mutterleib gestritten, heißt es. Proitos muss vor seinem Bruder an den Hof des lykischen Königs Iobates fliehen. Dieser gab ihm seine Tochter Anteia (Stheneboia) zur Frau, half ihm, nach Argos zurückzukehren, und zwang Akrisios, dem Proitos die Königsherrschaft über Tiryns zu übertragen. Proitos holte später aus Lykien die Kyklopen, die ihm die gewaltigen Mauern von Tiryns auftürmten, um die Akropolis uneinnehmbar zu machen. Nach dem Tod des Proitos übernahm sein Sohn Megapenthes die Herrschaft. Als Perseus König von Argos wurde, tauschte er die Herrschaft mit seinem Vetter: Megapenthes nahm Argos und Perseus Tiryns. Dann gründete Perseus Mykene. Herakles, dem eigentlich die Herrschaft über die Argolis und Tiryns zugesagt war, erhält sie zunächst nicht, sondern wird vertrieben. Erst seinen Urenkeln gelingt die Rückkehr. Temenos erhält Argos, Aristodemos Sparta und Kresphontes Messene.

1876-1885 wurden von Heinrich Schliemann und **Wilhelm Dörpfeld** – auf der Suche nach den Schauplätzen der homerischen Epen – Ausgrabungen durchgeführt und auf dem höchsten Teil des Felsens, der sog. Oberburg, ein mykenischer Palast freigelegt, der um 1.200 v. Chr. durch eine Brandkatastrophe zerstört worden war. 1905-1929 fanden weitere Grabungen durch Wilhelm Dörpfeld u.a. statt. Seit 1976 wird Tiryns wieder von deutschen Archäologen erforscht (Uni Heidelberg, Deutsches Archäolog. Institut).

In der späthelladischen (mykenischen) Periode (ca. 1.600–1.050 v. Chr.) zählte Tiryns wie Mykene, Theben, Pylos und Knossós zu den wichtigen Zentren der kretisch-mykenischen Kultur. Damals existierte eine ausgedehnte Unterstadt, die

den Hügel umgab. Von der einstigen Bedeutung zeugen die Ruine einer königlichen Residenz (Megaron des Königs und der Königin) auf der Oberburg, deren Wände mit kostbaren Fresken verziert waren, ferner architektonische Glanzleistungen aus der Mitte des 13. Jhs. (nur rund 50 Jahre vor der endgültigen Zerstörung des Palastes) wie die in zyklopischer Technik ausgeführte Befestigungsmauer, die Westtreppe, die sog. Galerien und die beiden Brunnengänge der Unterburg. Die Mauern wurden in mehreren Bauphasen errichtet: Zunächst (spätestens ab dem 14. Jh.) war nur die Oberburg geschützt. Diese erste Mauer ist aus verhältnismäßig kleinen Steinen erbaut, deren Höhe 70 cm meist nicht übersteigen. Sie sind an der Ansichtsseite gut gearbeitet und in horizontaler Lage mit wenigen Füllsteinen geschichtet. Gegen Mitte des 13. Jhs. wurden Mittel- und Unterburg mit einbezogen. Diese Mauern enthalten zunehmend größere Steine, besonders an Stellen, die für die Verteidigung wichtig waren, die aber nicht minder gut bearbeitet sind. Schließlich – gegen 1.200 v. Chr. – wurden auch Zisternen integriert. Die Steine dieser späten Mauern (Zyklopenmauern) sind bis zu 3 m lang und 1m dick, haben ein Gewicht von bis zu 13 Tonnen und sind ohne Mörtel aneinandergefügt. Sie sind weniger gut bearbeitet, Füllsteine wurden zahlreicher verwendet.
Jetzt möchte ich Sie auf einen **Rundgang durch die Oberburg** mitnehmen. Die Anlage ist ein Labyrinth von Gängen, Höfen und Räumen und übertrifft in dieser Hinsicht sogar die minoischen Palastanlagen auf Kreta. Eigentlich muss man sagen: war, denn teilweise sind nur noch die Grundmauern erhalten.
Man betritt die Burganlage über die 4,70 m breite und ursprünglich 50 m lange Rampe, die der dritten Bauphase angehört. Die Rampe ist so ausgeführt, dass Angreifer ihre un-

gedeckte schildlose Seite den Verteidigern auf der Burg-
mauer zuwenden mussten. Das Burgtor ist im rechten Winkel
zur Rampe angelegt. Es war einst auch 4,70 m breit und ist
vermutlich in nachmykenischer Zeit verengt wurde. Ist man
durch das Tor hindurchgetreten und wendet sich nach rechts,
gelangt man in die Unterburg, wobei die Außenmauer dieses
Durchgangs der dritten, die Innenmauer der zweiten Bauphase angehört.

Wendet man sich nach dem Tor nach links, gelangt man
zuerst in den Zwinger, einen immer enger werdenden Gang,
der flankiert ist von Mauern der zweiten Bauphase und zu
einem weiteren Tor führt. Verteidiger konnten Angreifer von
beiden Mauern beschießen, da auch die Außenmauer
besonders dick war und für viele Verteidiger Platz bot.

Das Tor nach dem Zwinger entspricht von seinem Bau her
dem Löwentor in Mykene. Erhalten ist jedoch lediglich die 4
m lange Schwelle und der rechte 3,20 hohe Türpfosten. Das
2,80 m breite Tor wurde mit zwei Flügeltüren verschlossen
und konnte mit einem Querbalken verriegelt werden. Wie
beim Löwentor war der Raum hinter dem Tor bis zu der
Stelle, wo er wieder breiter wird, überdeckt. Wo sich der
Gang wieder verengt, gab es nochmals zwei Tore, von denen
heute nichts mehr vorhanden ist. Danach kommt ein großer
Hof, der im Osten und Süden von typisch minoisch-
mykenischen Säulen umgeben war. Vier Säulenbasen haben
sich an der Ostseite erhalten.

Eine Treppe führt an der Südseite hinunter zur Ostgalerie, die
unter der Osthalle, bei der Erweiterung der dritten Burg,
entstanden ist. Ost- wie Südgalerie gehören zu den impo-
nierendsten architektonischen Leistungen aus mykenischer
Zeit. Der Zweck dieser Galerien ist allerdings nicht ganz
geklärt. Vermutlich dienten sie fortifikatorischen Zwecken,

da der ganze Ausbau der dritten Burg der Verstärkung des Verteidigungssystems diente. Galerien und Seitenräume sind mit sog. falschen Gewölben gedeckt, das heißt mit Steinreihen, bei der jede über die vorgehende ragt. Die Oberflächen sind sorgfältiger geglättet als bei dem Mauerwerk der dritten Burg. Für lange Zeit wurden diese Räume als Ställe benutzt; die Schafe haben die Wände spiegelglatt poliert. Die unteren Stellen sind nicht poliert worden, da sie zu jener Zeit verschüttet waren.

Vom Hof führt ein großer Torbau (Propylon) mit zwei Säulen auf jeder Seite in das Innere der Burg. Der große Hof hinter dem Propylon war vermutlich ebenfalls von Säulen und im Süden von Räumen und kleinen Höfen umgeben. Der südliche Komplex mit den Mauern verschiedener Bauepochen ist besonders verwirrend.

In byzantinischer Zeit lag hier, von vielen Gräbern umgeben, eine kleine dreischiffige byzantinische Kirche, die bei den Ausgrabungen vollständig abgetragen wurde. Von hier führt eine schmale überwölbte Treppe zur 22 m langen Südgalrie. Sie ist wie die Ostgalerie konstruiert, hat fünf Kammern und eine spitz zulaufende Öffnung. Seitlich stand ein hoher Turm, dessen Fundamente zwei Räume bildeten, die noch erkennbar sind.

Von der Innenhalle des großen Propylons führt ein zweimal gewinkelter Gang nach Norden in das sog. Megaron der Königin. Vom großen Hof in den Palasthof gelangt man, wenn man durch den kleinen Propylon geht. Der Palasthof war an drei Seiten von Säulenhallen umgeben, die teilweise erhalten sind. Unmittelbar auf der rechten Seite nach dem Propylon – genau in der Mittelachse des Hofes – liegt ein Altar, der in mykenischer Zeit rund war, in griechischer Zeit rechteckig umgebaut wurde.

An der nicht von Säulen umgebenen nördlichen Seite des Hofes schließt sich das wichtigste Gebäude an, der zentrale Bau einer jeden fürstlichen Burg: Das Megaron des Königs (9,8 x 11,8 m). Über zwei Stufen, auf jeder Seite von zwei Säulen umgeben, gelangt man in die Vorhalle, die, wie auch das Megaron selbst, mit zahlreichen Reliefs an der Wand und auch am Fußboden verziert war. Von der Vorhalle führten drei Türen in den Vorraum. An der Westseite dieses Vorraums befand sich eine Tür, die in den Westflügel des Palastes führte. Der runde Herd war umgeben von vier Säulen, die die Decke trugen. Genau über dem Herd war ein Loch in der Decke, durch das Licht einfiel und der Rauch abziehen konnte. An der rechten Seite des Megarons stand der Thron des Königs.

Im Megaron des Königs sind noch die Überreste schmalerer Mauern eines Gebäudes zu sehen, das in der Breite nur 2/3 des Megarons einnimmt. Dieses Gebäude war der geometrische Hera-Tempel. Dies ist Beispiel für die Entwicklung des griechischen Tempels aus dem mykenischen Megaron: das Kultbild trat an die Stelle von Thron und Herd.

In den Westflügel gelangt man zum einen durch die schon erwähnte Tür im Vorraum des Megarons, zum anderen auch durch eine Tür, die sich an der Nordseite des Palasthofes befindet. Egal durch welche Tür man geht, kommt man in einen gewinkelten Gang, der wiederum zu einem größeren gewinkelten Gang führt, der den Westflügel in zwei Hälften teilt. Auf der linken (westlichen) befanden sich Wohnräume, auf der rechten (östlichen) ein Treppenhaus, über welches man zu einem Obergeschoss gelangte, sowie zwei Lichthöfe und ein Badezimmer. Der Boden des Badezimmers besteht aus einem einzigen Steinblock, der ca. 20 Tonnen wiegt. Wegen der Größe und des Gewichts muss er noch vor der Erbauung der anderen Räume an diesen Ort gebracht worden sein, wo er auch erst nach der Positionierung bearbeitet wurde. Die Fläche des Bodens ist leicht geneigt hin zu einer kleinen trichterartigen Öffnung in der Mitte, durch die das Wasser ablaufen konnte.

Nördlich des Treppenhauses geht ein weiterer Gang ab, der nördlich um das Megaron verläuft. Nun sind wir im Ostflügel und haben einen weiteren Hof erreicht, der östlich des Megarons des Königs liegt. Nach Norden hin schließt sich ein kleineres Megaron an, das ‚Megaron der Königin' genannt wird, tatsächlich aber wohl ein Herrenhaus eines älteren Palasts war, wahrscheinlich das der zweiten Burg, das beim Bau des Palasts der dritten Burg integriert wurde. Dieses Megaron ist wie das Megaron des Königs aufgebaut, nur kleiner. Darunter wurde ein riesiger Rundbau (28 m Durchmesser) mit Fundamenten ergraben. Sein Zweck ist nicht geklärt: Vielleicht war es ein Grab oder Heiligtum, wahrscheinlicher eine (ältere) Palastanlage. Sicher ist, dass er aus der frühen Bronzezeit stammt.

Nördlich und östlich vom Megaron der Königin befinden sich Wohnräume sowie ein Treppenhaus. Darunter befindet sich ein weiterer Hof, der im Westen eine kleine, von zwei Säulen gestützte Halle hat. Von dieser Halle geht ein Gang ab, der in die Halle des großen Propylons führt.

Selbstverständlich lohnen Abstecher in die Mittelburg und die Unterburg. Und nun hoffe ich, dass Sie wieder herausfinden aus dem Labyrinth.

Jüngere archäologische Forschungen in Tiryns

Während sich die Forschung vor dem Zweiten Weltkrieg auf die Oberburg mit dem mykenischen Palast konzentrierte, konnte die Bedeutung der Unterburg in mykenischer Zeit erst durch Ausgrabungen von 1976 bis 1983 erhellt werden (K. Kilian). Dabei zeigte sich, dass dieser Teil der Akropolis dicht bebaut und in übergeordnete architektonische Konzepte eingebunden war. 1984/85 führten Ausgrabungen auf der Oberburg zu der Erkenntnis, dass das für den Palast des 13. Jhs. kennzeichnende Nebeneinander von Megaronbauten unterschiedlicher Größe bereits einem Vorgängerpalast aus dem 14. Jh. v. Chr. eigen war.

Im Auftrag des Deutschen Archäologischen Institutes führen J. Maran und Mitarbeiter, Institut für Ur- und Frühgeschichte, Universität Heidelberg, seit 1994 die Erforschung von Tiryns fort. 1997 wurde die erste Stufe des Konservierungskonzeptes für die Oberburg in die Tat umgesetzt. Der Schwerpunkt der Arbeiten lag auf der Mauerkonservierung und dem Einziehen neuer fester Böden im kleinen Megaron sowie in dem östlich angrenzenden Gebäude. Außerdem wurde der schon 1912 ausgegrabene Abschnitt des frühhelladischen Rundbaus vollständig wieder freigelegt, konserviert und der Öffentlichkeit zugänglich gemacht.

1998 stand in der zweiten Stufe die Konservierung der Böden und Mauern des großen Megarons im Mittelpunkt. Dabei wurden neue Aufschlüsse zur Baugeschichte im zentralen Teil des Palastes gewonnen. Es gelang der Nachweis, dass es im Zentrum der Macht auf der Oberburg eine verbindende Kontinuitätslinie gab, was für keinen anderen mykenischen Palast gezeigt werden kann.

Eine 1999 und 2000 durchgeführte Grabung im Nordosten des Stadtgebiets erbrachte neue Erkenntnisse über die sich wandelnde Gestalt der Außensiedlung von der letzten Blüte mykenischer Kultur bis in die römische Zeit. Nachgewiesen wurde eine Sequenz von fünf Siedlungsphasen. Die älteste wurde im 12. Jh. v. Chr. auf Flusssedimenten gegründet. Spätestens in der zweiten Phase tritt ein Bebauungsschema in Erscheinung, bei dem Häuser um einen Hof herum angeordnet wurden und das in den Grundzügen bis in die letzte festgestellte Siedlungsphase erhalten blieb.

Unter den nachmykenischen Funden verdient ein teilweise freigelegter spätgeometrischer Töpfereibezirk mit Töpferöfen, Laufflächen, gepflasterten Wegen und Fehlbränden bemalter Gefäße ebenso Beachtung wie eine ausschnittsweise aufgedeckte mutmaßliche Straßentrasse, die von der klassischen Zeit bis in die Römische Kaiserzeit in Benutzung war.

Im Jahr 2006 wurden die Ausgrabungen in Tiryns-Stadt-West wieder aufgenommen. Die Bedeutung des westlichen Bereiches der als ‚Stadt' bezeichneten Außensiedlung von Tiryns besteht darin, dass hier Überreste von Abschnitten der Besiedlungsgeschichte erforscht werden können, über die wir bisher in Tiryns noch wenig wissen. Dies betrifft zum einen die Siedlungsweise während der frühmykenischen Zeit (ca. 1.600 - 1.400 v. Chr.) und der älteren Palastzeit (14. Jh. v. Chr.), zum anderen die Siedlung und die Gräber der frühen Eisenzeit (ca. 1.050 - 700 v. Chr.).

Ferner wurden Siedlungsstrukturen der Unterburg in der mykenischen Nachpalastzeit untersucht. Gegen 1.200 v. Chr. fand das Palastsystem der mykenischen Griechen mit differenzierter Gesellschaftshierarchie, weitreichendem Handelsnetz und hochentwickeltem Handwerk sein Ende, während die mykenische Kultur noch rund 150 Jahre lang als ‚Nachpalastzeit' weiter existierte. Trotz materieller Verarmung zeigt das Fundbild eine erneute Konsolidierung und Blütephase etwa im Siedlungswesen, was auf die Herausbildung neuer organisatorischer Instanzen hindeutet. Tiryns nimmt dabei als ehemaliges Palastzentrum in einem Kerngebiet der mykenischen Kultur eine besondere Stellung ein. Es wurde eine bisher einzigartige und kontinuierliche Folge von Siedlungen der frühen bis späten Nachpalastzeit nachgewiesen. Ein weiterer Aspekt sind Kanalisationsanlagen in Tiryns. Ober- und Unterburg waren mit einer Vielzahl von Kanälen ausgestattet, die zu verschiedenen Zeitphasen und in unterschiedlicher Bauweise während der Palastperiode und kurz nach deren Ende errichtet und genutzt wurden. Sie entsorgten auf systematische Weise nicht nur Regenwasser aus den Lichthöfen und von Dächern (Schächte sind belegt), sondern wurden sicherlich auch für die Entwässerung von weiteren Bereichen genutzt. So profitierten mit Sicherheit auch Produktions- und Werkstätten und nicht zuletzt sanitäre Anlagen von dem sorgsam angelegten Entwässerungsnetz.

Quellen:
www.ufg-va.uni-hd.de › Forschung
*Letzte Änderung:*17.01.2016
www.gottwein.de/Hell2000/pal_tiryns1.php
Heinrich Schliemann: Tiryns. F.A. Brockhaus, Leipzig 1886.
Kaiserlich Deutsches Archaeologisches Institut in Athen: Tiryns. Die Ergebnisse der Ausgrabungen des Instituts. 2 Bände, Athen 1912.
J. Maran: Tiryns. Mauern und Paläste für namenlose Herrscher. In: Archäologische Entdeckungen. Die Forschungen des deutschen Archäologischen Instituts im 20. Jahrhundert. 2000, S. 118 ff.
J. Maran: Das Megaron im Megaron. In: Archäologischer Anzeiger. 2000, Heft 1, S. 1 ff.
Alkestis Papadimitriou: Tiryns. Historischer und archäologischer Führer. Esperos, Athen 2001, ISBN 960-8103-01-0.

Argos

Argos in der argolischen Ebene, vor etwa 5.000 Jahren gegründet, ist einer der ältesten Siedlungsplätze Griechenlands, der später von Griechen, Römern, Byzantinern, Venezianern und Türken geprägt wurde. Die Bewohner von
Argos werden Argiver genannt.

In archaischer Zeit galt Argos als wirtschaftliche, künstle-
rische und politische Vormacht auf dem Peloponnes; diese
Stellung ging im 6. Jh. v. Chr. verloren. In den Auseinandersetzungen mit Sparta, die um Landbesitz geführt wurden,
unterlag Argos schließlich. In der Zeit nach Alexander dem
Großen blieb Argos eine wichtige Stadt, bis es in der
Römerzeit (ab 27 v. Chr.) relativ unbedeutend wurde.

Die Stadt Argos hat gegenwärtig etwa 22.000 Einwohner
(vor 2.500 Jahren waren es schon einmal 30.000). Sie wirkt
nicht sonderlich einladend. Viele Tausend Autos rollen
täglich durch das enge Stadtzentrum, denn Argos ist ein
wichtiger Verkehrsknotenpunkt. Auch eine bescheidene Industrie hat sich gebildet. In der Antike gab es eine funktio-
nierende Kanalisation. Heute ist man bemüht, diese wieder
herzustellen.

An der Ausfahrt nach Tripolis liegt das ausgesprochen
sehenswerte Ruinenfeld.

Imposant ist das von 300–275 v. Chr. erbaute **Theater.** Es
hat 81 Sitzreihen und fasst 20.000 Zuschauer; heute finden
wieder Aufführungen statt. Die Sitzreihen sind im zentralen
Bereich aus dem Felsen gehauen, an den Flügeln gründen sie
auf Erdaufschüttungen. Das Theater hatte fünf Treppen-
aufgänge und für das vom Berg herabfließende Regenwasser einen eigenen Kanal. In der ersten Reihe gab es
Marmorsitze für die Ehrengäste. Die **Orchestra** hat einen

Durchmesser von 26 m. In römischer Zeit wurde sie mit einem wasserdichten Becken umbaut (4. Jh. n. Chr.), damit Seeschlachten dargestellt werden konnten. Die griechische Orchestra hatte die übliche Ausstattung: Thymele (Altar), Parodoi, Szenengebäude. Parodoi hießen im griechischen Theater die rechts und links zwischen dem Zuschauerraum und dem Bühnengebäude gelegenen zwei Haupteingänge. Sie wurden nicht nur von den Zuschauern benutzt, um zu den Sitzen zu gelangen, sondern durch sie hielt auch der Chor seinen Einzug in die Orchestra. Danach hieß dann *Parodos* das erste Auftreten des Chors, ebenso das erste Lied, mit welchem der Chor in die Orchestra einzog.

Das **Odeion** ist im Halbrund angelegt und wurde für Aufführungen und Wettkämpfe in Gesang und Instrumentalmusik sowie für Rezitationsvorträge und Ratsversammlungen genutzt. Die Sitzreihen sind etwa zur Hälfte erhalten. Das Odeion war wie üblich überdacht, im Unterschied zum Theater. Es wurde in der jetzigen Form im 1. Jh. n. Chr. an der Stelle einer Vorgängeranlage aus dem 5. Jh. v. Chr. errichtet. Über dem Odeion verlaufen in gerader Linie mehrere aus dem Felsen ausgearbeitete Sitzreihen, die durch zwei vertikale Treppen erschlossen werden.

Unterhalb des Theaters stehen die besterhaltenen Reste römischer **Thermen** auf griechischem Boden (1. bis 2. Jh. n. Chr.). Die Ruinen des Ziegelbaus sind von beachtlicher Höhe. Dies rührt daher, dass die Badeanlage, nachdem sie durch die Goten teilweise zerstört worden war, später zu einer christlichen Kirche umfunktioniert wurde. Die Thermen von Argos dienten wie anderswo nicht nur hygienischen Zwecken, sondern waren Treffpunkt für geschäftliche und politische Gespräche. Der Badegast betrat zuerst einen Eingangsraum, es folgte ein Umkleideraum, danach ging es ins Kaltbad und dann ins Warmbad. Im Winter wurden die Räume durch eine Fußbodenheizung erwärmt.

Die **Agora** war bis 1998 völlig überwachsenen. Blickt man von der Straße nach Tripolis aus auf das Gelände, ist im Vordergrund ein quadratischer Bau (32 m Seitenlänge) zu erkennen, den man auf Grund seiner Ähnlichkeit mit anderen Bauwerken dieser Art als das Buleuterion bezeichnet (Versammlungsraum des Rats der Stadt). Im Anschluss daran erstreckte sich eine 80 m lange Säulenhalle (Stoa). Den Glanz, den Pausanias auf der Agora von Argos ausgemacht hat, kann man heute kaum mehr erahnen. Als wichtigsten Tempel der Agora nennt Pausanias den des Zeus Lykeios. Seine Lage ist unbekannt.

Vom Theater führt ein Fußweg hoch auf die **Burg Larisa**. Von da bietet sich ein weiter Blick über die fruchtbare Ebene von Argos bis hin zum Meer. Die Larisa ist der alte Burgberg (die Akropolis) von Argos. Nach NO hin schließt sich eine zweite Akropolis auf einem Bergrücken (Deiras) an, der wegen seiner Gestalt ‚Aspis‘ (Schild) hieß. Besiedlungsspuren der Larisa reichen bis in das 2. Jahrtausend v. Chr. Hier hatten zunächst die sagenhaften Könige von Argos ihren Palast. Mit der Beseitigung des Königtums wurde das Megaron, der Thronsaal, zu einem Tempel und zur Wohnung der Gottheit umgestaltet. Aus dem 5. Jh. ist ein Tempel des Zeus Larisaios und einer der Athena Polias bekannt. Die Larisa war damals noch ummauert.

Der heutige Bauzustand ist byzantinisch und stammt aus dem 10. Jh. n. Chr. Auch in der Folgezeit haben die jeweiligen Besitzer (Venezianer, Türken) die Befestigungen erhalten und ausgebaut.

Unweit vom zentralen Platz mit Cafés und Geschäften bei der Ag. Petros-Kirche ist das **Archäologische Museum** von

Argos. Erwähnenswert ist das Fragment eines Kraters aus dem 7. Jh. v. Chr., auf dem die Blendung des Polyphem durch Odysseus dargestellt ist, sowie die einzige vollständig erhaltene Rüstung mit Helm eines Hopliten aus geometrischer Zeit (8. Jh. v. Chr.; Hopliten gehörten zur Haupttruppe der griechischen Heere). Kulturgeschichtlich interessant ist ein Herkules ohne Kopf und mit kaputten Gliedmaßen. Mehr verletzt als bei seinen zwölf Heldentaten wurde dieser Herkules offensichtlich durch die Wirren der Zeit. An den ‚Enthauptungen' der meisten antiken Plastiken sind übrigens nicht die Türken schuld, wie manche Griechen behaupten, sondern der Vatikan. En päpstliches Verdikt aus dem 6. Jh. befahl nämlich die Zerstörung der heidnischen Tempel. – Im Jahr 2017 ist das Museum nach einer längeren Umbauzeit wieder geöffnet.

Das argivische Heraion

Das Heraion von Argos war im Altertum eines der wichtigsten Heiligtümer der Hera. Sie war Schutzgöttin des Stadtstaates Argos. Es war ihr offizielles Kultzentrum, obwohl es 8 km von der Stadt entfernt war. Es liegt beim heutigen Dorf Chonikas am Fuß eines 600 m hohen Berges auf einer weithin sichtbaren Anhöhe. Westlich und östlich wird die kleine Anhöhe von Gebirgsbächen begrenzt. Den westlichen benutzten die Priesterinnen der Göttin für ihre Reinigung. Der Sage nach ließ hier Agamemnon seine Getreuen den Eid vor der Abfahrt nach Troja schwören.
Die Stätte wurde 1831 entdeckt und 1878 auch von Schliemann und Panagiotis Stamatakis untersucht. Systematische Ausgrabungen wurden von der Amerikanischen und der Französischen Archäologischen Schule durchgeführt. Sie

lieferten Anhaltspunkte dafür, dass die Stätte des Heraion mit dem mykenischen Prosymna zu identifizieren ist.

Jedenfalls begann die Nutzung des Geländes im 3. Jahrtausend v. Chr., die ersten bedeutenden Reste sind jedoch in die mykenische Zeit (15. - 13. Jh v. Chr.) zu datieren. Der Bezirk des Heraion ist mit Mykene über eine wichtige Straße verbunden, deren Verlauf sich durch die erhaltenen Brücken bestimmen lässt.

In historischer Zeit, seit dem 8. Jh. v. Chr., entwickelte sich an diesem Ort das Hera-Heiligtum. Seine Bedeutung wuchs kontinuierlich, nicht nur für die Stadt, sondern für den gesamten griechischen Raum (Panhellenion). Die Göttin muss im Heraion als Naturgöttin, welche den Überfluss segnet, verehrt worden sein.

Der Kult um Hera wurde sehr aufwändig betrieben. Jedes Jahr fanden Festlichkeiten in Argos statt. Höhepunkt war eine Prozession zum Heiligtum, die von einer Hera-Priesterin angeführt wurde. Sie fuhr auf einem Wagen, der von Kühen – die man besonders verehrte – gezogen wurde. Hundert Kühe sollen der Göttermutter jedes Jahr geopfert worden sein. Das Fest der Hera dauerte wie eine richtige Hochzeit drei Tage. Es wurde die Hochzeit der Hera mit Zeus nachvollzogen. Begleitet wurden die Festlichkeiten von sportlichen und kulturellen Wettkämpfen.

Das Heiligtum ist auf zwei aufeinander folgenden ungleich hohen Plateaus angelegt. Der Aufstieg erfolgt von Süden über eine monumentale Treppe, die zusammen mit der mächtigen Mauer als Stütze für die erste Terrasse dient. Westlich, auf halber Höhe der großen Treppe, wurde eine dorische Säulenhalle mit einer doppelten Säulenreihe errichtet. Von hier und von der monumentalen Treppe aus verfolgten wohl die Pilger den Festzug, der von Argos am

Tag des Fests ankam. Plateau, Säulenhalle und Treppe gehen auf das 5. Jh. v. Chr. zurück.

In der Mitte des ersten Plateaus wurde 420 v. Chr. der **neue Tempel** der Göttin erbaut, ein dorischer Bau mit 6 x 12 Säulen. In der Cella waren die Gold-Elfenbein-Statuen der Hera (ein Werk des Bildhauers Polyklet aus Argos) und ihrer Tochter Hebe aufgestellt. Das höchste Plateau, zum Teil in den Fels gehauen und gestützt von einer kyklopischen Mauer, war die Terrasse des **älteren Tempels** aus dem Beginn des 7. Jhs.; er wurde 423 v. Chr. durch ein Feuer als Folge der Unachtsamkeit der Priesterin Chryseidas zerstört.

Die Blüte des Heiligtums lag im 5. Jh. v. Chr., der Ort bestand aber kontinuierlich bis in spätrömische Zeit. Noch die Kaiser Nero und Hadrian beehrten das Heraion mit Geschenken. Die Stätte wurde von den Argivern als Ruine bis zur Zeit des Pausanias verehrt und gepflegt. (Pausanias, geboren um 115 n. Chr., gestorben um 180, war ein griechischer Reiseschriftsteller und Geograph.)

Der Geschichtsschreiber Hellanikos von Lesbos benutzte zu Zwecken der Datierung eine Liste der Priesterinnen des Heraion, die von mythischer Zeit bis in seine Gegenwart (421 v. Chr.) reichte.

Mit dem Heiligtum verbunden ist die Geschichte der beiden Brüder Kleobis und Biton. Sie waren Söhne der Kydippe, einer Hera-Priesterin. Die Brüder besaßen nur das Notwendigste zum Leben, waren aber mit immenser Körperkraft ausgestattet, wodurch sie viele Preise bei Kampfspielen errangen. Sie waren durch große Bruderliebe verbunden und bekannt für unbedingten, pflichtgetreuen Gehorsam gegenüber ihrer Mutter.

Als Kydippe anlässlich eines Opferfestes zu Ehren der Hera in Argos zum Tempel gefahren werden musste, die Zugochsen für das Zweigespann aber noch nicht vom Feld zurück waren, stellten sich die Brüder selbst unter das Joch und zogen den Wagen eigenhändig die Strecke zum Heiligtum. Dort legten sie sich völlig erschöpft von den Strapazen des langen Weges im Tempel zur Ruhe und schliefen ein. Kydippe, stolz auf ihre Söhne, betete zu Hera und bat, ihren Söhnen als Dank den größten Lohn zukommen zu lassen, den ein Mensch erhalten könne: dass sie nicht wieder aufwachten, sondern entschliefen und so, noch jung und schön, einen schnellen und sanften Tod erlangten. Die Götter erwiesen den jungen Männern ihre besondere Gunst und erhörten das Gebet („Jung stirbt, wen die Götter lieben"). Die Argiver priesen Kleobis und Biton der höchsten Tugenden, ließen Statuen anfertigten und weihten diese in Delphi.

Epidauros

Viele Jahrhunderte war die Stätte religiöses Zentrum und mondäner Kurort zugleich. Tempel, Säulenhallen, Krankenhäuser, Hotels, Vergnügungseinrichtungen und später bei den Römern noch Thermen – den Gästen fehlte es an nichts. In heutiger Zeit gehört Epidauros, 30 km von Nafplio enternt, zurecht zu den Höhepunkten vieler Peloponnes-Reisen. Schließlich ist das antike Theater das am besten erhaltene in ganz Griechenland. „Die Epidaurier haben im Heiligtum ein, wie ich meine, höchst sehenswertes Theater. Die römischen Theater übertreffen alle anderen bei weitem an prachtvoller Ausstattung, an Größe aber das der Arkader in Megalopolis. Was aber Harmonie und Schönheit betrifft, welcher Architekt könnte sich da verdient mit Polykleitos messen? Denn Polykleitos war es, der (sowohl) dieses Theater (als auch den Rundbau) errichtete." (Pausanias 2, 27,5).

Besonders die große, halbkreisförmige Zuschauertribüne, die bis zu 14.000 Personen Platz bietet, beeindruckt auch heutige Besucher. Das Theater verfügt über eine exzellente Akustik, sodass man auch von den obersten Reihen jedes Wort verstehen kann. Erreicht wird dies vermutlich durch die nach unten gewölbte Form der Sitzsteine. Ein beliebter Akustiktest ist das Fallenlassen einer Münze auf die Stein platte im Zentrum des Bühnenrings, das auch vom obersten Rang problemlos gehört werden kann. Seit 1952 werden hier wieder regelmäßig klassische Dramen aufgeführt und ziehen – wie im Altertum – Zuschauer aus ganz Griechenland in den Sommermonaten nach Epidauros.

Epidauros' Aufstieg war untrennbar mit dem **Kult um Asklepios** verbunden. Vor ihm wurde Apollon Maleatas als eigener Heilgott in Epidauros verehrt. Die Einführung des Asklepioskultes erfolgte im 6. Jh. v. Chr. aus Thessalien.

Den Begriff der Medizin, wie er sich mit dem Namen des Asklepios verbindet, umschreibt der Arzt Eryximachos in Platons Symposion (Plat.Symp186c-187a) folgendermaßen: „Denn die Heilkunst ist, um es grob zu skizzieren, das Wissen um die triebhaften Bedürfnisse des Körpers nach Füllung und Entleerung. Wer hierbei das gute und schlechte Bedürfnis erkennt, ist in eigentlichem Sinne Arzt; und wer einen Wechsel bewirkt, so dass jemand statt des einen das andere Bedürfnis empfindet, und wer es versteht, es bei denen, die kein Bedürfnis verspüren, es aber verspüren sollten, zu wecken und es denen, die es verspüren, zu nehmen, dürfte ein guter Praktiker sein. Er muss imstande sein, das, was im Körper am unverträglichsten ist, auszu- söhnen und einander verträglich zu machen. Am unver- träglichsten aber ist, was am gegensätzlichsten ist: warm - kalt, bitter - süß, trocken - feucht und alles dergleichen. Dadurch dass er sich darauf verstand, diesen das Bedürfnis zu wecken und Ausgleich herzustellen, begründete unser Ahnherr Asklepios, wie diese Dichter behaupten und ich glaube, unsere Kunst. Die gesamte Heilkunst wird somit durch diesen Gott gelenkt. Ebenso die Gymnastik und der Landbau. Von der Musik ist es aber jedem, der auch nur ein bisschen darauf achtet, einsichtig, dass sie sich damit ebenso verhält."

Den Besuch des Asklepios-Heiligtums – man könnte auch sagen: eine Kur – hat man sich in etwa so vorzustellen: Reinigung in einem der zahlreichen Brunnen bzw. im Brunnenhaus. Opfer an Apollon. Schlafen im *Abaton*, um im Traum durch den Gott Asklepios zu erfahren, welche Heilmethode für einen selbst die geeignetste ist. (Später wurden wohl auch Hypnoseverfahren angewandt, um die Frage nach der Behandlungsmethode zu klären.) Gespräch mit einem Priester über das anzuwendende Heilverfahren. Dabei konnte es sich um Bäderkuren, Entspannungskuren, aber auch um operative oder medikamentöse Verfahren bzw. um eine Kombination aus alledem handeln.

Für den Zeitraum der Behandlung bezog der Patient ein Zimmer im Gästehaus. Als ein Teil der Therapie galten stets auch kulturelle Angebote. Nicht zuletzt deshalb besaß Epidauros ein großes Theater und eine Bibliothek.

Was der griechische Reiseschriftsteller festhielt (Paus. 2, 27, 1-7): „Den heiligen Hain des Asklepios umgeben auf allen Seiten Grenzmarkierungen. Innerhalb der Eingrenzung darf weder jemand sterben noch dürfen Frauen gebären. Dasselbe Verbot gilt auch auf Delos. Die Opfergaben verzehren sie, gleichgültig ob der Opfernde aus Epidauros oder ein Fremder ist, innerhalb der Grenzmarkierungen. Ich weiß, dass es in Titane genauso abläuft.

Das Kultbild des Asklepios ist halb so groß wie das des Olympischen Zeus in Athen und ist aus Gold und Elfenbein gefertigt. Die Inschrift besagt, dass der Bildhauer Thrasymedes aus Paros war, Sohn des Arignotos. Asklepios sitzt mit einem Stab in der Hand auf einem Thron, die andere hat er über dem Kopf der Schlange; neben ihm liegt die Figur eines Hundes. Auf dem Thron sind Taten argivischer Helden dargestellt: die des Bellerophon gegen die Chimaira, und wie Perseus den Kopf der Medusa abhaut.

Gegenüber vom Tempel ist der Schlafplatz derer, die Heilung vom Gott erflehen. In der Nähe steht ein sehenswerter Rundbau aus Marmor, die sogenannte Tholos. In ihr hat Pausias den Eros gemalt, der Pfeile und Bogen weggelegt und stattdessen eine Leier ergriffen hat. Dort ist – auch dieses Werk stammt von Pausias – auch gemalt, wie Methe (die Trunkenheit) aus einer Glasschale trinkt. Man kann auf dem Bild die Glasschale sehen und durch sie hindurch das Gesicht der Frau. Ursprünglich standen innerhalb der Einfriedung mehrere Stelen, zu meiner Zeit sind noch sechs übrig. Auf ihnen stehen Namen von Männern und Frauen, die von Asklepios geheilt wurden; dazu die Krankheit, an der jeder erkrankt war, und wie er geheilt wurde.

…. . Innerhalb des Bezirks gibt es einen Artemistempel, ein Standbild der Epione, ein Heiligtum der Aphrodite und der Themis, ein Stadion, wie meistens bei den Griechen eine Erdaufschüttung, und ein Brunnenhaus, sehenswert wegen seiner Überdachung und sonstigen Ausstattung.

Was der Senator Antoninus zu unserer Zeit bauen ließ, ist ein Bad des Asklepios und ist ein Heiligtum der Götter, die sie ‚Epidotai‘ nennen. Er ließ auch Hygieia einen Tempel bauen und Asklepios und Apollon, den ‚Ägyptern‘ mit Beinamen. Es gab auch eine sogenannte ‚Stoa des Kotys‘. Sie war aber nach dem Einsturz des Daches schon gänzlich zerstört, weil sie aus ungebrannten Ziegeln gebaut war. Auch die ließ er wieder aufbauen. Von den Epidauriern litten die um das Heiligtum herum am meisten, weil ihnen die Frauen nicht unter dem Schutz eines Daches gebären konnten, und die Kranken der Tod unter freiem Himmel ereilte. Er half auch dem ab und richtete ein Haus ein, wo man nunmehr sterben und wo eine Frau gebären durfte."

Ausgewählte Bauwerke

Das antike Gästehaus (Katagogion) ist heute nur noch in seinen Grundmauern zu erkennen. Es war ein großer, zweigeschossiger Bau, der etwa 160 Pilgern und Heilsuchenden Zimmer bot. Die Größe dieses Gebäudes aus dem 4. Jh. v. Chr. zeugt von der Bedeutung von Epidauros.

Bei dem Abaton handelt es sich um einen rechteckigen Bau (21 m × 24 m), dessen Anfänge in das 6. Jh. v. Chr. zurückreichen. Er ist das älteste Gebäude des heiligen Bezirks. Zur Zeit der Asklepios-Verehrung diente es wohl als Schlafsaal, in dem sich die Kranken zum Heilschlaf niederlegten und warteten, dass der Gott Kontakt zu ihnen aufnimmt.

Die Propyläen stellen den eigentlichen Eingang zum antiken Epidauros dar. Der Besucher durchschritt zunächst die zwei Säulenhallen mit ihren jeweils sechs Säulen, bevor er die heilige Straße in Richtung des heiligen Bezirks betrat. Sie wurden zwischen 340 und 320 v. Chr. erbaut.

Erstaunlich klein (23 m × 11 m) erscheint der Tempel des Asklepios. Der Bau wurde im 4. Jh. im dorischen Stil errichtet. Dass es sich um den wichtigsten Tempel der gesamten Anlage gehandelt haben muss, kann man anhand der Beschreibung des Kultbilds des Gottes, das sich hier befun-

den hat, erahnen. Es soll von Thrasymedes von Paros um
350 v. Chr. in Nachahmung der durch Phidias gestalteten
Statue des olympischen Zeus aus Elfenbein und Gold
gemacht worden sein.

Das architekturgeschichtlich interessanteste Gebäude ist
die sogenannte Tholos oder Thymele, wie sie auf lokalen
In-schriften genannt wird. Es war ein von 26 dorischen
Säulen umgebener Rundbau, der innen einen Ring von 14
korinthi-schen Marmorsäulen besaß, eines der frühen
bedeutenden Beispiele mit dieser Säulenanordnung.
Die Tholos wurde zwischen 365 und 335 v. Chr. durch
Polykleites erbaut. Nur noch Reste der Grundmauern sind
vorhanden. Zu Beginn unseres Jahrtausends startete man
den Versuch, das Tholos-Gebäude (ebenso wie das
Brunnenhaus daneben) zu restaurieren und zum Teil zu
rekonstruieren. Über die Verwendung des Tholos herrscht
bis heute keine Klarheit.

In einer natürlichen Senke befindet sich das aus dem 5. Jh.
v. Chr. stammende Stadion, das besser erhalten ist als das
historisch bedeutendere Stadion von Olympia. Die Lauf-
fläche ist 21,5 Meter breit und 181,3 Meter lang. Die Start-
anlage und die an den Längsseiten befindlichen antiken
Sitzreihen sind noch teilweise vorhanden – auf einer Seite
liegen sie so, wie sie ausgegraben wurden, auf der gegen-
überliegenden Seite sind sie nach antiken Vorbildern geordnet. Die Sitze sind zum Teil aus dem Fels gehauen, zum
Teil gemauert. Das Stadion ist durch einen unterirdischen
Gang mit der Palästra und dem Gymnasion, den Orten, wo
sich die Athleten zur Wettkampfvorbereitung aufhielten,
verbunden. Zu Demonstrationszwecken werden auch heute
noch Wettbewerbe in dem Stadion ausgetragen. Vom
Gymnasium, dem Trainingsgebäude für Leichtathleten,

und von dem späteren römischen Odeon sind die Grundmauern gut erhalten.

Auf den Propyläen, dem Eingangsgebäude, stand eine verlorene, aber indirekt mehrfach überlieferte Inschrift (Theophrast, Clemens Alexandrinus), die das Programm von Epidauros umriss: „Rein muss sein, wer den duftenden Tempel betritt; Reinheit aber heißt, Heiliges im Sinn zu haben."
Christliche Autoren konnten hier anknüpfen. Clemens aus Alexandria (150 - 215 n. Chr.) setzt das Jesuswort von den ‚Kinderlein' in Parallele. Noch näher vielleicht hätte Markus 8,33 gelegen: ‚Jesus wandte sich um, sah seine Jünger an und wies Petrus mit den Worten zurecht: Weg mit dir, Satan, geh mir aus den Augen! Denn du hast nicht das im Sinn, was Gott will, sondern was die Menschen wollen'.
So ist verständlich, dass der Übergang vom Heilgott Asklepios zum Heiland Jesus der Christen nahtlos war und schon Ende des 5. Jhs. am Rande des heiligen Bezirks eine frühchristliche Basilika erbaut wurde.

Palea Epidaurus, auch Archea Epidavros

Die kleine Hafenstadt ‚Antikes Epidaurus' liegt 13 km vom Asklepios-Heiligtum Epidauros entfernt an der Küste des Saronischen Golfes. In der Antike war hier der Hafen, über den Pilger anreisten, um zur Heilstätte zu gelangen. Heute bringen Fähren im Sommer Theaterbesucher von Athen, die dann mit Bussen zu den Aufführungen im Theater von Epidaurus gefahren werden. Viele Touristen nutzen das idyllische Örtchen, das von Zitronen- und Orangenhainen umgeben ist, als Übernachtungs- und Urlauabsort.
Auf der Halbinsel Nisi, nicht weit vom Ortszentrum, wurden die Reste eines kleinen Theaters mit den Fundamenten

eines Bühnenhauses und 15 in den Hang hineingeschlage-
nen Sitzreihen freigelegt; bei den vorderen Sitzen sind noch
die Rückenlehnen erhalten. Vermutlich gehörte das
Theater zu einem Dionysosheiligtum. Auf dem Akropolis-
hügel über dem Theater stehen Reste einer imposanten
Mauer, die in byzantinischer Zeit wohl Teil eines Kastells
war, jedoch auf antiken Ursprung als Ummauerung der
Akropolis hinweisen. Mykenische Gräber wurden am Ost-
hang des Katarachi-Hügels westlich der Stadt freigelegt.
Die Begräbnisstätte wurde vom 15. bis zum 11. Jh. v. Chr.
benutzt. Ausgrabungsfunde sind im Museum in Nafplio
ausgestellt

In der Nähe des Ufers sind unter Wasser Überreste eines
römischen Gutshofs erhalten. In GoogleEarth sind auch die
unter Wasser noch vorhandenen Reste einer großen Kai-
mauer zu sehen, durch die ein Teil der Bucht ehemals zu
einem Hafen von beträchtlicher Größe ausgebaut war.

Midea und Dendra

Die mykenische Burg von **Midea** liegt am Nordostrand der
Ebene von Argos, etwa 10 km östlich von Argos, auf einem
weithin sichtbaren Hügel, der sich 170 m über die Ebene
erhebt. Etwa 1 km nördlich liegt der gleichnamige Ort
Midea inmitten einer kahlen und wenig fruchtbaren
Hügellandschaft, und etwa 1 km westlich befindet sich
Dendra, wo man einen mykenischen Friedhof fand.

Von Nafplio oder Argos fährt man nach Agia Trias, von
dort führt eine asphaltierte Straße direkt nach Midea.

Die Burg wurde durch eine etwa 450 m lange und 5 m starke Mauer kyklopischer Bauweise befestigt, die heute noch
bis zu einer Höhe von 7 m erhalten ist. Diese Mauer verlief

nicht um die gesamte Bergkuppe; da die Südostflanke steil abfällt, wurde hier auf eine Mauer verzichtet. Die Fassaden der Mauer wurden aus großen Steinen errichtet, und als Füllmaterial dienten kleinere Steine. Die Mauern verliefen geradlinig, und die gerundeten Ecken waren wulstartig zu Bastionen ausgebaut. Die Mauer wurde in einer Bauphase errichtet, und nur am nordwestlichen Mauerzug sind Aus- besserungen feststellbar. Innerhalb der Mauern gibt es noch wenige Reste antiker Gebäude. Ein Aufstieg auf den Berg lohnt sich wegen der einmaligen Panoramasicht über die Ebene mit Nafplio und Argos.

Unweit der heutigen Kirche von Midea, etwa 1,5 km nordwestlich der Burg, liegt die Nekropole von **Dendra** (Friedhof). An einem Aprilsonntag im Jahr 1926 kam die amerikanische Archäologin Dorothy Burr zufällig mit ihrem Esel und in Begleitung eines ortskundigen Griechen in das abgelegene Dorf. Dort sah sie einige Bauern auf ihren Feldern, wie sie schwere Steine wegschleppten. Burr vermutete richtig, dass die Steine zu einem mykenischen Kuppelgrab gehörten. Die Polizei und der Archäologe vom Ephorat für Altertümer in Nafplio wurden benachrichtigt. Noch bevor die Finanzierung gesichert war, begannen im Juni 1926 die schwedischen Archäologen, die bereits in der Burg von Midea zugange waren, mit Ausgrabungen.

Bei meinem ersten Besuch im Jahr 1987 wurde das Aus- grabungsgelände von einem Griechen bewacht, der in grie- chisch-englischem Kauderwelsch mit Mimik und Gestik die Historie erklärte. Ein Grab war zugänglich, ein weiteres durch eine kleine Mauer versperrt. Damals war zuletzt 1977 von Archäologen gegraben worden. Es wurden auch vier Skelette von Pferden oder Eseln aus frühhelladischer Zeit entdeckt. Diese Totenopfer sind gut erhalten. Der

Grieche zeigte uns in einer niedrigen, mit Wellblech überdachten Halle zwei dieser Skelette und ein Menschenskelett.

Es handelt sich um eine bedeutende mykenischen Nekropole; wahrscheinlich stand sie in Beziehung zur Burg von Midea. Einige Funde sind im Archäologischen Nationalmuseum in Athen ausgestellt, alle anderen, auch der berühmte Bronzepanzer aus Kammergrab 12, im Archäologischen Museum von Nafplio (siehe dort).

Das bemerkenswerteste Grab ist das Kuppelgrab, das gleich links hinter dem Eingang zum Ausgrabungsgelände liegt. Zu diesem Grab führte ein gemauerter, monumentaler Eingang (Dromos) von 18 m Länge, wie man ihn auch vom Grab des Atreus in Mykene kennt. Die Kuppel, inzwischen eingestürzt, hat einen Durchmesser von etwa 7,3 m; ihre ursprüngliche Höhe wird auf 7 m geschätzt. Im Inneren des Grabs fand man ungeplünderte Grabgruben und Beigaben: goldene, silberne und bronzene Gefäße, Schmuck, kunstvolle Siegelsteine, drei seltene Fingerringe, die aus vier Metallschichten (Silber, Blei, Kupfer und Eisen) bestanden. Das Grab wurde zwischen 1.450 und 1.350 v. Chr. errichtet.

Kloster Loukous

Von Argos fuhren wir auf der Küstenstraße an der Westseite des Golfs nach Süden, überquerten die Grenze zu Arkadien, passierten den Ort Ástros und bogen ins Tanostal ab. Nach 4 km erreichten wir das Kloster der Verklärung Christi (Metamorphosis Sotirou), das aber landläufig nur *Loukous* genannt wird. Der Ursprung des Namens liegt vielleicht im lateinischen Wort *lucus* für Hain.

Das wichtigste Gebäude ist die um 1115 erbaute Kreuzkuppelkirche. Sie steht auf den Grundmauern einer spätantiken Basilika. Außen sind die Mauern durch kunstvolle Ziegelreihen und Ornamentfriese geschmückt. In den Giebeln sind Keramikteller eingelassen. Friese und andere Spolien stammen aus der alten Basilika und von der nahe gelegenen antiken Villa des Herodes Atticus. Weitere Spolien von derselben Fundstätte befinden sich an anderen Gebäuden des Klosters, die alle jünger als die Kirche sind.

Im Kircheninneren stützen vier Säulen die hohe Kuppel. Die Wände sind mit gut erhaltenen Fresken (17. Jh.) geschmückt. Auffällig sind die zahlreichen silbernen Votivtäfelchen; viele lassen erkennen, was erbeten oder wofür gedankt wurde: Gesundung eines Auges oder des Herzens, ein Mann. Leider ist das Fotografieren im Inneren nicht gestattet, auch nicht ohne Blitz. Die Nonnen achten streng auf die Einhaltung des Verbots. Der Aufstand gegen die Türkenherrschaft ist auch am Kloster nicht spurlos geblieben. 1826 ist es durch Ibrahim Pascha teilweise zerstört worden; seither hat die Kirche keinen Narthex mehr.

Der schöne Klostergarten macht den besonderen Reiz des Ortes aus. Überall im Garten, auch vor dem Kircheneingang, sind antike Säulenkapitelle aufgestellt.

Die momentan neun Nonnen kümmern sich um die Anpflanzung von Heilkräutern, stellen Handarbeiten her und malen Ikonen. Den Besuchern bieten sie Kaffee, Süßigkeiten und Raki an. Auf jeden Fall sollte man alles aufessen und nichts stehenlassen und vielleicht auch noch eine ihrer Handarbeiten erwerben.

Der erwähnte Herodes Atticus war ein angesehener Athener Bürger und Staatsmann, ein großer Redner und Philosoph. Er kam als Erzieher der späteren römischen Kaiser Lucius

Verus und Mark Aurel nach Rom und wurde 143 Konsul. Er war ein antiker Multimilliardär; er hat das Odeion in Athen und das Nymphaion in Olympia gestiftet. Um sein nahe beim Kloster gelegenes Landhaus mit Wasser zu versorgen, ließ er ein Aquaedukt errichten. Das Besondere daran ist, dass das aus dem Parnon-Gebirge kommende Wasser so kalkhaltig ist, dass sich an der Brücke regelrecht Stalaktiten gebildet und das Ziegelbauwerk überwachsen haben. Jetzt sieht die Brücke aus wie vom Zuckerbäcker gemacht. Die Brücke diente bis vor wenigen Jahren noch zur Wasserversorgung des Klosters. Die Rohrleitungen sind neuzeitlich; die Römer verwendeten Keramikrohre, die längst verschwunden sind.

Myli (Lerna)

An der argolischen Bucht, gegenüber von Nafplio, 7 km südlich von Argos, liegt Myli, ein kaum tausend Seelen großes Dorf an der Bahnlinie nach Tripolis. Der unscheinbare Ort wurde mit einem Schlag durch die Ausgrabungen amerikanischer Archäologen in den 1950er Jahren bekannt. Südlich des Dorfs fand man die Ruinen des antiken Lerna. Heute schützt eine hässliche Betonhalle die Stätte, die durch die Sage vom Kampf des Herakles gegen die neunköpfige Hydra bekannt wurde. Hier war der Überlieferung zufolge ein heiliger Hain mit zahlreichen Quellen. Der Mythos symbolisiert wahrscheinlich die Trockenlegung der Sümpfe um Lerna. Die Hydra war möglicherweise eine Personifikation der Quellen, welche die Sümpfe speisten.
Von den ehemaligen Gebäuden sind nur noch die Fundamente zu sehen. Mindestens seit der Jungsteinzeit war Lerna besiedelt, aus dem Frühhelladikum (2.500–2.300 v. Chr.) stammt ein großes, palastartiges Gebäude, das sogenannte

Haus der Ziegel, vermutlich Sitz eines Fürsten. Der Ansatz einer nach oben führende Treppe zeigt, dass das Haus mindestens zwei Stockwerke hatte. Das Dach war gedeckt mit Tonziegeln, die auf einer Holzkonstruktion ruhten.

Im östlichen Teil des umzäunten Gebäudes liegen die Fundamente dreier weiterer Gebäude, errichtet zwischen 2.000 und 1.600 v. Chr.. Gleich am Eingang, in einer Grube, sieht man das älteste Gebäude (5. bis 4. Jahrtausend v. Chr.).

Kilada und die Dolinen bei Dídyma

Wir sitzen am Hafen zu einem Kaffee. Das Loch in der Felswand auf der anderen Seite der Bucht ist der Eingang zur **Franchthi-Höhle.** Die Höhle ist gut erreichbar, zu Fuß vom Strand in der Nähe des Ortes Fourni, wo an der Tankstelle ein Schild zur Höhle weist, oder, einfacher mit dem Boot von Kilada. Man fragt am Hafen einen Fischer, ob er Zeit hat, einen zur ‚Spileo' überzusetzen. Die Höhle kann besichtigt werden. Sie besteht aus einem hohen Saal, der zwei Öffnungen besitzt. Griechische und englische Hinweistafeln erklären die Geschichte der Höhle und ihrer Entdeckung. Die amerikanische Universität von Indiana unternahm dort Grabungen. Sehenswert sind die Funde aus der Jungsteinzeit (Neolithikum). Sie geben Einblick in den Übergang von einer Jäger- und Sammlerkultur hin zu einer produzierenden Agrarwirtschaft. Alle Fundstücke aus der Franchthi-Höhle sind im Archäologischen Museum Nafplio ausgestellt.

Die **Dolinen** sind gut zu finden. Von der Straße von Epidaurus nach Kranidi biegt man an der gut gekennzeichneten Ausfahrt zur Ortschaft Didyma ab. Von weitem ist dann das größere der Löcher schon zu sehen. Der Anfahrtsweg zum Parkplatz an der kleineren Doline ist beschildert.

Was wir sehen sind nicht die Folgen von Meteoriten-Einschlägen, sondern vielmehr eine bei uns seltene, in den verkarsteten Kalkgebirgen des Balkans und Griechenlands häufigere Naturerscheinung: Wasser hat das Gestein unterirdisch ausgehöhlt, die Höhlendecken sind im Laufe der Zeit eingebrochen. Höhlen soll es in der Gegend auch geben.

Die kleine Doline ist umzäunt. Von oben kann man sich durch Löcher im Zaun bis an den Rand vortrauen, doch Vorsicht ist geboten, es geht steil bergab. Die Doline ist gut 40 m tief und hat einen Durchmesser von mehr als 100 m.

Der Zugang ist durch eine Art Gartentor im Zaun. Durch einen Tunnel gelangt man dann in den Dolinenkrater. Auch wenn der Weg durch den Tunnel nicht lange oder schwierig ist, empfiehlt es sich gutes Schuhwerk.

Faszinierend sind die Abgeschiedenheit und die Stille des Kessels. Von der nahen Autostraße hört man nichts mehr. Die orangeroten Felswände, die üppige Vegetation und die kreisrunde Himmelskuppel über einem laden zum Verweilen ein. Der Boden und die Wände führen reichlich Grundwasser; Bäume sprießen überall, in den Felsspalten blühen Kapernsträucher. Eremiten haben im 14. Jh. zwei kleine Kapellen unter überhängende Felsen gebaut. Sie sind weiß getüncht – eine schöner Kontrast zum roten Gestein – und innen mit einfachen bunten Ikonen geschmückt.

Poros

Die Insel Poros trennt ein 300 m breiter Kanal von der peloponnesischen Küste beim Ort Galatas. Der kleinere südliche Inselteil Sferia ist mit dem viel größeren nördlichen Teil Kalavria über eine Landenge verbunden. Der Hauptort *Poros* liegt auf der Westseite von Sferia, hier leben die meisten der rund 4.000 Inselbewohner. Viele alte Häuser sind erhalten, die dem Ort ein malerisches Aussehen verleihen. Die Insel ist Ausflugsziel der Athener, mit regelmäßig verkehrenden Fähren und Tragflügelbooten von Piräus aus zu erreichen.

Kalavria ist dicht bewachsen mit Aleppo-Kiefern; der Wald reicht bis an die Küsten hinunter. Auf Kalavria befinden sich die Fundamente eines Poseidon-Tempels. Hier steht auch das Kloster *Zoodochos Pigis* (= *Leben spendende Quelle*), das im 18. Jh. von einem Athener Bischof gegründet wurde. Wie eine Festung erscheinen die weiß gekalkten Gebäude an dem mit grünen Pinien bestandenen Hang. Eine Brücke führt über eine Schlucht hinüber. Friedvoll wirkt der idyllische Innenhof mit Zitronenbäumen und einer alten Zeder.

Sferia ist vulkanischen Ursprungs und einer der als aktiv geltenden Vulkane des Saronischen Golfs (neben Ägina, Methana und Krommyonia). Sferia befindet sich auf dem Graben von Epidaurus, einer tektonisch stark beanspruchten Zone, die sich von Süden nach Norden an der Ostküste der Peloponnes erstreckt. Die Meerenge zwischen Galatas und Poros gehört dazu und hat sich seit der Antike gesenkt.

Pausanias erzählt, dass er noch durch den Sumpf gewatet ist, der zwischen den beiden Orten lag und nun bis zu vier Meter unter dem Meeresspiegel liegt. Senkungen und Hebungen gehen weiter; zukünftige vulkanische Aktivitäten werden vor allem in der Region um Methana zu erwarten.

Hydra

Wenn man die Argolis als den Daumen des Peloponnes bezeichnen will, dann liegt die Insel Hydra vor der Daumenspitze. Sie ist 20 km lang, nur 4 km breit, karg, unfruchtbar und gebirgig und erreicht eine Höhe von nicht ganz 600 m.

Die Nordseite, dem Peloponnes zugewandt, ist teilweise bebaut, der Osten und Süden der Insel sind nahezu unbesiedelt. Die Entfernung von Athen beträgt 90 Kilometer.

Die meisten der 2000 Einwohner leben im gleichnamigen Hauptort, der sich von der Hafenmole den Hang hinauf bis zur Burgruine erstreckt. Der Schriftsteller Henry Miller (1891-1980) begann seine *Reise in ein altes Land - Skizzen für meine Freunde* 1939 mit Eindrücken von Hydra. „Die Stadt, die in Form eines Theaters um den Hafen ansteigt, ist makellos. Es gibt nur zwei Farben: Blau und Weiß, und das Weiß wird jeden Tag bis zum Straßenpflaster frisch gestrichen. Die Häuser sind noch kubistischer angeordnet als in Poros. Vom ästhetischen Standpunkt aus ist es vollkommen, Inbegriff einer fehlerfreien Anarchie." Und: „Hydra ist ein Felsen, der aus dem Meer ragt wie ein riesiger versteinerter Laib Brot. Es ist das zu Stein gewordene Brot, das der Künstler als Lohn für seine Arbeit erhält, wenn er zum ersten Mal das gelobte Land erblickt."

Mittlerweile ist der Tourismus neben ein wenig Fischerei und Kunstgewerbe die Haupteinnahmequelle der Bevölkerung; Landwirtschaft spielt praktisch keine Rolle mehr. Während der Sommermonate ist Hydra zum Teil überlaufen, da besonders am Wochenende viele Athener auf der autofreien Insel Erholung suchen. Tagsüber kommen zahlreiche Ausflügler mit Ausflugsbooten von Attika oder dem Peloponnes für wenige Stunden herüber.

Außer dem Hauptort bietet Hydra einige verstreute und abgelegene Klöster, die teilweise schwer zu erreichen sind, und viele Badebuchten, zu denen man mit einem öffentlichen Schiff oder einem Taxiboot gelangt.

Als Hydra zu ihrem Namen gelangte, muss sie noch eine wasserreiche und fruchtbare Insel gewesen sein. Heute ist die

Versorgung mit Trinkwasser nicht einfach. Bis August 2014 kam jeden Tag ein Schiff, das Trinkwasser lieferte. Die hohen Kosten und die minderwertige Qualität des Wassers führten dazu, dass schließlich durch eine private Firma eine Entsalzungsanlage errichtet wurde, die jetzt hochwertiges Trinkwasser liefert.

Spetses

Die Insel liegt am südlichen Ende des Saronischen Golfs. Der Name stammt aus der Zeit der venezianischen Herrschaft (13. bis 15. Jh.); damals hieß die Insel *Isola delle spezie*, Insel der Gewürze. Im griechischen Freiheitskampf 1821/22 spielten die Schiffe der Insel eine entscheidende Rolle im Kampf gegen die türkische Flotte. Bekannt aus dieser Zeit ist die Kapitänin Laskarina Bouboulina (1771-1825); Nikos Kazantzakis benutzte ihren Namen im Roman Alexis Sorbas als Kosenamen. Noch immer wird sie als eine heroische Gestalt des Befreiungskriegs verehrt. In ihrem 300 Jahre alten Haus ist ein kleines Museum eingerichtet.

Spetses ist eine grüne Insel, weniger steinig und karg und mit maximal 248 m Höhe niedriger als die Nachbarinseln. Freundlicher, zumindest heute. Um 1900 gab es kaum mehr Bäume auf der Insel, sie waren für den Schiffsbau abgeholzt worden oder Bränden zum Opfer gefallen. Erst Sotirios Anargyros, der in den USA in der Tabakindustrie zu Geld gekommen war, brachte wieder Grün auf die Insel: Er kehrte 1904 in seine Heimat zurück, kaufte die halbe Insel und forstete sie mit 100.000 Pinien auf. Seither ist der Wald geschützt, Häuser dürfen darin keine gebaut werden.

Um den Tourismus auf der Insel zu fördern, baute Anargyros vor 100 Jahren das Grandhotel Poseidonion. Es thront an der Hafenpromenade, mit zwei Türmen und einem silbernen Kuppeldach. Wenn man abends auf der Terrasse an einem Drink nippt, während eine Frau auf der Hafenpromenade Zuckerwatte auf Holzstiele dreht und sich dahinter das schwarze Meer auf und ab bewegt, wirken selbst die Lichter des nahen Festlands weit weg. Und in dunklen Nächten an einem der Strände außerhalb der Stadt, wo keine Lichter mehr den Himmel aufhellen, kann man beim Schwimmen das Plankton im Wasser leuchten sehen.

Korinthia

Ob der Peloponnes nun eine Insel ist oder nicht, kann jeder selbst am tief eingeschnittenen, aber schmalen Kanal von Korinth entscheiden. Die Region Korinthia im Norden des Peloponnes ist wegen der im Norden angrenzenden Attika seit Jahrtausenden eine Durchgangslandschaft, auch für uns, die wir von Athen aus anreisen oder dorthin zurück wollen. Gerade einmal eineinhalb Stunden sind es mit dem Bus. Einst profitierte das reiche Korinth vom Warenumschlag, heute stehen Industrieanlagen an der Landenge, dem Isthmus, im Umland der modernen Stadt.

Der Kanal von Korinth

Diese Landenge bei Korinth ist die einzige Verbindung des Peloponnes zum europäischen Festland. An der schmalsten Stelle wird sie von dem 6 km langen, schnurgeraden Kanal durchschnitten. Seine Wände sind bis zu 76 m hoch. Er verbindet den Korinthischen mit dem Saronischen Golf und erspart einen Umweg von fast 200 km. Heute spielt er für die

Schifffahrt eine untergeordnete Rolle. Er ist etwa 8 m tief, aber lediglich 25 m breit, am Grund 21 m – für große Hochseeschiffe längst zu schmal. Der Kanal wird von der Brücke der Autobahn Athen - Patras bzw. Tripoli und der Eisenbahnlinie Athen-Korinth in 45 m Höhe überquert. Es gibt am attischen Brückenkopf Imbiss-Restaurants und Andenkenläden; von den Parkplätzen aus erreicht man bequem zu Fuß Aussichtspunkte auf der Brücke.

Das Bauwerk entstand von 1881-1893. Vorher wurden kleinere Schiffe über einen gepflasterten Weg gezogen. Teile dieser Schiffsschleppbahn, des *Diolkos*, sind noch sichtbar.

Die Idee zu einem Kanal ist schon alt. Erste Pläne wurden unter dem Tyrannen Periander von Korinth im frühen 6. Jh. v. Chr. entworfen. Später wurde die Idee erneut aufgegriffen. Zu konkreten Baumaßnahmen kam es jedoch nicht, da die antiken Ingenieure erklärten, der Wasserstand im Korinthischen Golf sei höher als im Saronischen. Man befürchtete Überschwemmungen und ließ die Finger davon. Doch die Idee hielt sich hartnäckig. Von Julius Caesar über den römischen Kaiser Caligula bis hin zu Kaiser Hadrian wurde das Vorhaben nie ganz aufgegeben.

Nur Kaiser Nero ließ 67 n. Chr. erste Bauarbeiten einleiten. Er beorderte mehrere tausend Arbeiter – es ist die Rede von 6.000 jüdischen Sklaven – zum Isthmus. Angeblich soll er mit einer vergoldeten Schaufel den ersten Stich gemacht haben. Nach drei Monaten wurde jedoch die Arbeit eingestellt, da Nero inzwischen verstorben war und seinen Nachfolgern das Projekt zu riskant und zu teuer erschien.

Der griechische Schriftsteller Pausanias (115–180 n. Chr.) erzählt in seinem Reisebericht ‚Perégesis tes Hellados‘ deutlich schadenfroh über die Versuche der vorangegangenen Kanalprojekte: „Die Landenge bei Korinth erstreckt sich auf der einen Seite bis zum großen Meer bei [der antiken Hafenstadt] Kenchreai und auf der anderen Seite bis zu dem [Korinthischen] Golf bei [der antiken Hafenstadt] Lechaion. Dadurch wird das darinnen liegende Land zum Festland. Diejenigen, die jedoch versuchten, die Peloponnes zur Insel zu machen, haben den Versuch des Durchgrabens des Isthmus immer wieder vorher eingestellt. Und an den Stellen, an denen sie es versuchten, sind ihre Versuche noch heute sichtbar. Bis zum eigentlichen Fels sind sie jedoch nie gekommen, und so ist das Land nach wie vor noch Festland, wie es eben von Natur aus ist." (Buch 2, 1,5 – freie Übertragung aus dem griechischen Original).

Nach den gescheiterten Bemühungen in der Antike erwog erst wieder die Republik Venedig, den Isthmus zu durchstechen, um ihre Interessen als Handelsmacht im griechischen Gebiet zu verbessern. Allerdings gaben auch die Venezianer diese Pläne angesichts der zu bewältigenden Felsmassen bald auf.

Erst im 19. Jh. mit seinen Errungenschaften der Industrialisierung, insbesondere der Erfindung des Dynamits (1866) bzw. der Sprenggelatine (1876) durch Alfred Nobel, wurde es möglich, den alten Traum des Durchstichs des Isthmus in die Realität umzusetzen. Ein griechischer Bankier stiftete einen Großteil der Baukosten.

Antikes Isthmia und Kenchriae

Das unscheinbare Ausgrabungsgelände des antiken Isthmia liegt wenig südlich des Kanals auf der Peloponnes in einer trostlosen Landschaft mit Industrie. Hauptsächlich wurde in dem Heiligtum Poseidon verehrt. Früheste Zeugnisse für einen Kult gibt es aus dem 11. Jh. v. Chr.. Erwähnenswert sind Fundamente des um 465 v. Chr. erbauten Poseidon-Tempels und ein schlichtes, aber gut gestaltetes Museum.

Zu Ehren Poseidons wurden hier die **Isthmischen Spiele** ab 582 v. Chr. gefeiert. Sie gehörten zu den Panhellenischen Spielen, umfassten Wettlauf, Ring- und Faustkampf, Wagen- und Pferderennen, später auch musische, rhetorische und poetische Wettkämpfe und musikalische Vorträge. Der Siegerkranz bestand aus Holunder-, später Kiefernzweigen. Auch die Palme wurde gereicht, von Selleriekränzen ist zu lesen. Es gab öffentliche Bekränzungen und Lob einzelner verdienter Männer sowie ganzer Staaten.

196 v. Chr. ließ der römische Konsul und Feldherr Titus Quinctius Flamininus hier während der Spiele die Freiheit der griechischen Stadtstaaten von der makedonischen Vorherrschaft verkünden, nachdem er den entscheidenden Sieg über Philipp V. von Makedonien errungen hatte und dieser zusicherte, sich aus Griechenland zurückzuziehen.

Die Isthmischen Spiele sind der Hintergrund für Friedrich Schillers Ballade *Die Kraniche des Ibykus* sowie der Ausführungen von Paulus im 1. Korintherbrief 9, 24-27, wo der Apostel über den kompromisslosen Einsatz für das Evangelium schreibt:

24 Wisst ihr nicht: Die im Stadion laufen, die laufen alle, aber nur einer empfängt den Siegespreis? Lauft so, dass ihr ihn erlangt.

25 Jeder aber, der kämpft, enthält sich aller Dinge; jene nun, damit sie einen vergänglichen Kranz empfangen, wir aber einen unvergänglichen.

26 Ich aber laufe nicht wie ins Ungewisse; ich kämpfe mit der Faust nicht wie einer, der in die Luft schlägt,

27 sondern ich schinde meinen Leib und bezwinge ihn, dass ich nicht andern predige und selbst verwerflich werde.

Kenchreai am Saronischen Golf war einer der antiken Häfen der Stadt Korinth. Erdbeben 365 und 375 n. Chr. führten zu Zerstörungen und einer Absenkung des Bodens. In spätbyzantinischer Zeit schon war der Hafen bedeutungslos. An Land sichtbar ist heute nur noch wenig. Zu einem Teil unter Wasser sind die Reste eines Isis-Tempels, der zu einer Basilika umgewandelt wurde. Hier wurden auch 50 Holzbehälter mit bemalten Glasplatten gefunden, die hier nach der Ankunft im Hafen gelagert und beim Erdbeben 375 zerstört wurden (heute im Museum von Isthmia).

Nemea

Etwa 35 km südwestlich von Korinth ist Nemea gelegen, sowohl als ein bedeutendes Weinanbaugebiet bekannt als auch durch das gleichnamige antike Heiligtum.
Auf über 30 Weingütern wird hier der **Nemea-Rotwein** erzeugt. Vom Ort führen die Wege des Weins in die Weinberge. Der meist trockene Rotwein (Appellation Nemea) wird sortenrein aus der griechischen Rebsorte Agiorgitiko gewonnen. Ausgebaut wird die Sorte in französischen Eichenholzfässern. Nemea-Wein ist dunkelrot mit fruchtigem Aroma und vollmundigem Charakter. Das Bouquet erinnert an Vanille, Honig und Kräuter. Der Wein empfiehlt sich besonders zu dunklen Fleischgerichten.
Die **Ausgrabungsstätte** liegt 5 km von dem kleinen Ort Nemea entfernt. Die Verkehrsanbindung hat sich durch die neue Autobahn Korinth-Tripoli wesentlich verbessert, die könnte aber auch zum schnellen Vorbeifahren verleiden. Die bedeutendste Sehenswürdigkeit ist, neben dem Stadion, der Tempel des nemeischen Zeus (4. Jh. v. Chr.).
Die Gesamtanlage ist sehenswert und großzügig angelegt.

In dem heiligen Zypressenhain mit dem Zeus-Tempel in der einsamen Hügellandschaft fanden seit 573 v. Chr. alle zwei Jahre im Sommer die Nemeischen Spiele statt.

Vom Tempel erhalten sind zwei Säulen des Pronaos, die mit einem Stück des Architravs überdeckt sind, und eine Säule aus der östlichen Schmalseite. Eindrucksvoll sind die vielen in Fallrichtung liegenden Säulenteile. Pausanias hat 150 n. Chr. noch bedeutend mehr gesehen. Er bemängelte nur das eingefallene Dach und das fehlende Kultbild.

Im Süden des Tempels standen der zweigeteilte Komplex von Palaistra und Bad, von dem man bedeutende Reste sehen kann, und das Gymnasion mit den Maßen 20 x 85 m. Im 7. Jh. n. Chr. musste es eine dreischiffige christliche Kirche aufnehmen.

An der Straße in Richtung Argos - Korinth kann man noch Teile des antiken Stadions aus dem 4. Jh. sehen, das 1993 von amerikanischen Archäologen ausgegraben und restauriert wurde. In Olympia sieht man nichts, was man hier nicht mindestens in gleicher Qualität sehen könnte.

Mit 180 m war das nemeische Stadion das kürzeste aller panhellenischen Spielorte. Man betritt zuerst die Umkleideräume der Athleten, dann den Tunnel, durch den sie ins Stadion kamen. Man sieht die steinerne Startlinie für die Läufer, bei der zwei parallele Ringe anzeigten, wo sie ihre großen Zehen zu platzieren hatten, die Wasserrinne am Stadionrand, an der sich die Athleten und die Zuschauer erfrischen konnten (im Hintergrund ist der trapezförmige Berg Apesas zu erkennen), die Steinblöcke, auf denen die hölzerne Tribüne für die zehn Schiedsrichter stand. Die Kämpfe wurde in den Sportarten: Stadionlauf in voller Rüstung, Boxen, Bogenschießen, Ringen, Diskuswerfen, Speerwerfen und Wagenrennen ausgetragen. Zu den Höhepunkten zählten der Stadionlauf in voller Rüstung und das Wagenrennen. Der Kranz für den Sieger wurde aus wildem Sellerie gewunden. Ein Sieger im Wagenrennen war auch der berühmte athenische Feldherr Alkibiades.

Bekannt für die Nemeischen Spiele sind auch die Preislieder großer Dichter wie die Pindars (5. Jh. v. Chr.), die sie den Siegern der einzelnen Spielorte widmeten. Die Stadt Athen gewährte ihren Siegern lebenslange Hilfen, wenn sie an einem der vier Orte (Olympia, Delphi, Isthmia, Nemea) den Sieg errungen hatten.

Allerdings gab es nicht nur erfreuliche Ereignisse. So nahm einmal ein Boxkampf einen tragischen Ausgang, als ein Kämpfer dem Gegner so fest unter die Rippen schlug, dass der auf der Stelle tot war.

Auch heute noch kann man in Nemea an Wettkämpfen teilnehmen, die alljährlich im Juni ausgetragen werden.

Quellen
https://www.argolisculture.gr/de/
Eine Rundreise zu den Denkmälern von Argolis.
Ephorie Der Altertümer von Argolis, Syntagma Platz, 211 00, Nafplio

Kreta (1991, 2017)

Kreta ruft die unterschiedlichsten Assoziationen hervor, Bilder tauchen auf, die in unserem Alltag längst keine Rolle mehr spielen: da ist der sagenumwobene König Minos, der einem ganzen Volk seinen Namen gab. Da erinnern wir uns an Dädalos und seinen Sohn Ikaros, die mit ihren wachsüberzogenen Flügeln den alten Flug- und Freiheitstraum der Menschheit symbolisieren. Oder Gottvater Zeus, der die schöne Europa aus Phönizien hierher nach Kreta entführte. Noch lebendiger sind Namen wie Nikos Kazantzákis, dessen Roman ‚Alexis Sorbas', verfilmt mit Anthony Quinn, zum Kultfilm avancierte. Oder Mikis Thodorákis, dessen kraft- und gefühlvolle Musik einer ganzen Generation griechisches Lebensgefühl vermittelt hat.

Doch die Kataloge der meisten Reiseveranstalter sprechen eine andere Sprache. Minos und Zeus bleiben Zutat und Garnierung. Kreta zählt zu den in wenigen Stunden erreichbaren Badeparadiesen par excellence: Sonne pur von März bis Oktober, lange Sandstrände und idyllische kleine Buchten, Baden und Faulenzen, Wassersport und Erholung vom Alltag. Und nach der Krise boomt der Griechenland-Tourismus auch wieder, besonders auf Kreta, das von 2015 auf 2016 einen Zuwachs von 10,7 Prozent auf rund vier Millionen verbuchen konnte.

„Ich frage mich, ob man Kreta weiterhin als Sommerferienparadies anpreisen darf. Denn aus der Großinsel wird allmählich eine Herberge für Touristenmassen, so dass man gut tut, sie im Hochsommer zu meiden. Es ist auch im Spätherbst oder Frühling warm genug zum Baden. Und man tut auch den Einheimischen einen Gefallen, die sich auf Touristen-Monokultur eingestellt haben und nur in der Hochsaison vollbeschäftigt sind ", schrieb schon 1980 die Athener Journalistin Evi Melas in *Griechenland – Richtig reisen* (DuMont). Und weiter: „Was muss man unbedingt ansehen? Die einmaligen Paläste von Phaistos, Knossos, Malia und Kato Zakros, das Museum von Herakleion. Die großen Steintafeln von Gortys, in die 500-450 v. Chr. die dorischen Gesetze geritzt wurden, die venezianischen Bauten von Herkleion und Chania, die byzantinischen Kirchen in Kritsa, ... Eine Kretareise verdient ihren Namen nur, wenn man die Mirabellobucht im Osten besucht. Um Kretas Sehenswürdigkeiten aufzuzählen, würde man einen Katalog von der Dicke eines Telefonbuchs ausfüllen!"

Kreta – eine Einführung

Die Wiege Europas. Seit jeher fiel Kreta eine besondere Bedeutung im östlichen Mittelmeerraum zu. Rund 100 km ist Kreta vom Peloponnes entfernt, 170 km von der kleinasiatischen Küste und kaum mehr als 300 km vom afrikanischen Kontinent. Die fünftgrößte Insel des Mittelmeers entwickelte sich daher nicht zufällig zu einem Schnittpunkt unterschiedlicher Kulturen, die mit den Minoern zum ersten Mal aus dem Dunkel der Vorgeschichte hervortraten und eine eigenständige Zivilisation bildeten, deren Nachhall bis heute zu spüren ist.
Über die Entstehung der frühen kretischen Kulturen wissen wir wenig - und vieles, was geschrieben wurde, beruht auf Spekulation. Doch kann man zwei Fixpunkte der Entwicklung mit Sicherheit benennen: das Meer und die Berge.
Physiognomie einer Insel. Der **Osten** Kretas wird beherrscht durch die Sitía-Berge und das mächtigen Díkti-

Massivs. Die Region um die quirlige Stadt Ágios Nikólaos - von Eloúnda bis Istro - markiert hier den Mittelpunkt des Tourismus. Sitía und Ierápetra, die kleineren Schwesterstädte von Àgios Nikólaos, sind vom Tourismus noch weitaus weniger in Beschlag genommen.

Dagegen steht das **Zentrum** Kretas auch im Mittelpunkt des Tourismus. Die Nordküste zwischen Iráklion und Mália ist über weite Strecken mit Hotelanlagen, Bungalows, Restaurants und Cafés zugebaut; hier haben die großen Reiseveranstalter ihre Hauptkontingente, hier verbringen die meisten Touristen ihren Urlaub. Ruhig geht es im Süden zu, wo nur einige wenige Küstendörfer mit Strandleben aufwarten. Im zentralen Bezirk Iráklion ist die größte Konzentration von Ausgrabungen zu finden, neben Knossós noch die sogenannten Paläste von Festós und Mália, die alte Siedlung Górtys, die minoische Villa von Agía Triáda und die Ausgrabungen von Archánes, um nur die wichtigsten Besuchermagnete zu nennen. Das Ida-Massiv markiert mit dem Psilorítis den höchsten Punkt der Insel.

Im **Westen** der Insel, den Bezirken Réthimnon und Chaniá, stehen die Strände westlich von Chaniá und östlich von Réthimnon im Zentrum touristischen Interesses. Auch hier führen die schwer zugänglichen Küstenorte im Süden noch ein beschaulicheres Leben.

Kreta und das Meer. Die Zeit, als Kreta Teil einer Festlandsbrücke war, die das heutige Griechenland mit dem kleinasiatischen Raum verband, liegt über zwanzig Millionen Jahre zurück, also jenseits menschlicher Spuren. Dass Kreta auch erdgeschichtlich immer in Bewegung war, bezeugen zahlreiche Erdbeben, die es immer wieder erschütterten. Davon wird bereits aus minoischer Zeit berichtet. Die Insel erstreckt sich längs eines seismisch aktiven Grabens, an dem sich die afrikanische Festlandsplatte unter die europäische schiebt. Um mehrere Meter hat sich Kreta in den letzten Jahrtausenden gehoben (im Westen) bzw. gesenkt.

Eine mehr als tausend Kilometer lange Küstenlinie, der Kampf und die Vertrautheit mit dem Meer haben die Kreter seit jeher zu erfahrenen Fischern und Seefahrern gemacht. Dass Kultur und Glanz, der Reichtum der Minoer zu einem gewichtigen Teil auf einer lange Zeit unübertroffenen Beherrschung der See beruhten, darf als gesichert gelten.

Das Meer erwies sich auch lange Zeit als Schutzschild vor Überfällen und ermöglichte auf diese Weise eine Periode relativ friedlicher Entwicklung. Da die Kreter als kundige Seefahrernation darüber hinaus in der Lage waren, ihre Fühler nach außen zu strecken und Kontakte mit fremden Völkern, Traditionen und Kulturen zu knüpfen, nimmt es nicht wunder, dass dieses Wissen in eine frühe Hochkultur mündete, die als eine der Wurzeln Europas gilt.

Kreta kann über 150 km Sandstrand vorweisen. So ist es heute wieder das Meer, das als Bade- und Wassersportparadies Millionen anlockt und auf diese Weise das Leben der Kreter erneut maßgeblich beeinflußt und bestimmt.

Insel der Berge. Berge sind der zweite Faktor, der seit jeher das Dasein der Menschen bestimmt. Die Insel ist zu zwei Dritteln von Gebirgen bedeckt. Die Lefká Óri, die Weißen Berge vielen Zweitausendern, bestimmen das Bild im westlichen Bezirk Chaniá; das Ída-Massiv dominiert das Zentrum der Insel; das Díkti- oder Lassíthi-Massiv beherrscht den Osten, gefolgt vom bescheideneren Sitía-Massiv.

Ursprünglich über weite Strecken von Wald bedeckt, wie antike Berichte schildern, führte jahrhundertelange Abholzung zu den heute kahlen Bergrücken. Von Zedern- und

Zypressenwäldern, von dichtem Eichen- und Kastanien-bestand sind nur noch schutzbedürftige Reste geblieben. Gnadenlos war der Boden dem Regenwasser ausgesetzt, das die fruchtbare Krume fortschwemmte.

Tropfsteinhöhlen und Schluchten. Zu einem wesentlichen Teil bestehen die Berge Kretas aus Kalkgestein. In die Erde eindringendes Regenwasser führte zu Auswaschungen und Höhlenbildungen. Über dreitausend sind bekannt. Seit dem Neolithikum, der Jungsteinzeit, ist die Nutzung von Höhlen als Wohn- und Kultstätten nachgewiesen, und der Besuch einer Tropfsteinhöhle mit ihren phantasieanregenden Kalk-gebilden lässt nachvollziehen, warum dieses Eindringen in die dunkle Unterwelt mythische und religiöse Vorstellun-gen bis in unsere Zeit inspirierte. Die touristisch erschlosse-ne Zeushöhle Diktéo Andro an der Lassíthi-Hochebene, die Idéo Andro oberhalb der Nída-Hochebene oder auch die Melidóni-Höhle in der Nähe des gleichnamigen Dorfes gehören zu den wichtigsten.

Ähnlich prägend für die Landschaft sind Schluchten, die oft mehrere hundert Meter hohe Wände bilden und erst am Meer ihren Ausgang finden. Die meisten führen nur im Winter und Frühjahr Wasser, wenn ausgiebige Regenfälle und die Schneeschmelze in den Bergen den Boden das Wasser nicht mehr aufnehmen lassen. Die Schlucht von Samariá ist die bekannteste und meistbegangene; jedoch sind auch die Imbros-Schlucht bei Chóra Sfakíon, die Agía-Iríni-Schlucht im Westen der Insel oder die Kourtaliótiko-Schlucht im Bezirk Réthimnon einen Besuch wert.

Der Obstgarten Kretas. Bescheidene Ausmaße nehmen demgegenüber die Ebenen ein, die sich vor allem an der Nordküste am Fuß der Gebirge entlangziehen. Fast 50 km lang, aber nur wenige Kilometer breit erstreckt sich die Messará-Ebene im Süden. Einst Kornkammer der Insel, bestimmen hier heute Wein, Oliven und Gemüse den Anbau. Die Ebenen bilden das bevorzugte landwirtschaftlich nutzbare Gebiet; nur etwa ein Drittel der Inselfläche wird bebaut. Neben den alles überragenden Oliven baut man Wein und Gemüse, Hülsenfrüchte und Obst, Getreide und Kartoffeln an. Ein Großteil der Inselfläche dient als Weideland für weit über eine Million Schafe und Ziegen.

Eine besondere Rolle in der Topographie Kretas spielen seine Hochebenen, die seit jeher als fruchtbares Schwemmland landwirtschaftlich genutzt wurden. Die fast 900 m hoch gelegene Lassíthi-Ebene im Osten Kretas avancierte durch Tausende segeltuchbespannter Windmühlen zum Postkartenmotiv. Doch auch wer andere Hochebenen - etwa die Omalós-Hocheben, die Hochebene von Nída oder die von Askífos - aufsucht, wird sich deren eigentümlichem Reiz kaum entziehen können. Diese grünen, fruchtbaren Ebenen zwischen kahlen, hoch aufragenden Bergen verführen einfach zum Staunen.

Vom Eselspfad zur Asphaltstraße. Die schwer zugängliche Bergwelt als zentraler Lebensraum der Kreter schuf Bedingungen, die die Menschen bis in die Gegenwart prägen. Selbst heute noch stellen die Gebirgsmassive gewaltige Hindernisse für den Verkehr dar. Wieviel bedeutsamer waren da die Barrieren in früheren Jahrhunderten, als nur Eselspfade und einige wenige, mühsam in den Fels gehauene Verbindungsstraßen existierten? Berichte aus den fünfziger und sechziger Jahren des 20. Jahrhunderts (!) schildern anschaulich, welchen Aufwand es noch vor wenigen Jahrzehnten bedeutete, von einem Teil der Insel in einen entfernteren zu gelangen. Eine Vielzahl von abgelegenen

Dörfern prägte seit jeher die kretische Siedlungsstruktur; noch heute gibt es einige nur schwer zugängliche Dörfer, in denen die Zeit still zu stehen scheint. Die Abgeschiedenheit des dörflichen Lebens, das Auf-sich-Gestellt-sein in der Auseinandersetzung mit der Natur, unterschiedliche Entwicklungen in verschiedenen Teilen der Insel und das Fehlen einer übermächtigen Metropole – man kann eher von einer Vielzahl städtischer Zentren ausgehen, wie der Hinweis Homers auf die hundert kretischen Städte zeigt, die am Trojanischen Krieg teilnahmen –, all das bildet den Hintergrund für die immer wieder hervorgehobene Eigenwilligkeit und den Freiheitsdrang der Bevölkerung. Von den Römern über die Türken bis zu den Deutschen im Zweiten Weltkrieg klagten alle Besatzermächte über die unbändigen Bauern, die nur mit Gewalt zu beherrschen waren.

Von Minos bis Venizelos. Wer Kreta und die Kreter heute verstehen will, sollte einen Blick in die Vergangenheit werfen. Während der letzten zweitausend Jahre war das Geschick der Insel von fremden Herrschern bestimmt, deren eigentliches Machtzentrum außerhalb Kretas lag. 67 v. Chr. ging Kreta als Provinz an das römische Weltreich, zwischen dem 1. und 4. Jahrhundert erfolgte die Christianisierung der Insel. Der lange Zeitraum der Missionierung lässt darauf schließen, dass die Bevölkerung nicht umstandslos von den alten Kulten und Göttern lassen wollte, und der berühmte Satz des Apostels Paulus „Alle Kreter sind Lügner, böse Tiere und faule Bäuche" lässt auch nicht gerade auf eine große Wertschätzung schließen.

Mit der Teilung des römischen Reiches 395 n. Chr. fiel Kreta an Ostrom, wurde also dem später so mächtigen Byzantinischen Reich einverleibt. Die Herrscher in Konstantinopel mussten ihre Besitzungen auf Kreta im 9. und 10. Jh.

zeitweilig räumen, weil arabische Eindringlinge sich der Insel bemächtigten. Nachdem 961 die Rückeroberung Kretas gelungen war, wurde ein Großteil des Landes an adlige byzantinische Familien verteilt.

Aus dem Niedergang des Byzantinischen Reiches folgte für Kreta jedoch keineswegs ein eigenständiger Weg. Von 1204 bis 1669 nämlich herrschte das ferne Venedig über die Insel und nutzte deren wirtschaftlich und strategisch herausragende Rolle im östlichen Mittelmeerraum. Während die Zeugnisse aus früheren Epochen rar sind, belegen zahlreiche Reiseberichte und auch venezianische Quellen den beständigen und immer wieder aufkeimenden Widerstand der kretischen Bevölkerung gegen die venezianische Besatzungsmacht, nicht selten mit blutigem Ausgang.

Die italienische Herrschaft wurde schließlich abgelöst von einer neuen Macht: das Osmanische Reich. Von 1669 bis 1898 ordnete sich das Inselgeschehen den Interessen des riesigen türkischen Reiches unter, soweit nicht lokale Paschas ihre eigenen Vorteile durchsetzten. Blutige Aufstände begleiteten auch diese Epoche, bis der Niedergang des mächtigen Reichs Kreta 1898 zur Autonomie verhalf. 1913 schließlich erfolgte der Anschluss an Griechenland und damit die Einbindung Kretas in die mitteleuropäische Geschichte des 20. Jahrhunderts.

Doch noch einmal, während des Zweiten Weltkrieges, sollten sich Besatzer hier niederlassen: Deutsche Truppen besetzten im Mai 1941 die Insel. Doch die kretische Tradition des Widerstands zeigte auch dieses Mal ihre Kraft und band die Besatzer in erheblichem Maße. Die Blutspur durch Massenerschießungen, die deutsche Soldaten an Unschuldigen in Kreta vornahmen, ja die komplette Ausradierung von ganzen Dörfern, endete 1945.

Männersache: das Kafeníon. An keinem Ort läßt sich die kretische Mentalität so gut studieren wie in einem traditionellen Kafeníon. Jedes Dorf, mag es auch klein und abgelegen sein, verfügt über eines dieser typischen Kaffeehäuser. Meistens sind es aber zwei, denn der Besuch ‚seines‘ Kafeníons hängt für jeden Kreter mit der politischen Ausrichtung des Wirts zusammen. Ein Anhänger der sozialistischen PASOK etwa wird das Kaffeehaus eines der konservativen Nea Demokratía nahestehenden Wirts meiden.

Ein Kafeníon ist meist sehr einfach eingerichtet: schlichte Holztische und Stühle, im Sommer draußen, während der kälteren Jahreszeit drinnen um einen Ofen herum. Häufig liegt das Kafeníon des Dorfes an der Platía, dem Dorfplatz, oder in der Nähe der Kirche. Hier trifft man sich zu jeder Tageszeit. Wobei ‚man‘ durchaus doppelsinnig zu nehmen ist, denn das Kafeníon ist traditionell der Treffpunkt der Männer. Nicht dass es für Frauen verboten wäre, doch noch immer ist weiblicher Besuch eine Ausnahme, von Touristinnen abgesehen. Oft sitzen die Männer hier stundenlang im Schatten einer Platane oder eines Maulbeerbaums, nippen an einem Tässchen Kaffee und an dem obligatorisch dazu servierten Glas Wasser und warten, beobachten und reden. Hier geht es um Politik, die große wie die örtliche, um Klatsch und Tratsch des Dorfes, um den Abschluss von Geschäften.

Das Kafeníon ist eine soziale Instanz zur Regelung dörflicher Angelegenheiten, zum Austausch von Informationen, zur Meinungsbildung. Hier treffen sich alle, ungeachtet der sozialen Stellung, und an Sonntagvormittagen scheint sich hier der gesamte männliche Teil eines Dorfes zu versammeln. Das Kafeníon fungiert auch als Ort der sozialen Kontrolle, als Bollwerk gegen Ausbruchsversuche aus der dörflichen Tradition. Nicht selten ist der Pope des Dorfes hier Gast, bisweilen ist er sogar der Besitzer des Kaffeehauses.

Im Kafeníon wird klar, wie anders hier mit Zeit umgegangen wird, wie man beim Karten- oder Tavlispielen, beim Reden oder einfach nur Herumsitzen eine Kultur des Müßiggangs zu pflegen weiß, deren zumindest ansatzweise Nachahmung manchem von uns hektischen Mitteleuropäern ein größeres Stück Lebensqualität bescheren würde.

Traditionelle Werte im Wandel. Dass im Kafeníon fast nur Männer zu finden sind, verweist auf die tief verankerten Wurzeln eines patriarchalischen Systems, das in den Dörfern noch lebendig ist und sich erst in den Städten allmählich aufzulöst. Die Welt der Frau umfasste (und umfasst noch heute) traditionellerweise Haus und Familie, also die Haus- und Feldarbeit sowie Kindererziehung. Natürlich haben auch Frauen ihre sozialen Treffpunkte, doch mehr im privaten Bereich, nie im Zentrum der Öffentlichkeit. In den größeren Städten ist diese klare Rollenzuweisung schon aufgebrochen. Die Jugend trifft sich in Cafés und Pubs, besucht Diskos und orientiert sich zunehmend an den von den amerikanischen Medien propagierten Werten. Zunehmende Erwerbstätigkeit und das verbesserte Bildungsniveau vieler vor allem jüngerer Frauen führten zu mehr Eigenständigkeit und Unabhängigkeit auch im öffentlichen Auftreten.

Das traditionelle Kafeníon ist also am Aussterben. Die alte Ordnung wird weniger durch Touristen ,gestört', die dörfliche Jugend selbst orientiert sich zunehmend am glitzernden Café mit Spiegeln und moderner Plastikmöblierung, blinkende und lärmende Spiel- und Glücksautomaten haben Einzug in die bescheidenen Atmosphäre des Kafeníons gehalten. Vielleicht werden in einigen Jahren nur noch sehr alte Kreter und nostalgische Touristen hier zu finden sein.

Auch eine zweite Institution des kretischen Alltags ist bedroht, das **Períptero**. Dies mit ‚Kiosk' zu übersetzen trifft nur die äußere Form, nicht aber die Besonderheit dieser griechischen Spezialität. Wer sich an einen typischen deutschen Tante Emma-Laden der fünfziger Jahre auf dem Dorf erinnern kann, kennt im Prinzip ein Períptero. Nur dass hier alles auf noch engerem Raum zusammengepfercht ist. Mit dem ungeübten Auge des Touristen ist die Vielfalt des Angebots gar nicht gleich zu erkennen: Zeitungen und Zigaretten, Süßigkeiten, Briefmarken, Aspirin, Stifte und Haushaltswaren und und... Hier hilft nur Fragen weiter.

Früher verfügte fast jedes Períptero über ein Telefon und einen Zähler, so dass man von hier aus auch nach Hause telefonieren konnte. Jetzt gibt es dafür Mobiltelefone. Und seit Supermärkte ihr großes Angebot präsentieren, wird für viele Kiosk-Besitzer die Luft zum Atmen dünner. Doch es gibt sie noch, an den Straßenecken großer Provinzdörfer, wo die Verkäufer hinter dem kleinen Fenster oft bis in den späten Abend hinein auf Kundschaft warten.

Einkaufscenter auf Rädern. In abgelegenen Dörfern trifft man nicht selten auf einen voll beladenen Lastwagen, von einer Traube meist älterer Frauen und Männer umgeben. Über krächzende Lautsprecher wird die Dorfbevölkerung von der Ankunft benachrichtigt.

Das sind fahrende Händler, die ähnlich dem Períptero ein für Außenstehende kaum überschaubares Angebot an Waren des täglichen Gebrauchs mit sich führen. Das reicht von Lebensmitteln über Kleidung und Schuhe bis hin zu modernen Plastikstühlen. Die Händler erfüllen wichtige Versorgungszwecke in diesen ganz kleinen Dörfern ohne Laden, in denen manchmal nur noch alte Leute leben, die über kein Auto verfügen.

Fixpunkt Familie. Die Familie ist die zentrale Instanz im Leben der Kreter. Vor allem in den Dörfern leben bisweilen noch mehrere Generationen unter einem Dach oder in unmittelbarer Nachbarschaft. Aufgaben und Pflichten der Einzelnen entsprechen traditionellen Vorgaben. Die männliche Dominanz scheint dabei, zumindest auf dem Land, ungebrochen. Die großen Entscheidungen werden vom männlichen Familienoberhaupt getroffen, er vertritt die Familie nach außen und achtet vor allem auf die Ehre der Töchter.

Die Heirat bildet einen zentralen Fixpunkt im Leben jedes Kreters; anders als bei uns gilt Unverheiratetsein als Makel und wenig akzeptiertes Außenseitertum. Erst seit 1983 ist in Griechenland auch die Zivilehe neben der üblichen kirchlichen Trauung zugelassen. Wenngleich das Arrangieren von Ehen im Aussterben begriffen ist, wird auf das elterliche Einverständnis bei Hochzeiten doch noch immer sehr viel Wert gelegt. Die Vorstellungen der jüngeren Generation von Unabhängigkeit einerseits und die festgefügten Ansichten bei den Älteren andererseits führen jedoch nicht selten zu großen Konflikten im Kreta von heute.

Flucht aus den Dörfern. Von den 600 000 Bewohnern Kretas verließen in den letzten Jahrzehnten viele die Bergdörfer und ließen sich in den Städten nieder. 160 000 Einwohner zählt die Wirtschafts-, Verwaltungs- und Handelsmetropole Heráklion; auf fast 60000 Einwohner bringt es die zweitgrößte Stadt, Chaniá. Moderne Arbeitsplätze in Verwaltung und Wirtschaftsbetrieben und in der Tourismusindustrie ziehen immer mehr, vor allem junge Kreter dem bäuerlichen Dasein vor.

Trotzdem stellen Bauern noch immer einen Großteil der Erwerbstätigen. Das Einkommen in den bäuerlichen Kleinbetrieben ist jedoch bescheiden, da die Anbaufläche meist gering ist. Von Konkurrenzfähigkeit im europäischen Maßstab kann keine Rede sein. Hunderttausende von Ziegen, Schafen, Olivenbäumen und Weinstöcken sowie Gemüse-, Obst- und Kartoffelanbau bescheren zwar manchem Bauern eine weitreichende Selbstversorgung, doch für die jüngere Generation ist das kaum noch eine attraktive Lebensperspektive.

Auch das Eindringen des Tourismus in den ländlichen Bereich durch Zimmervermietungen und Tavernen konnte diesen Trend bislang nicht stoppen. So wird sich der Alltag in den Bergdörfern vielleicht schon in naher Zukunft als perfekter Kontrapunkt zum quirligen Leben in den Küstenorten darstellen, wo man ausschließlich Sonne und Strand genießt und ansonsten gar nicht merkt, dass man auf Kreta ist.

Naturräumliche Gliederung und Vegetation

Anlässlich einer Tagung im Jahr 1991 in Heraklion hatte der Autor die Gelegenheit, an botanischen Exkursionen auf Kreta teilzunehmen, geführt durch Mitarbeiter von Prof. Dr. J. H. Argyroudi-Akoyunoglou, Athen.

Die Insel, 260 km lang und zwischen 12 und 60 km breit, liegt am Südrand der Ägäis (Breitengrade von Nordtunesien). Durch die Gebirge lässt sie sich in vier Bereiche gliedern. Im Westen das Massiv der Weißen Berge (Levka ori, 2453 m), in der Mitte das Ida Gebirge (Psiloritis 2456 m), weiter im Osten das Diktigebirge (2148 m) und das östliche Bergland Thripti (Affendis Kavousi, 1476 m). Die Insel ist durch diese Gebirgszüge geprägt, echte Tiefländer treten nur als Schwemmland in der Messara-Ebene auf, welche im Süden vom Asteroussia-Gebirge begrenzt wird.

Tektonisch ist die Insel einen Südposten der europäischen Landmassen; sie liegt im Einflußbereich der afrikanischen Platte. Gesteinsmäßig lässt sich die Insel in vier Bereiche gliedern. Der silitkatische Anteil beschränkt sich auf Schiefer im Bereich der Westabdachung und einigen Stellen im Norden, Plattenkalke und Dolomite bilden die drei großen Gebirge, Neogen (Jungtertiär) ist auf die Niederungen im Nordwesten und den Senken zwischen den großen Gebirgen beschränkt, Flysch baut das Asteroussia-Gebirge auf.

Kreta hat ein mediterranes Klima mit ausreichenden Winterregen. Die trockensten Teile der Ägäis liegen weiter nördlich im Bereich südliches Attika, östliches Peloponnes und Kykladen (unter 500 mm Niederschlag). Kreta selbst liegt im Zentrum des mediterranen Klimas mit ausgeprägten Winterregen und Sommertrockenheit. Die Trockenzeit ist im Nordwesten und Westen der Insel weniger stark ausgeprägt, so dass hier günstigere ökologische Faktoren für den Pflanzenwuchs herrschen. Im Gegensatz dazu hat der Südosten eine ausgeprägte Trockenzeit von 6 Monaten.

Die Niederschlagsverteilung wird durch die Gebirge und die West-Ost-Erstreckung der Insel charakterisiert. Die den feuchten winterlichen Winden ausgesetzte Westseite erhält auch in den Niederungen Niederschläge zwischen 800 und 1000 mm. In den Weißen Bergen kommt es in Gipfelbereichen zu Regenmengen über 1800 mm. Nach Osten nehmen die Niederschläge sowohl in der Höhe (Dikti 1600 mm) als auch in den Niederungen (400 - 500 mm) ab.

Vegetation

Wie hat die ursprüngliche Vegetation der Insel ausgesehen? Naturgemäß drängt sich für den Vegetationskundler diese Frage auf. Die heutige kretische Landschaft stellt eine kaum mit Wald- oder Baumwuchs bedeckte Kulturlandschaft mit uralter Tradition dar. Schon das häufige Zusammentreffen der degradierten Vegetation mit den Ausgrabungsstätten der minoischen Kultur charakterisiert die heutige Situation. Die Rekonstruktion der ursprünglichen Vegetation ist naturgemäß in einer vom Menschen so stark veränderten Landschaft immer mit vielen Unsicherheiten versehen.

Ölbaum – Johannisbrotbaum - Stufe. Der wesentliche Waldtyp der trockenheißen Lagen im Mittelmeergebiet hat als Leitarten den Johannisbrotbaum (Ceratonia siliqua) und den wilden Ölbaum (Olea europaea oleaster). Sein potentielles Hauptverbreitungsgebiet in Griechenland ist Euböa, Attika, Kykladen, Sporaden, die Inseln entlang der türkischen Küste, die Ostseite und Südseite der Peloponnes und der Inselbogen der Südägäis mit dem Zentrum Kreta.

Für Kreta ist jedoch nicht gesichert, dass der Johannisbrotbaum ursprünglich vorhanden war, da er im Holzanteil der alten Ausgrabungen nicht nachgewiesen werden konnte. Hingegen könnte der wilde Ölbaum in der unteren Waldstufe vertreten gewesen sein. Nach den heutigen auf degradierte Restbiotope beschränkten Vorkommen des Johannisbrotbaums zu urteilen wäre ein Auftreten in der ursprünglichen unteren Waldstufe sicherlich möglich gewesen. An einigen Stellen Kretas lassen sich solche Restbestände beobachten, so z.B. an der Westküste in der Nähe von Plokamiana. Der Strauchwuchs des Johannisbrotbaums (Bäume sind meist angepflanzt) reicht dort bis über 4 m, ist aber durch das Weidevieh verbissen. Da die nächste Siedlung ziemlich weit entfernt ist und eine überraschend große Anzahl von Exemplaren auftreten, könnte es sich hier um einen degradierten Restbestand solcher Tieflagenwälder handeln. Er steht entlang eines Bachlaufes in engem Kontakt mit

Oleandergebüsch (Nerium oleander) und im Bereich der Hänge mit einem lockeren Bestand der Kalabrien-Kiefer (Pinus brutia), in dessen Unterwuchs sich zahlreiche Phrygana-Elemente finden.

Der **Steineichenwald** erstreckt sich oberhalb der Ölbaum-Johannisbrotbaum-Stufe bis in die montane Stufe. Auch diese Wälder sind stark durch den Menschen reduziert und die vorhandenen Restbestände von Weidetieren verbissen. Zur Steineiche (Quercus ilex) treten in diesen Beständen Kermes-Eiche (Stech-Eiche, Quercus coccifera), Wacholder-Arten (Juniperus) und Mittelmeer-Zypresse (Cupressus sempervirens) hinzu. Oft im Kontakt mit der Brutia-Kiefer erstrecken sich diese Steineichenwälder bis in über 1000 m Höhe und bilden oft die durch menschliche Einwirkung bedingte Waldgrenze, z.B. im Dikti-Gebirge.

Die Bedeutung der Flaumeiche (Quercus pubescens) für die kretischen Wälder ist ungewiss. Da Flaumeichenbestände heute ausschließlich im Umkreis dörflicher Strukturen anzutreffen sind, könnte dieser Baum schon in minoischer Zeit zur Schweinemast angepflanzt worden sein, da gerade Schweinefleisch bei den Minoern besonders beliebt war. Das schließt aber nicht aus, dass es ursprünglich eine schwach ausgeprägte Flaumeichenzone gab.

Pinus brutia - Wälder bevorzugen mergelige-schottrige Böden und zeigen damit eine deutliche Differenzierung zu den Steineichen. Die Kalabrien-Kiefer bildet ausgedehnte Bestände, die sicherlich auch forstlich von Bedeutung sind. Auch hier tritt die Beweidung als zusätzlicher Faktor auf. Im Unterwuchs treten entweder Macchien- oder Phryganaelemente auf. Pinus brutia-Wälder bilden an einigen Stellen die aktuelle Waldgrenze und können auch direkt im Hangschutt stehen, z.B. am Affendis Kavousi.

Oberhalb 1.200 m werden Steineichen- und Pinus brutia-Wälder von **Zypressenwald** als Ausdruck der trockenresistenten Ausbildung der Gebirgsvegetation abgelöst, in dem neben der Zypresse die Kermeseiche und der orientalische Ahorn (Acer creticum) zu finden sind. In den Weißen Bergen stehen noch zahlreiche ausgedehnte Bestände dieses Waldtyps. In den meisten Fällen reicht der Zypressenwald bis zur Waldgrenze, die an der Nordseite der Insel bei ca. 1.400 m und an der Südseite bei 1.800 m liegt.

Häufig tritt ein schmaler Streifen einer **Strauchvegetation an dieser Waldgrenze** auf, deren wichtigste Vertreter die Schirm-Maulbeere (Sorbus umbellata), Kretische Felsenbirne (Amelanchier cretica), Cotoneaster nummularis (eine Zwergmispel-Art) und die Leimrose (Rosa glutinosa) sind.

Der Wald ist durch den Menschen und sein Weidevieh besonders in Mitleidenschaft gezogen (Waldweide). Besonders Ziegen wirken schädigend auf die Baumvegetation. Zahlreiche oft skurile Verbissformen (besonders bei Kermeseiche und Orientalischem Ahorn) sind die Folge. Daher findet man in diesen stark genutzten Gebieten anstelle des Waldes eine Ersatzvegetation, die Phrygana.

Die **Phrygana** ist typisch für den ostmediterranen Raum und bedeutet ursprünglich ,Weide'. Als Phrygana werden Flächen bezeichnet, die durch Beweidung degradiert sind und in denen besonders dornige Sträucher und Zwergsträucher dominieren, die sich dem Verbiss durch die Weidetiere mehr oder weniger erfolgreich widersetzen, sei es durch Dornen, durch Giftigkeit oder durch schlechten Geschmack, bedingt durch den Gehalt an ätherischen Ölen. Im Unterschied zu den Garrigue-Formationen der westmediterranen Gebiete ist die Phrygana meist nur 0,5 m hoch und hat eine eigene charakteristische Artenzusammensetzung. Dorniger Ginster (Genista acanthoclada), Dornbusch-Wolfsmilch (Euphorbia acanthothamnos), Silberhaariger Dornginster (Callicothome villosa), Dornige Königskerze (Verbascum spinosum) treten gemeinsam mit der Dornigen Bibernelle (Sarcopoterium spinosum), der typischen Phryganapflanze, auf. Dazwischen treten zahlreich verschiedene Arten von Cistrosen auf. Meist auf aufgelassenen Brachflächen findet man hohe Sträucher gelbblühender Lippenblütler: Strauchiges Brandkraut (Phlomis fruticosa), Wolliges Brandkraut (Phlomis lannosa; Kreta-Endemit), Kreta-Brandkraut (Phlomis cretica; überwiegend im Westen).

Außerhalb der degradierten Vegetation tritt an einigen Stellen die für Europa exotischste Pflanze auf, ein Naturvorkommen von Palmen. Es sind keine angepflanzten Bäume, sondern hier tritt eine endemische Art, die **Kretische Dattelpalme** (Phoenix theophrasti), eine nahe Verwandte der Dattelpalme (Phoenix dactylifera), spontan auf. Ihre Früchte sind allerdings ungenießbar. Das bekannte Vorkommen von Vai, ein küstennaher Standort, wo im Unterwuchs feuchtigkeitsliebende Pflanzen mit zahlreichen salztoleranten Arten auftreten, ist durch eine Abzäunung im Fortbestand gesichert. Ein anderes Vorkommen in der Nähe der Prevelklöster erstreckt sich längs eines Bachlaufes in einer Schlucht und geht randlich in Phryganabestände über, die an steilen Felswänden durch Felsspaltenpflanzen ersetzt werden. Diese Bestände sind nun durch Tourismus gefährdet.

Eine weitere Besonderheit Kretas ist das Auftreten von **Arten der subtropischen Halbwüsten** im Südosten. Besonders markant sind das Espartogras (Lygeum spartum, in Horsten wachsend), Aristida caerulescens (eine weitere Grasart), Griechische Baumschlinge (Periploca graeca) und Weißes Jochblatt (Zygophyllum album, eine Sukkulente).

Neben den trockenen Biotopen treten in Kreta auch eine große Anzahl **Feuchtelemente** entlang von Bachläufen und in Schluchten auf.

Markant sind dabei das Auftreten der auf das östliche Mittelmeergebiet beschränkten orientalischen Platane (Platanus orientalis) sowie Massenvorkommen von Oleander (Nerium oleander), zu dem sich der Mönchspfeffer (auch Keuschbaum, Vitex agnus castus) und bisweilen die Schlangenwurz (Dracunculus vulgaris) mit intensiven Aasgeruch während der Blütezeit gesellen.

Die großen botanischen Attraktionen findet man aber in den zahlreichen Schluchten, die durch die geringe Entfernung zum Meer und die fehlende eiszeitliche Überformung besonders schön und häufig sehr tief ausgebildet sind. Ein Beispiel dafür ist die Schlucht bei Zakros, die tief in die Rumpfebene eingeschnitten ist. Entlang des Bachlaufes gedeiht die Feuchtvegetation mit Oleander. Im nach oben anschließenden und für Weidetiere leicht zugänglichen Hangschuttbereich dominiert Phrygana mit Dorniger Bibernelle (Sarcopoterium spinosum).

Die steilen Felswände werden von **Felsspaltenpflanzen** besiedelt, darunter **zahlreiche endemische Arten**: Dornenschwanz-Königskerze (Verbascum arcturus), Kretischer Ebenholzstrauch (Ebenus cretica), das Labkraut Galium fruticosum, Kretische Rutenglockenblume (Petromarula pinnata), die Kratzdistel Ptilostemum chamaepeuce u.v.a.

Die Petromarula wird als Relikt-Endemit angesehen. Zusammen mit 140 anderen Pflanzenarten auf Kreta konnte sie die Klimaveränderungen in und seit den Eiszeiten in der isolierten Insellage und im ausgeglichenen Meeresklima überdauern, während die ehemalige ägäische Flora auf dem Festland und in festlandsnahen Bereichen von anderen Arten verdrängt wurde. Auch auf Kreta wächst keine weitere mit der Petromarula näher verwandte Pflanzenart.

Überhaupt ist die Südägäis mit 285 Endemiten das reichste Gebiet, während im Rest der Ägäis die Zahl unter 100 liegt. In anderen Schluchten (Asteroussiagebirge oder Samaria-schlucht) treten noch hinzu: das Johanniskraut Hypericum amblycalyx, der Kreta-Kohl (Brassica cretica), Bäumchen-Lein (Linum arboreum), Bäumchen-Strauchscharte (Staehe-lina arborea) und Centaurea redempta (eine Flocken-blumen-Art).

Fast alle endemischen Felsspaltenpflanzen sind verholzte Sträucher, deren nahverwandte mitteleuropäische Arten durchwegs krautig sind. Diese Erscheinung lässt an die Situation auf den Kanarischen Inseln denken, wo ebenfalls die Reliktflora aus verholzten Arten besteht.

Wie die Vegetation in den erwähnten Schluchten ist auch die **Gebirgsvegetation über der Waldgrenze** durch eine große Anzahl von Endemiten ausgezeichnet. Die sommer-liche Trockenheit wirkt sich dabei bis über 2.000 m Höhe aus, darüber findet die Pflanzenwelt auch im Sommer genügend Feuchtigkeit. Hingegen wird die Vegetationszeit durch winterliche Fröste und die Bildung einer geschlossenen Schneedecke stark eingeschränkt und reicht nur von Juni bis Oktober.

Die Artengarnitur über der Waldgrenze besteht aus **Pflan-zen mit Dornpolstercharakter** wie das Mannsschildartige Igelpolster (Acantholimon androsaceum), das ähnliche Acantholimon ulicinum, Kretischer Tragant (Astragalus creticus) und Schmalblättriger Tragant (Astragalus angusti-folius) und weitere verholzte Arten: Niederliegende Kirsche (Prunus prostrata), Kretische Berberitze (Berberís cretica), die Ochsenzunge Anchusa cespitosa u.a.. Zwischen den

Sträuchern und Dornpolstern kommen besonders im Frühjahr zahlreiche weitere Kräuter auf wie der kretische Aronstab (Arum creticum), kretische Tulpe (Tulipa cretica), Rautenblättriger Lerchensporn (Corydalis rutifolia), kretische Schwertlilie (Iris cretica), Siebers Krokus (Crocus sieberi) und Zwerg-Blaustern (Scilla nana). Besonders eindrucksvoll sind die Dornpolster knapp unterhalb der windgeschorenen Gipfel- und Kammlagen, wo sie flächendeckend ausgebildet sind.

In der jüngeren Erdgeschichte kam es zeitweilig zu einer Unterbrechung der Verbindung zwischen Mittelmeer und Atlantik und zur sogenannten Salinitätskrise mit Absinken des Meeresspiegels. In dieser Zeit wanderten Steppenelemente aus dem Osten ein. Dazu zählen vermutlich auch die Dornpolster der Gebirge.

Literatur: http://www.cretanflora.com/

Greuter, W. (1975): Die Insel Kreta - eine geobotanische Skizze. In: Ergebnisse d. 15. Intern. Exkursion durch Griechenland 1971. Veröff. Geobot. Inst. ETH Stiftung Rubel, 55(1): 136 - 160.

Heiselmayer P. (1988): Kreta - Vegetation und Pflanzengeographie einer südägäischen Insel. Ber. d. Naturw.mediz. Vereines Innsbruck 75, 251-260.

Die **Johannisbrotbäume** sind für den Touristen interessant und auf Kreta relativ häufig. Sie wachsen in unteren Lagen in Küstennähe. Am besten erkennt man sie an den Früchten, die an große Bohnen erinnern, die man aber nicht direkt vom Baum essen kann. Der Johannisbrotbaum (Ceratonia siliqua), auch Karubenbaum oder Karobbaum genannt, ist bis zu 15 m hoch, immergrün und kommt im Mittelmeerraum und Vorderasien vor. Er gehört zur Familie der Hülsenfrüchtler und zur Unterfamilie der Johannisbrotgewächse. Er wächst auf kalkhaltigen Böden und toleriert einen geringen Salzgehalt.

Über die Entstehung des deutschen Namens gibt es zwei Legenden: zum einen soll der Johanniter-Orden an der Verbreitung des Baumes beteiligt gewesen sein, zum anderen soll Johannes der Täufer sich von diesem Baum bei seiner Wanderung durch die Wüste ernährt haben.

Der Johannisbrotbaum hat wechselständige, ledrige, paarig gefiederte Blätter. Die Blüten stehen in Trauben und rie-chen unangenehm, die Frucht ist eine vielsamige Hülse. Das Fruchtfleisch, das so genannte Carob, schmeckt süß und enthält hauptsächlich Zucker. Es wird heute noch als Viehfutter verwendet. Johannisbrotmehl besteht aus zerkleinertem, geröstetem Fruchtfleisch und wird als Kakao-Ersatz verwendet. Wirtschaftlich bedeutender ist es heute in der Nahrungsmittelindustrie als Stabilisator und Bindemittel (E 410). Der Samen enthält Galaktomannane, die dem Mehl Gelier- und Verdickungseigenschaften verleihen.

Eine traditionelle Bedeutung der Kerne ist die als Wiegegewicht: die Samen haben eine einheitliche Größe und ein einheitliches Gewicht, das Karat. Eine moderne Untersuchung widerlegt jedoch diese Einheitlichkeit. Im Mittelalter entsprach ein Karat dem Gewicht von drei Gersten- oder vier Weizenkörnern. Das metrische Karat = 0,2 Gramm ist eine Maßeinheit für die Masse von Edelsteinen. Es ist keine SI-Einheit, aber in den Staaten der EU und in der Schweiz eine gesetzliche Einheit.

Die Imbros-Schlucht

Aktuelle Informationen zu diesem Naturerlebnis sind durch Notizen einer floristischen Wanderung im Jahr 1991 ergänzt.

Die Imbrosschlucht ist nach der Samariaschlucht die meist-besuchte Schlucht auf Kreta. An Sommertagen gehen hunderte Touristen durch die Schlucht; in der Samariaschlucht sind es 4.000.

Der Einstieg in die Imbrosschlucht liegt auf 700 m Höhe, der in die Samariaschlucht auf 1230 m. Die Wanderung durch die Klamm ist vergleichsweise einfach und dauert 2-3 Stunden (Samaria-Schlucht 5-6 Stunden). Die großen Steine können auf Dauer anstrengend sein. Geht man im Frühjahr oder Herbst morgens in die Schlucht sollte man warme Kleidung mitnehmen, oben kann es kühl sein.

Die Wanderung durch die Schlucht beginnt im Dorf Imbros 700 m über dem Meer. Imbros ist ein nettes Bergdorf mit einfachen Tavernen. Es liegt an der Busstrecke Chora Sfakion - Chania, es gibt aber nur wenige Verbindungen täglich. Die Busse am Morgen nach Imbros sind oft mit Schlucht-Wanderern überfüllt. Im Dorf kann man sich mit einem Frühstück für die Wanderung stärken. Auch eine öffentliche Toilette ist vorhanden, ebenso Wegweiser in die Schlucht. Nach einigen hundert Meter erreicht man das Kassenhäuschen (Eintritt 2 Euro pro Person, 2016).

Eine halbe Stunde geht es langsam bergab in die Schlucht hinein. Danach wird die Klamm enger. Nach 75 bis 90 Minuten erreicht man die engste und spektakulärste Stelle; hier ist die Schlucht nur 1,6 m breit (Markierung mit einer Tafel). Die Felsen links und rechts sind bis zu 300 m hoch. Nach weiteren 15 Minuten erreicht man einen Rastplatz. Hier kann man manchmal Getränke kaufen.

Ein weiterer Höhepunkt ist der sog. Torfelsen (10 Minuten nach dem Rastplatz), das wohl beliebteste Foto-Motiv in der Schlucht. Danach wird die Klamm weiter. Man erreicht nach einer weiteren Stunde das Ende der Wanderung.

Zwei Tavernen erwarten die durstigen Schluchtwanderer. 10 Minuten später kommt man ins Dorf Komidates mit weiteren Einkehrmöglichkeiten und kleinen Supermärkten.Das einst ruhige Dorf hat sich komplett auf die Wanderer eingestellt. Touristennepp soll hier leider ein Problem sein, die Preise in den Gaststätten seien teilweise etwas überzogen. Besser man geht am Schluchtausgang rechts auf der Hauptstraße in den Ortskern. Dort sind die Tavernen besser und etwas preiswerter als direkt am Schluchtausgang.

Leider verkehren hier keine Busse mehr! (Stand 2016). Will man nach Chora Sfakion, Imbros oder Chania, muss man etwa 1,5 km westlich aus dem Dorf Komitades hinaus zur Hauptstraße gehen. Vorher sollte man unbedingt den Fahrplan anschauen, es gibt nur wenige Busse täglich! Es gibt in Komitades auch Taxis, die auf müde Wanderer warten.

Von fast allen Touristenorten auf Kreta gibt es Bustouren zur Imbros-Schlucht. Diese haben den Vorteil, dass man oben ausgeladen und unten wieder abgeholt wird.

Unbedingt sollte man genügend Wasser mit in die Schlucht nehmen! Im Sommer ist es sehr heiß - die Imbrosschlucht gilt als eine der wärmsten Gegenden auf Kreta. 38 Grad im Schatten sind keine Seltenheit. Der Bach in der Schlucht führt im Sommer kein Wasser. Es gibt keine Möglichkeit, unterwegs Wasserflaschen aufzufüllen, auch wenn einige Reiseführer anderes behaupten!

Man sollte unbedingt knöchelhohe, gute Wanderschuhe anziehen. Man steigt ständig über Geröll mit etwa kopfgroßen Steinen. Schnell rutscht man ab und verstaucht sich in Sportschuhen einen Knöchel.

Die Imbrosschlucht ist ganzjährig geöffnet. Besonders im Winter oder Frühjahr und nach Regenfällen ist die Durchquerung jedoch nicht zu empfehlen. Erdrutsche, Steinschlag und große Wassermengen in der Schlucht können gefährlich sein. Man kann in Imbros in den Tavernen fragen, ob die Wanderung zur Zeit zu empfehlen ist. Auch kann es im Winter im oberen Teil der Klamm Schnee haben.

Interessant ist die **Flora der Imbros-Schlucht.** Oben sind die Schluchthänge bewaldet: Steineiche (Quercus ilex), Kermeseiche (Stech-Eiche, Quercus coccifera), Zypresse (Cupressus sempervirens), Kalabrien-Kiefer (Pinus brutia) der immergrüne orientalische Ahorn (Acer sempervirens), Feigen- und Mandelbäume. Wo im Wald etwas Sonne auf den Boden fällt, stehen am Weg Exemplare der Schlangenwurz (Dracunculus vulgaris, ein Aronstab-Gewächs).
Näher beim Wasserlauf stehen große Platanen (Platanus orientalis). Am Grund der Schlucht gedeiht wilder Oleander (Nerium oleander); seine Blätter sind dunkler grün und seine Blüten intensiver gefärbt als die der Exemplare, die an den Straßenrändern angepflanzten sind.
Während diese Pflanzen Gefahr laufen, auch einmal untergetaucht oder gar fortgeschwemmt zu werden, ziehen andere höhere Standorte in den Felsen vor. Je mehr wir uns dem Schluchtausgang nähern, desto häufiger sehen wir Pflanzen, die für die kretische Phrygana charakteristisch sind:
Verbascum spinosum, Phlomis lanata und Satureja thymbra. Bei der Dornigen Königskerze (Verbascum spinosum, auf Kreta endemisch) denkt man zuerst an eine Chimäre; nur an Hand der typischen Blüten (gelb) gibt sich der Dornbusch als Vertreter der Königskerzen zu erkennen. Dornbusch-Polsterpflanzen sind Beispiele für konvergente (parallele) Evolution: Arten aus vielen verschiedenen Pflanzenfamilien und von mehreren Kontinenten haben dieselben Anpassungen entwickelt, mit denen sie den ungünstigen Umständen

ihres Lebensraums trotzen – hier extreme Trockenheit, hohe Temperaturen, Wind, Verbiss durch Tiere.

Auch das Wollige Brandkraut (Phlomis lannosa) ist ein Kreta-Endemit. Die Blattoberseite ist mit kurzen Sternhaaren besetzt, Blattunterseite und Zweige zeigen eine filzige graue Behaarung und verleihen den Pflanzen das wollige Aussehen. Die Quirle der großen, leuchtend gelben Lippenblüten hängen aus den Felswänden und versprechen vorbeifliegenden Insekten einen lohnenden Zwischenstopp.

Auch das blau-violett blühende Berg-Bohnenkraut (Satureja thymbra) gehört zu den Lippenblütengewächsen und lockt Insekten-Bestäuber mit Nektar. Es ist weiter verbreitet im Mittelmeergebiet als die beiden vorgenannten Arten.

Literatur:

Rother Wanderführer - Kreta: Die schönsten Küsten- und Bergwanderungen. 65 Touren. Mit GPS-Tracks. Taschenbuch, Juli 2017. Von Rolf Goetz. 14,90 EUR

Strände auf Kreta

Kretas Küste ist über 1.000 km lang und für ihre Strände berühmt. Zum einen gibt es mehrere herausragende Strände, die zu den besten in Europa gehören. Zum anderen findet man in manchen Regionen noch Strände, an denen man ganz alleine ist.

Nicht alle Strände sind mit öffentlichen Verkehrsmitteln zu erreichen. Viele Traumstrände kann man nur mit dem Mietwagen erreichen, man sollte vor dem Urlaub eine gute Karte kaufen, z.B. die Kreta-Autokarte 1:150.000, von freytag & berndt (Auto + Freizeitkarten). Zu manchen Stränden kommt man nur zu Fuß. Oft sind solche einsamen Küstenabschnitte das Ziel von Wanderungen. Auch mit dem Boot kann man seinen persönlichen Traumstrand erreichen. Oft werden in den Touristenorten Ausflüge mit Schiffen zu abgelegene Strände angeboten.

Insgesamt gibt es viele hundert Strände. Vier sind etwas ganz Besonderes: zwei Palmenstrände und zwei ‚Karibikstrände‘, die an Inseln wie in der Karibik erinnern.

Wichtige **Palmenstrände** sind **Preveli** und **Vai**. Preveli liegt im zentralen Süden der Insel bei Plakias, Vai im fernen Nordosten. An beiden Stränden wächst die extrem sel-tene Kretische Dattelpalme (Phoenix theophrasti). Es gibt sie noch an kleineren Stränden auf Kreta und in der Türkei.

Am Preveli-Strand fließt ein für kretische Verhältnisse grö-ßerer Fluss namens Megalopotamos ins Meer. Die Palmen wachsen hinter dem Strand und am Fluss entlang. Man kann im Fluss und im Meer baden. Im Sommer verbinden öffentliche Busse Preveli mit Plakias (mit Anschluss von Rethimno).

Auch am Strand von Vai wachsen die Palmen direkt hinter dem Strand. Vai galt in der Hippie-Zeit als Aussteiger-Para-dies und wird heute im Sommer von vielen hundert Men-schen täglich besucht. In der Saison fahren wenige Busse täglich von der Stadt Sitia über Palekastro nach Vai.

Schöne Strände, die an die Tropen erinnern (**Karibik-strände**), sind Elafonissi und Balos im Westen der Insel.

Der abgelegene Strand bei Elafonissi im Südwesten ist Ziel vieler Tagesausflügler. Vor dem Strand liegt eine Insel, die man durch das an vielen Stellen weniger als einen Meter tiefe Wasser erreichen kann. Boote fahren nach Elafonisi von Paleochora in der Saison täglich. Es gibt auch Busse von Chania über Kissamos.

Auch der Balos-Strand im Nordwesten hat Karibik-Flair. Er ist nur durch eine Schotterpiste oder mit Ausflugs-Schiffen vor allem von Kissamos erreichbar. Busse fahren wegen der schlechten Straße nicht nach Balos.

Weiter Strände gibt es mindestens 100, die lohnenswert sind. Welchen man bevorzugt, hängt von den individuellen Wünschen und Vorstellung ab. Manche mögen Strände mit Bars und Tavernen, andere einsame, abgelegene Strände. Manche bevorzugen Wellen, andere geschützte Buchten. Es gibt Sandstrände und Kiesstrände. Flach ins Wasser übergehende Strände sind für kleine Kinder oft besser geeignet. Viele Touristen wollen auch einen Strand, der nur wenige Meter vom Hotelzimmer entfernt ist. Für viele Urlauber auf Kreta kommt nur ein FKK-Strand in Frage.

An der Südküste ist der Matala Beach berühmt für die Höhlen, in denen vor einigen Jahrzehnten Hippies gelebt haben. Schön ist auch der Red Beach (Kokkini Ammos), etwa 20 Minuten zu Fuß von Matala entfernt.

Einen fast 10 km langen Strand hat Rethimnon an der Nordküste. Hinter dem Stadtstrand reihen sich viele Kilometer lang Hotels, Bars und Tavernen.

Im Süden ist Komos Beach ein langer, breiter Strand mit Dünen bei dem kleinen Touristenort Kalamaki. FKK ist hier weit verbreitet (s. u.).

Des Weiteren gibt es gute Sandstrände an fast allen Touristenorten auf Kreta. In den Touristenregionen findet man die besten Wassersportmöglichkeiten wie Wasser-Ski, Bootsverleih und vieles mehr. Auch Tauchen und Tauchschulen sind weit verbreitet. Taucher bevorzugen jedoch eher Steilküsten.

Ein geschützter Strand ist der von Elounda. Hier gibt es nur selten Wellen, man hat beinahe das Gefühl, an einem Badesee zu sein. Die höchsten Wellen der Insel findet man häufig in Westkreta. Der Strand Falasana ist bekannt dafür.

Gute **Surfstrände** gibt es vor allem an der Nordküste. Viele Surfer sind im Nordwesten (Region Sitia und Palekastro).

An quasi allen Stränden der Insel mit mehr als 50 Badegästen kann man Sonnenschirme und Liegen mieten. Dies ist in Griechenland mit 3-4 Euro pro Person und Tag preiswerter als in Spanien oder Italien. Oft muss man für Strandliege und Schirm gar nicht bezahlen, wenn sie zu einem Hotel gehören, in dem man Gast ist.

Tavernen findet man an vielen Stränden auf Kreta. Öffentliche Toiletten sind selten, man benutzt das WC der nächsten Taverne. Die Parkplätze an einigen Stränden kosten eine geringe Gebühr von 1-2 Euro, die meisten sind jedoch umsonst. Nicht selten sind an den Urlauberstränden auch kleine Kioske oder Läden, in denen man unter anderem kalte Ge-tränke und Eis kaufen kann. Beach-Bars haben in den letzten Jahren stark zugenommen. Die meistverkauften Getränke sind in den Strandbars kaltes Bier und Frappé (Eiskaffee), das Lieblingsgetränk der Griechen im Sommer. In manchen Beach-Bars auf Kreta läuft unter Palmen oder Bananen-Stauden Reggae Musik: Karibik-Feeling pur.

An den meisten Stränden der Insel ist **FKK** nicht möglich. Nackte sind nicht an Stränden erwünscht, die viele Griechen mit Kindern besuchen. FKK findet man vor allem an einigen Stränden in Südkreta. In vielen Dörfern gibt es dort einen Strand, der im Dorf beginnt und außerhalb der Ortschaft endet. Der FKK-Bereich ist dann meist am vom Ort aus gesehen entfernten Strandende. Der Nacktbereich ist in Griechenland selten markiert, man schaut sich einfach um. Wenn viele andere Strandgäste nackt sind, kann man sich auch ausziehen. FKK wird an der Nordküste in den großen Touristenzentren nicht gerne gesehen. FKK-Hotels gibt es auf Kreta (und generell in Griechenland) relativ wenige.

Eine Kreta-Reise im Mai 2017 – die Höhepunkte

Wir sind von Köln/Bonn mit Eurowings um 5 Uhr 05 gestartet, d.h. Aufstehen um 1 Uhr 30. Ein angenehmer Reisebeginn sieht anders aus. Wir fühlen uns als Opfer des Preiskampfes zwischen den Fluggesellschaften, der dazu führt, dass die Flieger über den Tag so lange in der Luft sein müssen wie irgend möglich. - Flüge nach Kreta sind auch ab Frankfurt, München, Hamburg oder Leipzig möglich.

Vom Flughafen **Heraklion** fahren wir in fünfzehn Minuten mit dem Taxi in die Innenstadt, wo wir uns in einem der zahlreichen Hotels einquartieren. Der großartige **minoische Palast von Knossos** steht am Anfang unserer Beschäftigung mit der kretischen Archäologie. Er ist nur 5 km von der Stadt entfernt und leicht mit Bus oder Taxi erreichbar. Wegen der phantasievollen Rekonstruktionen liegt hier der Schlüssel zum Verstehen der anderen minoischen Paläste und Villen auf der Insel. Die Sehenswürdigkeiten in der **Innenstadt von Heraklion** erreichen wir zu Fuß. Vor allem besuchen wird das **Archäologische Museum**. Es beherbergt auf Kreta gemachte Funde seit der Jungsteinzeit: wertvolle Plastiken, Vasen, Schmuck, Siegelsteine, Fresken der minoischen Kultur. (2 x Übernachten in Heraklion)

Am dritten Tag fahren wir wieder zum Flughafen hinaus und setzen von dort die Reise mit dem Mietauto fort. Erstes Ziel ist der Ferienort **Mália** 37 km östlich von Heraklion, den wir auf der gut ausgebauten Küstenstraße in einer hal-ben Stunde erreichen. Die Hotelzimmer sind vorab gebucht. Malia besitzt gute Strände, die zum Baden einladen.

Ein Tagesausflug führt uns zuerst zum **minoischen Palast von Malia**; anders als in Knossos ist hier nur spärlich rekonstruiert worden. Anschließend fahren wir ins Dikti-

Gebirge. Unterwegs besuchen wir das **Nonnen-Kloster Kera Kardiotissa**. Seine Kirche aus byzantinischer Zeit beherbergt schöne Wandmalereien. Über einen Pass, auf dem die letzten Windmühlenräder stehen, erreichen wir auf etwa 830 m Höhe die fruchtbare **Lasithi-Hochebene** mit intensiver Landwirtschaft. Vom Dorf Psychro aus steigen wir hinauf zur vielbesuchten **Dikti-Höhle**, einem der zahlreichen mythischen Geburtsstätten des Göttervaters Zeus. Wir beschließen den Tag mit einem Abendessen im Bergdorf **Krasi** nicht weit von Moni Kardiotissa, wo man sehr schön im Freien unter einer riesigen Platane sitzt.

Auf einem weiteren Tagesausflug erkunden wir das Städtchen **Agios Nikolaos** an der schönen Bucht von Mirabello. Vom Meer geht es dann in die Berge zum Dorf **Kritsa** mit der unscheinbaren **Kirche Panagia Kera**, in der uns fast vollständig erhaltene Wandmalereien den Alltag von Himmel und Hölle zeigen. Wir fahren zurück an die Küste und in nördlicher Richtung bis Plaka, von wo aus das Boot uns zur Insel **Spinalonga** bringt. Noch im vorigen Jahrhundert war dies ein Verbannungsort für Leprakranke, die in der gut erhaltenen venezianischen Festung in völliger Isolation lebten. (3 x Ü in Malia)

Am nächsten Tag fahren wir von Malia über Agios Niko-laos und Ierapetra nach Agia Galini an der kretischen Süd-küste. Wir beginnen mit dem Besuch der **minoischen Stadt Gournia**. Die Ausgrabungsstätte liegt nahe der Küste der Mirabello-Bucht auf einem kleinen Hügel. Die Südküste erreichen wir bei **Ierapetra**, die südlichste Stadt Kretas. Zahlreiche Folien-Gewächshäuser für Gurken und Tomaten prägen das Landschaftsbild und das Leben der Menschen hier. Wir fahren über die südlichen Ausläufer des Dikti-Gebirges und machen kurz Halt an einer **Gedenkstätte** für die Opfer eines Massakers der deutschen Wehrmacht im zweiten Weltkrieg. Später erreichen wir **Gortis**, die alte römische Inselhauptstadt, dann die **Messara-Ebene**, den minoischen Palast von Festos und schließlich das Städtchen **Agia Galina**, wo wir Übernachtungen eingeplant haben.

Wenn wir Gortis und Festos nicht schon am Vortag besucht haben, holen wir das auf einem Tagesausflug von Agia Galini aus nach. In **Gortis** befinden sich die berühmten Gesetzestafeln, zwölf von einst zwanzig, die das Zivil- und das Strafrecht der Stadt auflisten, sowie die Reste der Titus-Basilika aus dem 6. Jh. Der **Palast von Festos** ist terrassenförmig angelegt. Impossant ist die Freitreppe aus der Altpalastzeit. In der Nähe, im Westen der Messara-Ebene, wurde um 1.600 v. Chr. ein minoischer Landsitz erbaut, der mit prächtigen Wandgemälden ähnlich denen im Palast von Knossos geschmückt war. Einen hier gefundenen bemalten Sarkophag haben wir schon im Museum in Heraklion gesehen. Wenn wir unseren Ausflug auf einen Samstag legen können, besuchen wir auch den malerischen **Wochenmarkt von Mires**. (2 x Übernachten in Agia Galini).

Heute fahren wir weiter mit dem Tagesziel Chania. Von A. Galini fahren wir über den Ort Apodoulou nach **Amari**, wo das herrliche Tal gleichen Namens beginnt. Wenn wir die Höhe erreicht haben, ist es nicht mehr weit zum **Kloster Arkadi**. Hier haben Griechen im 19. Jh. gegen die osmanische Herrschaft rebelliert, viele haben das mit dem Tod bezahlt. Renaissance- und Barockelemente zieren die Fassade der Klosterkirche, die nach dem Aufstand von 1866 vollständig restauriert wurde. Danach fahren wir weiter zur Nordküste und machen in **Rethimnon** Halt. Verschiedene Moscheen und Minarette, große Plätze und enge Gassen sowie Häuser mit typisch türkischem Holzerker lohnen den

Besuch der Altstadt. Vom venezianischen Hafen steigen wir auf die **Fortezza**, die stolze Festung, von den Venezianern erbaut und später von den osmanischen Herrschern benutzt. Venezianisch geprägt ist auch die belebte Altstadt von **Chania.** (1 x Übernachten in Chania)

Von Chania fahren wir schließlich auf der Küstenstraße, vorbei an Rethimnon, nach Heraklion zurück, wo wir den Mietwagen am Flughafen wieder abgeben und am Nachmittag oder Abend nach Deutschland zurückfliegen.

Selbstverständlich gibt es Möglichkeiten, diese mit 8 Übernachtungen veranschlagte Reise um einen Tag zu kürzen – was Verzicht auf das eine und andere bedeutet oder mehr Stress – oder um weitere Tage zu verlängern. Dann ist beispielsweise ein Ausflug von Malia weiter in den Osten der Insel nach **Sitia** und **Kato Zakros** lohnend. Letzterer ist der vierte minoische Palas auf Kreta; er wird seit 1962 freigelegt. Von Agia Galini kann man ins bergige Hinterland fahren, nach **Zaros** etwa, das für sein Quellwasser bekannt ist. Chania ist Ausgangsort für weitere ganztägige Ausflüge (**Samaria-Schlucht**, **Imbros-Schlucht**, **Elafonissos**).

Ebenfalls sind Varianten ohne zusätzliche Übernachtungen möglich. Z.B. kann man das Kloster Arkadi nahe Rethimnon erst auf der Rückfahrt von Chania nach Heraklion besichtigen; es bleibt dann Zeit für einen Halt in **Apodoulou**. Den Besuch der Altstadt von Heraklion und des Archäologischen Museums kann man ans Ende schieben.

Eine einwöchige Reise, bei der nahezu alle von mir beschriebenen Orte und Sehenswürdigkeiten besucht werden, bietet der Kölner **Reiseveranstalter SKR** (Studien- und Kontakt-Reisen) an. Die Reisegruppen sind klein (nicht mehr als 14 Personen). Reiseführer ist der promovierte Archäologe Christoph Löhr, ein ausgezeichneter und begeisternder Griechenland- und Kretakenner. Er spricht fließend neugriechisch und lebt seit vielen Jahren in Athen. Etwas Besonderes bei dieser Reise sind die schmackhaften landestypischen Abendessen in ausgesuchten Tavernen. Nicht nur diese, sondern auch andere Gruppenreisen sind allerdings ziemlich strapaziös, weil sie von den Veranstaltern mit Besichtigungen richtig vollgepackt sind.

Denjenigen, die an Stelle einer Rundreise mit mehrmaligem Hotelwechsel lieber eine Standortreise machen wollen, rate ich zu **Malia**, wo der Autor in den 1980er Jahren zwei Wochen im April zubrachte. Die westlich von Heraklion gelegenen Orte wird man dann vielleicht nicht besuchen, dafür sind alle östlich gelegenen leicht zu erreichen. Von Malia wie auch von anderen Urlaubsorten auf Kreta werden geführte **Tagesausflüge** mit dem Bus angeboten, u.a. nach Knossos, Heraklion, auf die Lasithi-Hochebene, nach Agios Nikolaos, Spinalonga. Das hat den Vorteil, dass man morgens im Hotel abgeholt und nach der Tour wieder zurückgebracht wird. Auch eine Gourmet-Weintour ist möglich.

Knossos

Knossos, nur wenige Kilometer von Heraklion entfernt, ist die wichtigste archäologische Ausgrabungsstätte auf Kreta. Sie ist vom Busbahnhof von Heraklion zu erreichen (Stadtbus Linie 2). Am Platz mit dem Morosini-Brunnen kann man zusteigen. Wie lange man sich für den Besuch des Palasts Zeit nehmen will? Manche verbringen hier eine Stunde, andere einen ganzen Tag.

Entdeckt wurde Knossos 1878 von Minos Kalokairinos, einem kretischen Kaufmann, Juristen und Hobby-Archäologen. Er legte Magazinräume mit darin befindlichen Pithoi und Kultgegenständen frei. Dann interessierten sich Troja-Entdecker Heinrich Schliemann und der Archäologen Wilhelm Dörpfeld für Knossos. Dörpfeld bemühte sich um die Genehmigung zur Grabung durch das Deutsche Archäologische Institut, doch die türkischen Behörden verlangten einen den Deutschen zu hohen Preis.

Schließlich kaufte der Engländer **Sir Arthur Evans** das Gelände. Er verfügte über genügend Geld, um sich seinen Lebenstraum zu erfüllen. Zwischen 1899 und 1914 leitete er die Grabungen. (Nahezu zeitgleich wurde von Anderen in Phaistos, Kato Zakros, Palekastro, Goúrnia, Lato und der Zeus-Höhle Psichro gegraben.) Evans beschäftigte anfangs 30 Arbeiter, doch schnell wuchs die Zahl auf 200, mit deren Hilfe er in der Rekordgeschwindigkeit von nur drei Jahren 20.000 m² des Palasts freilegte. Da ihn die Überbauungen der mykenischen Zeit nicht weiter interessierten, wurden diese ohne Dokumentation abgetragen.

Zu seinen aufregendsten Entdeckungen zählen die farbigen, ausdrucksstarken Fresken, die eine hohe Zivilisation in ihrem Luxus repräsentieren. Ihre Kleidung erinnerte an keine vorhergehende, bekannte Zivilisation. Die Damenkleidung bevorzugte Puffärmel, schlanke Taillen und schmale Röcke. Die spezielle blaue Farbe der Kleidung weist auf Seehandel mit den Phöniziern hin. Die Fresken stellen z.T. Sportwettbewerbe dar, wahrscheinlich mit ritueller Bedeutung, in denen Jünglinge und Mädchen akrobatisch über den Rücken eines Stieres springen.

Das Herzstück des Palastes ist der ‚Thronsaal‘, so genannt aufgrund eines dort gefundenen Alabasterthrons. An den Seitenwänden des Vorraums sind steinerne Bänke aufgestellt, eine kostbare Porphyr-Schale steht in seinem Zentrum und diente vielleicht rituellen Waschungen.

Evans' eigenwillige Vorgehensweise bei der vorschnellen Benennung von Räumen, wie dem Thronsaal, dem Badezimmer der Königin, der Karawanserei, dem Zollhaus u.a. trug ihm viel Kritik ein. Hierin sehen viele Archäologen die Suggestion einer Befundsicherheit, die keineswegs existiert. Seine kühnen Restaurierungen sind deshalb höchst umstritten, da sie diese individuellen Interpretationen zementierten und weitere Forschung am Objekt praktisch unmöglich machen. Den Laienbesucher freut es jedoch, er bekommt in Knossos viel mehr zu sehen als in den anderen minoischen Anlagen (Phestos, Malia, Kato Zakros). Auch muss man Evans als Kind seiner Zeit sehen, in der antike Ruinen im Geiste des Philhellenismus wiederhergestellt wurden.

In seinem Bemühen, die freigelegten und nun der schnellen Verwitterung ausgesetzten Räume und Artefakte vor dem Verfall zu konservieren und dabei dem Betrachter eine Vorstellung des denkbaren Aussehens des ehemaligen Palasts zu geben, setzte er den damals modernsten und langlebigsten Baustoff ein, Beton. Doch auch dieser bedarf nach knapp hundert Jahren Besichtigungen durch Tausende Personen am Tag der laufenden Restaurierung.

Der Palast von Knossos: Herrschersitz oder Kultstätte?

Wir betreten die größte der antiken Anlagen auf Kreta, ein riesiges Gebäudeensemble mit mehreren Stockwerken, mit einer überbauten Fläche von 21.000 m² auf einer Gesamtfläche von 2,2 ha; 800 Räume sind nachweisbar. Im 16. Jh. v. Chr. könnten hier 10.000 Menschen gewohnt haben. Zu dem rechteckigen Zentralhof von 53 x 28 m führten aus vier Richtungen verwinkelte, schmale Gänge, reich dekorierte Korridore, herrlich bemalte Säle, aufwändig gestaltete

Treppenhäuser bzw. säulenumstandene Galerien. Das alles ist in einer verwirrenden, labyrinthisch anmutenden Komposition aneinandergefügt. Herrschte hier ein König, wie Evans meinte, oder war dies ein kultischer Ort?

Kann es sein, dass ein König die Werkstätten seiner Handwerker und die Speicher für seine Steuereinnahmen innerhalb seines Herrschaftssitzes anlegen ließ, obwohl die Umgebung genügend Fläche zu größerem Abstand geboten hätte? Die Handwerker waren Töpfer und Steinschneider; in z.T. mannshohe Pithoi, bis zu 400 an der Zahl, mit einem geschätzten Fassungsvermögen von 78.000 Litern, wurden Wein, Olivenöl, Getreide und Honig aufbewahrt wurde. Von all dem mussten Geräusche und Gerüche ausgehen, damit verbunden war Ungeziefer und das täglichen Kommen und Gehen einer größeren Zahl von Menschen.

Auch anderes spricht dafür, dass Knossos eine Kultstätte war, die sowohl von den Orten entlang der Nordküste als auch von der Messará-Ebene im Süden über die hier vorbeilaufende Straße gut erreichbar war.

Wasser wurde nur in vergleichsweise kleinen Zisternen gesammelt, obwohl Räume mit Warmwasserheizung, Badezimmer mit Sitzbadewannen und Klosetts mit Wasserspülung ausgegraben wurden, obwohl jeder Regentropfen auf dem Palastgelände durch sorgfältig verlegte, konisch geformte Röhren aus Terracotta und abgedeckelte, steinerne Rinnen aufgefangen wurde. Der in der Nähe vorbei fließende Bach Kairatos kommt zur Trinkwasserversorgung für eine große, dauerhaft hier lebende Menschenmenge wahrscheinlich auch nicht in Frage, da er gleichzeitig als Transportweg, als Kloake oder zur Wäsche gedient haben dürfte. Eine größere Anzahl von Brunnen ist auf dem Palastgelände nicht nachgewiesen.

Größere Räume, wie sie als Unterkunft für Palastwachen an allen antiken Herrschaftssitzen nachweisbar sind, wurden im Palast von Knossos nicht freigelegt. Der Palast war zu keinem Zeitpunkt von einer Befestigungsmauer umgeben.

Eine rechtwinklig aufeinanderstoßende Treppenanlage, wie sie auch in Phaistos zu finden ist, schließt einen Prozessionsweg ab und wird als Theater für ca. 500 Menschen gedeutet. Ausgerechnet diese Theateranlage befindet sich jedoch nicht innerhalb, sondern am Rande der Palastanlage.

Eine **alternative Deutung** trug der Geologe Georg Wunderlich vor, dem wegen des weichen Steins Zweifel an der herkömmlichen Auffassung gekommen waren. Die Paläste seien keine geistig-kulturellen oder politischen Zentren gewesen, sondern Nekropolen zur Bestattung der Toten. Das Fehlen einer Befestigungsmauer trotz exponierter Lage deutete Wunderlich als Friedhofsruhe, während die Schulauffassung dies als Friedfertigkeit der Epoche und als Vertrauen auf eine starke Flotte interpretiert. Brunnen, Wasserleitungen, Zisternen und Abflusskanäle wurden von Wunderlich im Zusammenhang mit der Vorbereitung der Toten auf die Einbalsamierung gedeutet. Badewannen wurden zu Särgen, Pithoi zu Grabstätten, die bunten Kannen mit langgezogenen Gießöffnungen zu Hilfsmitteln bei der Einbalsamierung der Toten. Die Lichtschächte des Palastes fasste er als Be- und Entlüftungsschächte der Nekropole auf.

Mythos

Nach dem durch Homer 700 Jahre nach der Zerstörung von Knossos überlieferten Mythos herrschte im 16. Jh. v. Chr. der erstgeborene Sohn des Zeus und der Europa, der sagenhafte **König Minos**, über Knossos. Er erweiterte den schon vorhandenen riesigen Palast. Der Gott Poseidon schenkte Minos einen herrlichen weißen Stier, den er Zeus opfern sollte. Da dem Minos der Stier gefiel, ließ er ihn zu seiner Herde treiben und opferte einen anderen Stier.

Da zürnte Zeus und strafte ihn dadurch, dass seine Gemahlin Pasiphaë diesen Stier begehrte und sich eigens dazu vom königlichen Baumeister und Ahnherrn aller Künstler, Daidalos, ein Kuh-Imitat anfertigen ließ, ein hohles, hölzernes Gestell, das mit Kuhhaut überzogen war. Daidalos brachte die hölzerne Kuh zur Herde, woraufhin die darin versteckte Pasiphaë mit dem göttlichen Stier den Stiermenschen **Minotauros**, ein menschenfressendes Ungeheuer, zeugte und gebar.

Minos aber ließ dieses Ungeheuer mit menschlichem Leib und Stierkopf nicht töten, sondern beauftragte Daidalos mit dem Bau eines sicheren Verstecks, dem sagenhaften Labyrinth. Die Tötung seines Sohnes Androgeos bei einem sportlichen Wettkampf in Attika nahm König Minos zum Anlass, die Athener zu einem jährlichen Tribut von 7 Jünglingen und 7 Jungfrauen zu zwingen, die dem Minotauros geopfert werden mussten.

Prinz **Theseus** begab sich freiwillig unter die Geiseln, um den Minotauros zu töten und den Opferkult zu beenden. Als er nach der Ankunft auf Kreta des Minos Tochter **Ariadne** kennenlernte, verliebten sich beide ineinander. Theseus vertraute ihr seine Absicht an, und sie bot ihm ihre Hilfe an, falls er sie heiraten und nach Athen mitnehmen würde. Als er einwilligte, schenkte sie ihm das magische Wollknäul des Daidalos, mit dem er aus dem Labyrinth jederzeit wieder herausfand. Theseus gelang es mit Hilfe der Götter, den Minotauros zu erlegen, den er dem Poseidon opferte, um dann mit Ariadne von Kreta nach Naxos zu fliehen.

Die frühen Minoer beteten eine Erd-, Vegetations- und Fruchtbarkeitsgöttin an; von allen ausgeprägt matriarchalen

Götterverehrungen unter den ältesten Ackerbaureligionen des Orients hat sich die auf Kreta am längsten und reinsten erhalten.

Der Mythos vom König Minos markiert den Übergang der matriarchalen auf die patriarchale Ordnung der viehzüchtenden Nomaden. Der Stier nimmt in der minoischen Religiosität unter allen Götterattributen eine Sonderstellung ein: anfangs noch als heiliges Tier verehrt, bewirkte seine Unberechenbarkeit, dass er als Dämon zum Opfertier wurde. Möglicherweise wurzeln die minoischen **Stierspiele**, bei denen die Jünglinge und Mädchen über einen Stier springen, in dieser Auffassung vom Stier, dessen dämonische Kräfte symbolisch überwunden wurden. Eine Darstellung dieser Stierspiele ist im rekonstruierten Teil von Knossos zu finden. Sicher ist das überdimensionale Kulthorn, das immer wieder an den Begrenzungen von Treppen und Terrassen des Palastes zu finden ist, nicht zufällig einem Stierhorn nachempfunden.

Die verwinkelte Anlage des Palastes war mutmaßlich Ursprung der Legende vom **Labyrinth** (labrys = griechisch: Doppelaxt), in dem Theseus den Minotaurus tötete. Die Doppelaxt ist ein auf den Wänden von Knossos wiederkehrendes Motiv. Vor einigen Jahren wurden in Knossos tatsächlich Beweise für Menschenopfer gefunden: Kinderknochen mit charakteristischen Schnittspuren. Kinderopfer gehörten auch zur phönizischen Religion, die anfangs auch matriarchalisch war.

Man nimmt an, dass der Minotauros der griechischen Sage der oberste Priester als Repräsentant der kretischen Stiergottheit war. Theseus´ Sieg könnte dem Sieg der vom Festland nach Kreta einsickernden Achäer über die Minoer und ihr Matriarchat entsprechen.

Vorgeschichte und Minoische Kultur

Die Gegend von Knossos war schon während der Jung-steinzeit (Neolithikum) besiedelt. Älteste Spuren in den bis zu 8 m mächtigen Siedlungsschichten können ins 4. Jahr-tausend v. Chr. datiert werden. Indogermanische Einwan-derer aus Kleinasien, die bereits eine entwickelte matriar-chale Kultur besaßen, wanderten im frühen 3. JT. zu. Sie unterhielten wirtschaftliche und kulturelle Beziehungen zu Ägypten. Am Ende des 3. JTs. entwickelten sich kleinere Königreiche auf Kreta.

Um 3.000 v.Chr. begann auf Kreta die Bronzezeit. Die bron-zezeitliche Kultur Kretas wird als minoisch bezeichnet, die entsprechende Kultur des griechischen Festlandes als hella-disch. Evans unterteilte das minoische Zeitalter nach Kera-mikstilen in Früh-, Mittel- und Spätminoisch. Die Gliede-rung von Nikolaos Platon, dem Entdecker der Anlage von Káto Zákros, richtet sich nach den Bauphasen. Dabei wird unterschieden zwischen Vorpalastzeit, Altpalastzeit (Zeit der alten Paläste), Neupalastzeit und Nachpalastzeit (Zeit nach der endgültigen Zerstörung von Knossos).

Eine Zuordnung der Epochen zu bestimmten Jahreszahlen ist nicht gesichert und wird weiter diskutiert. Wichtigster An-haltspunkt für die zeitliche Einordnung sind Funde kretischer Importware in Ägypten und umgekehrt, jedoch ist auch die Chronologie Ägyptens vom jeweils aktuellen Stand der Forschung abhängig.

Die **Vorpalastzeit** (3.000 – 2.000) war eine durch Handwerk und Handel geprägte Periode. Man findet keine Anzeichen hierarchischer Verwaltung oder Vorherrschaft. In einigen Ortschaften bildeten sich wirtschaftlich dominierende Ober-schichten. Waffenfunde sind selten. Man nimmt an, dass die

Insellage für die innere Sicherheit ausreichte. Auch im Inneren waren militärische Konflikte offenbar unbekannt.

Ungefähr ein Jahrtausend später entstanden Paläste, wie sie in Knossós, Mália, Phaistós, Galatas und Káto Zákros ausgegraben wurden. Jetzt, in der **Altpalastzeit** (2.000 – 1.700), kam es zu deutlichen Veränderungen, eventuell ausgelöst durch die zeitgleiche Völkerwanderung in Griechenland und Kleinasien. Es etablierte sich eine zentrale Regierung durch Könige, die den Handel von ihrem Palast aus steuerten. Gleichzeitig wurde Kreta Seemacht. Es entstanden erstmals Städte mit Trinkwasser- und Abwassersystemen. Um 1.700 führte ein Erdbeben zur Zerstörung der alten Paläste.

Der anschließende Wiederaufbau leitete die **Neupalastzeit** (1.700 – 1.400 v. Chr.) ein. Nach einer weiteren tektonischen Erschütterung wurden die neuen Paläste 100 Jahre später noch aufwändiger und prächtiger ausgestaltet. Knossos erfuhr seine größte Blüte, entwickelte sich zum ersten der kretischen Stadtstaaten und verfügte über die größte und kampfstärkste Flotte, deren Schiffe zu phönizischen, ägyptischen und peloponnesischen Häfen auslief, die Kykladen, Athen und den Nahen Osten ansteuerten. Gesichert ist, dass Knossos über zwei Seehäfen verfügte, einen bei Amnisos, den anderen an der Stelle des späteren Heraklion.

Als Ursache für das Ende der Blütezeit um 1.450/1.400 wurde lang der Vulkanausbruch von Thera (Santorin) vermutet. Neuere Forschungen ergaben aber, dass der Ausbruch mindestens eine Generation vor den Zerstörungen auf Kreta stattgefunden hatte. Heute steht fest, dass Kreta nach und nach von mykenischen Festlands-Griechen erobert wurde. Die minoischen Zentren wurden zerstört. Danach wurde nur Knossos wieder aufgebaut. Dort gab es nun eine griechische Oberschicht, aber vermutlich bis etwa 1.375 noch einen minoischen Herrscher. Um 1.330 wurde auch Knossos niedergebrannt. Ein Feuer, das mehrere Tage gewütet haben muss, dem Holz und Öl die nötige Nahrung gaben, zerstörte die obersten Etagen und viele aus Kalkstein und Gips hergestellten Wände des Palasts. Einzelne, durch den Brand erhitzte Kalksteinquader erinnern heute an Backenknochen eines Mammut.

In der Zeit um 1.200 v.Chr. gab es auf dem Festland viele Zerstörungen und Umwälzungen, von denen Kreta nicht verschont geblieben zu sein scheint. Kretas Geschichte zwischen 1.100 und 750 v. Chr. liegt weitgehend im Dunkeln.

Die Frage nach dem Untergang der minoischen Kultur fand auch deshalb großes Interesse, weil die Minoer ohne jede Verbindung zur späteren Kultur Griechenlands verschwunden schienen. Die Entzifferung der Linearschrift B bewies aber die Anwesenheit einer griechisch sprechenden Oberschicht in der Nachpalastzeit. Die Kontinuität in der Kultur Kretas über den Umbruch hinweg und der Beitrag der Minoer zur Entstehung des späteren Griechentums werden seitdem immer deutlicher.

Kultur

Die minoische Kultur war die erste europäische Hochkultur. Kunstvolle Wandfresken und filigrane Siegel bezeugen ihren hohen Entwicklungstand.

Die Minoer verwendeten eine eigene Schrift, die Linearschrift A, vom 17. bis 15. Jh. v. Chr.. Sie konnte bisher nur ansatzweise entziffert werden. Bekannt sind etwa 70 Silbenzeichen, 100 Zeichen mit Wortbedeutung, die teilweise mit Silbenzeichen kombiniert und dadurch näher bestimmt wurden, sowie Zahlzeichen. Manche sehen in ihr eine Vorgängerin der Linearschrift B, die von den Mykenern ver-

wendet wurde. Obwohl die der Linearschrift A zugrunde-
liegende minoische Sprache unbekannt ist und bisher keiner
bekannten Sprachfamilie zugeordnet werden konnte, lässt
sich der Lautwert vieler Silbenzeichen durch Vergleiche mit
Linear B mehr oder weniger erahnen. Die große Zahl
logographischer Zeichen ermöglicht eine inhaltliche Erschließung der Texte. Häufig dienten die auf Tontäfelchen
eingeritzte Notizen zur Verwaltung, was Rückschlüsse auf
wirtschaftliche Verhältnisse der Epoche ermöglicht.

Linear B ist die jüngere Silbenschrift der kretisch-mykenischen Kultur. Sie wurde vom 14. bis 12. Jh v. Chr. verwendet. 1952 gelang die Entzifferung. Es zeigte sich, dass
die aufgefundenen Texte in einer frühen Form der griechischen Sprache (mykenisch-griechisch) abgefasst waren. Bekannt sind etwa 90 Silbenzeichen, 160 Zeichen mit Wortbedeutung sowie diverse Zahlzeichen.

Auch dabei handelt es sich hauptsächlich um Notizen zu
wirtschaftlichen und Verwaltungszwecken. Für ein Schreiben in Ton ist das Ritzen von Linien, wie bei den Linear-
schriften verwendet, wenig geeignet. Man geht daher davon
aus, dass hauptsächlich auf anderen, leider nicht sehr halt-
baren Materialien wie Papyrus oder Pergament, geschrieben
wurde. Die Tontafeln waren wohl Notizzettel, die nur kurze
Zeit aufbewahrt wurden. Erhalten blieben sie wahrscheinlich nur deshalb, weil sie bei Brandkatastrophen gebrannt
und so für lange Zeit haltbar gemacht worden sind.

Heráklion

Iráklio, **Heráklion**, im Mittelalter *Chandakas,* in der Zeit
der venezianischen Herrschaft *Candia,* danach türkisch
Kandiye, griech. *Megalo Kastro*, ist die größte Stadt der Insel

und Sitz der griechischen Verwaltungsregion Kreta. Sie ist mit offiziell 173.450 Einwohnern die viertgrößte Stadt Griechenlands. Die wirkliche Einwohneranzahl beläuft sich wahrscheinlich auf weit über 200.000.

Geschichte

Altertum. In minoischer Zeit lag in der Nähe einer der vier Häfen von Knossos. Die Dorer nannten den Ort *Hērakleia*, Heraklesstadt. Dem Mythos zufolge ging Herakles hier an Land, um den kretischen Stier zu fangen.

Muslime und Byzantiner (824–1206). Nach der Eroberung Kretas 824 befestigten die Araber den Ort, den sie *Ḫandaq*, Graben, nannten, woraus griechisch *Chándakas* wurde. 960 eroberte Nikephoros Phokas die Stadt für das Byzantinische Reich und vertrieb die Araber aus Kreta. Der Bischofssitz Kretas wurde von Gortyn hierher verlegt. Bis ins 11. Jh. zogen viele Griechen vom Festland und aus Kleinasien in die aufstrebende Stadt.

Venezianer (1206–1669). Bei der Zerschlagung des Byzantinischen Reiches durch den vierten Kreuzzug gelangte Kreta an die Republik Venedig. Die italianisierte Version des Namens der Stadt, *Candia*, übertrug sich bald auf die ganze Insel. Candia wurde Residenz des von Venedig eingesetzten Herzogs von Kreta, zudem Sitz eines römisch-katholischen Erzbischofs. Die nun neu zusammengesetzte grundbesitzende Aristokratie der Insel musste in der Stadt Candia präsent sein und standesgemäße Wohnsitze unterhalten. Die wichtigsten Handelsgüter, nämlich Eisen, Weizen und Olivenöl wurden zu Staatsmonopolen erklärt. Der Hafen wurde in den ersten sechs Jahrzehnten im 14. Jh. erheblich ausgebaut; finanziert wurde dies partiell mit der Einführung des *tornesello* 1359, einer künstlich übertSeuerten Münze, die nur in den östlichen Kolonien Venedigs zirkulierte. Dennoch herrschte von 1229, als der letzte griechische Aufstand zusammenbrach, bis 1363 eine Phase der Prosperität und des relativen Friedens, sieht man vom Aufstand 1283–1299 ab, der fast die gesamte Insel erfasste.

Als es dem Kaiserreich Nikaia 1261 gelang, Konstantinopel zurückzugewinnen, womit Venedig lange der Zugang zum dortigen Markt verwehrt blieb, wurde Candia zum wichtigsten venezianischen Hafen der Ägäis. Zugleich profitierte Venedig von den einseitig diktierten Wirtschaftsbeziehungen. Die Stadt, zu der Ländereien gehörten, die fast einem Zehntel der Inselfläche entsprachen, verschärfte dabei das Problem des Mangels an ländlicher Arbeitskraft, denn sie zog geflohene Hörige an, indem man ihnen die Freiheit ermöglichte. Außerdem wurden die meist griechisch-orthodoxen Hörigen dort nicht zur Konversion zum römisch-katholischen Bekenntnis gedrängt. Dazu trieb Candia die Kolonisten in die Enge, indem sie 1302 verfügte, dass automatisch jeder der Kommune unterstehen sollte, der seinen Lehnsherrn nicht kannte. Dabei bereitete der Hafen Candias enorme technische Probleme, zumal man, im Gegensatz zu den Römern, keine Technik kannte, um unter Wasser dauerhaft zu bauen. Die Versandung war schließlich nicht aufzuhalten; um 1350 hatte sich die Tiefe des Hafens auf 2,5 m reduziert; allerdings warf man in Candia auch fast jeden Abfall in den Hafen, und ganze Boote wurden darin versenkt. Letztlich war er für die venezianischen Handelsschiffe mit ihrem Tiefgang von 3 bis 3,5 m unbrauchbar.

Durch drastische Steuererhöhungen, Beschränkungen des Handels der Kreter zugunsten venezianischer Fernhändlerfamilien sowie durch aufwändige Dienste provozierte der Senat Aufstände auf der Insel, insbesondere den großen

Aufstand der Jahre 1363-66. Nach der Rückeroberung der Hauptstadt, in Candia am 10. Mai 1365 erstmals gefeiert, wurde dieser Sieg fortan jedes Jahr mit Prozessionen und Pferderennen feierlich begangen. Der Aufstand schwächte langfristig den Einfluss des lokalen venezianischen Adels und stärkte die griechischen Familien. Die weiterhin aufrechterhaltenen Monopole Venedigs sorgten dafür, dass sich viele Griechen auf andere Landprodukte verlegten wie Wein, Zuckerrohr oder Käse, wovon Candia stark profitierte. 1407 erhielt erstmals ein Angehöriger einer griechischen Adelsfamilie Sitz und Stimme im ansonsten nur venezianischen Adligen vorbehaltenen Großen Rat von Candia. Angesichts des Eheverbots zwischen Venezianern und Kretern war dies ein bedeutender Schritt, der half, die Assimilation der Venezianer an die griechischen Familien zu fördern.

Nach dem Fall von Konstantinopel 1453 wurde Candia ein geistig-kulturelles Zentrum im östlichen Mittelmeer. Die kretische Malerschule mit ihren bedeutendsten Vertretern Michail Damaskinos und Domenikos Theotokopoulos (El Greco) entstand.

Ab 1462 wurden die Befestigungen der Stadt wegen der wachsenden osmanischen Bedrohung ständig erweitert. Ab 1648 belagerten die Osmanen die Stadt 21 Jahre lang. Nach blutigen Kämpfen, bei denen die Venezianer 30.000 und die Osmanen 120.000 Mann verloren haben sollen, eroberten die Türken die Stadt und ganz Kreta.

Osmanen (1669–1913). Unter türkischer Herrschaft verlor die nun *Kandiye* genannte Stadt viel von ihrer Bedeutung an *Canea*, heute Chania. Neben der türkischen Namensform kam der griechische Name *Megálo Kástro*, ‚große Burg‘, auf. Diesen Namen führte die Stadt auch noch, nachdem Kreta 1898 autonom geworden war. Der Unabhängigkeit vorausgegangen war ein großes Massaker von Türken am griechischen Bevölkerungsteil Heraklions. Mehrere hundert Christen starben. Dabei wurden auch der britische Konsul und 17 britische Soldaten getötet. Mit der Autonomie begann der Wiederaufstieg von Iraklio.

Anschluss an Griechenland, Flucht der Türken, Zuwanderung aus Kleinasien. Erst 1913 erfolgte der Anschluss Kretas an Griechenland. Die kleinasiatische Katastrophe brachte 1923 innerhalb weniger Tage 20.000 Griechen aus der Gegend um Smyrna (heute Ismir) nach Iraklio. 8.000 Flüchtlinge wurden in dem neuen Stadtteil *Nea Alikarnassos* östlich der alten Festungsmauern angesiedelt.

Zerstörung im Zweiten Weltkrieg und Nachkriegszeit. Die Stadt wurde am 14. Mai 1941 von der deutschen Wehrmacht bombardiert und schwer zerstört. Trotzt Zerstörungen suchten viele Menschen aus den vom Krieg heimgesuchten Bergdörfern in der Stadt eine neue Existenz. In den Randbezirken entstanden Slums. Teils erst in den 1960er Jahren wurden sie durch einfache Wohnanlagen ersetzt. Die Landflucht hielt jedoch an, der Wiederaufbau der ins Umland wuchernden Stadt nach dem Ende des Kriegs war weitgehend planlos und durch eine enorme Zunahme der Einwohnerzahl, wilde Bautätigkeit und Bodenspekulation gekennzeichnet. Durch Eingemeindungen wurde Iraklio 2011 zur viertgrößten Stadt Griechenlands.

Sehenswerte Bauwerke

Die **Hafenfestung Koules** (16. Jh.) am venezianischen Hafen, an dem auch die venezianischen Arsenale (Lagerhallen) erhalten sind, schützte lange Zeit den Zugang zu einem der wichtigsten Häfen der Republik Venedig. Der 5,5 km lange Ring der **venezianischen Festungsmauern** mit den vorgelagerten Bastionen und Wallgräben, die der türkischen Belagerung 21 Jahre lang standhielten, ist, von Grünanlagen gesäumt, praktisch vollständig erhalten.

Weitere sehenswerte Zeugnisse der venezianischen Vergangenheit sind im Stadtzentrum konzentriert. Die zweigeschossige **venezianische Loggia** mit Arkadengang, 1626-28 im Renaissancestil erbaut, war damals Zeit Zentrum des gesellschaftlichen Lebens. Im rückwärtigen Teil befindet sich jetzt das Rathaus. In die Nordfassade ist der **Sagredo-Brunnen** eingelassen, der unter Giovanni Sagredo, Herzog von Kreta, erbaut wurde, um die Wasserversorgung der Loggia sicher zu stellen.

Die **Agios-Titos-Kirche**, dem ersten Bischof von Kreta geweiht, wurde ab 1869 während der Osmanischen Zeit als Moschee errichtet und 1925 als orthodoxe Kirche geweiht. Sie beherbergt mit dem in Gold gefassten Schädel des Heiligen Titos eine hoch verehrte Reliquie.

Der **Morosinibrunnen**, auch Löwenbrunnen, von 1628, auf der von Straßencafés umgebenen Platia Venizelou, aus acht reliefgeschmückten Wasserbecken mit einer von steinernen Löwen getragenen Wasserschale in der Mitte wurde über ein 15 km langes Aquädukt aus den Quellen von Archanes gespeist. Durch die kürzlich abgeschlossene Renovierung hat der Platz viel von seiner früheren Idylle eingebüßt.

In der **Marktstraße Odos 1866** herrscht vormittags lebhaftes Gedränge an den Ständen, die Lebensmittel und Gebrauchsgegenstände aller Art feilbieten.

Auf der **Martinengo-Bastion**, südlichster Punkt der venezianischen Stadtmauer, liegt das Grab des Dichters **Nikos Kazantzakis** (1883–1957), der in Iraklio geboren und aufgewachsen ist, und seiner Frau, die ihn um fünfzig Jahre überlebte hat. Kazantzakis, Schöpfer des *Alexis Sorbas*, wurde wegen seiner unorthodoxen Ansichten und seiner Kritik an der orthodoxen Kirche die Bestattung auf einem Kirchhof, in geweihte Erde, verweigert. Der Grabstein trägt die vom Dichter selbst gewählte bekannte Grabinschrift: "Δεν ελπίζω τίποτα. Δε φοβῦμαι τίποτα. Είμαι λέφτερος." „Ich erhoffe nichts. Ich fürchte nichts. Ich bin frei.“

Museen in Heráklion

Das **Archäologische Museum** an der *Platia Eleftherias*, dem Verkehrsknotenpunkt im Stadtzentrum, bietet einen weltweit einzigartigen Überblick über die minoische Kultur und gilt als bedeutendste Antikensammlung Griechenlands nach dem Athener Nationalmuseum. 1930 erbaut, wurde es nach Renovierung 2014 wieder eröffnet. Funde aus Knossos, Phaistos, Agia Triada, Kato Zakros und anderen Grabungsstätten der Insel sind ansprechend präsentiert. Der Aufbau folgt einer Mischung aus periodischer, geographischer und thematischer Sortierung. Ausgestellt sind Amphoren und Schalen mit Linearschrift A, ein Helm aus Eberzähnen, Schlangengöttinnen, der Stierspringer, das Tonmodell eines einstöckigen Hauses, ein Rhyton aus Bergkristall, die Schnittervase, der einzigartige Steinsarg aus Agia Triada sowie restaurierte Fresken, insbesondere die aus Knossos.
Die Objekte stammen aus dem Zeitraum zwischen dem 7. Jahrtausend v. Chr. bis zum 4. Jh. n. Chr.; an diese Epoche schließt nahtlos das Historische Museum (frühchristliche Zeit bis zur Gegenwart) an.
Bis in die 1960er-Jahre wurden nahezu alle archäologischen Funde nach Heraklion gebracht; in neuerer Zeit entstanden Museen in Ag. Nikolaos, Chania und Rethymnon.
Die geheimnisvollen Schriftzeichen des **Diskos von Festós**. Im Archäolog. Museum wird eine kleine tönerne Scheibe

ausgestellt, deren kulturhistorische Bedeutung auf den ersten Blick kaum ersichtlich ist (2 cm dick, Durchmesser 16 cm). Die Scheibe ist auf beiden Seiten mit bildhaften Zeichen und Symbolen versehen, die zu den ältesten Schriftzeichen der Welt gezählt werden. Spiralförmig sind sie von außen nach innen in den noch feuchten Ton mit einer Art Stempel eingearbeitet worden. 45 verschiedene Symbole können unterschieden werden, senkrecht eingeritzte Striche trennen einzelne Gruppen von Symbolen voneinander. Ein Teil der Symbole ist bildhaft, ja realistisch gehalten, z.B. ein Menschenkopf mit außergewöhnlichem Haarschmuck, Männer, Frauen, Vögel, Pflanzen. Andere sind mit unseren heutigen Sehgewohnheiten nur schwer deutbar, z.B. stilisierte Pfeile, Werkzeuge oder Andeutungen von Gefäßen.

Da dieser in Festós entdeckte Diskos (Entstehungszeit vor 1.600 v. Chr.) bislang einmalig ist und eine vergleichbare Zeichenschrift nicht zur Verfügung steht, ist es nicht verwunderlich, dass zahlreiche Deutungs- und Übersetzungsversuche vorliegen, von denen sich jedoch noch keiner in der Fachwelt durchzusetzen vermochte. Da einzelne Symbole gehäuft auftauchen (Mann mit Kopfschmuck oder sieben Punkte im Kreis) schlossen manche auf eine rhythmische Anordnung der Zeichen und damit auf einen religiösen Hymnus. Andere versuchten, Zeichen phonetische Laute zuzuordnen und so die minoische Sprache zu rekonstruieren. Die Bildhaftigkeit der Zeichen lässt jedoch eher vermuten, dass sie unmittelbar für die dargestellten Objekte und Personen standen und keine abstrakten Zeichen für menschliche Laute darstellten. Einflüsse aus dem ägyptischen und semitischen Sprachraum sind wahrscheinlich.

Das **Historische Museum** (Odos Sofoklis Venizelou) bietet Einblicke in die kretische Kultur von der frühchristlichen

(z. B. Kalender von Zou) bis in die Neuzeit. Schwerpunkte: die byzantinisch-mittelalterliche Sammlung (mit dem einzigen Gemälde El Grecos auf Kreta), die Ausstellung über die kretischen Aufstände und eine volkskundliche Sammlung. In einem Nikos-Kazantzakis-Saal finden sich Erinnerungen an den Schriftsteller. Auch der deutsche Überfall auf Kreta und die Besatzungszeit werden behandelt.

Das **Ikonenmuseum** in der Kirche Ag. Ekaterini am gleichnamigen Platz zeigt Ikonen- und Fresken.

Das **Naturhistorische Museum** an der Sofokli-Venizelou, im Zentrum am Meer gelegen, gibt Einblicke in die **Flora und Fauna des östlichen Mittelmeerraums**. Auch lebende Amphibien und Reptilien sind zu sehen. Auffällig sind Dinosaurier in Lebensgröße, manche 10 m hoch. Da sie teilweise Kopf und Schwanz bewegen können, sind sie vor allem ein Erlebnis für Kinder. Interessant ist der Erdbeben-Simulator. Man nimmt in einem Klassenzimmer Platz und erlebt Erdbeben der Stärke 5 und mehr. Das **Cretaquarium** zeigt schwerpunktmäßig die Meerestiere des Mittelmeers.

Die Ausgrabungsstätte von Malia

Eine weitere Palastanlage aus minoischer Zeit liegt an der Nordküste, 30 km östlich von Heraklion, 3 km östlich der Stadt Malia nahe dem Meer in der Küstenebene. Ein antiker Name des Palastes ist nicht bekannt. Das Palastgebiet hat einen Durchmesser von 600 Meter. Die Ausdehnung der antiken Stadt wird auf 80 Hektar geschätzt. Ein Bach ist nicht in der Nähe. Malia besaß wie Knossos zwei Häfen.

Der **erste Palast von Malia** dürfte um 1.900 v. Chr. errichtet worden sein. An der Nordwestseite befinden sich Reste des ersten Palastes. Auch Anzeichen für noch ältere Bebauung wurden gefunden. Der Palast wurde zwischen 1.750 und 1.700 v. Chr. durch ein schweres Erdbeben zerstört, aber schon wenige Jahrzehnte später an derselben Stelle noch größer wieder aufgebaut. Die meisten der heute sichtbaren Ruinen stammen aus dieser zweiten Periode.

Der Palast war nicht befestigt, die Ausstattung war weniger aufwändig als in Knossos. Anders als dort gibt es in Malia, wie in Phaistos, keine figürlichen Wandbilder oder Fresken. Orange-ocker-braune Farbtöne der meist noch kniehohen Mauern dominieren.

Der Palast ist wie die anderen minoischen Paläste um einen großen Zentralhof von 48×23 m errichtet, zu dem neben einem Prozessionsweg im Westen, vorbei an acht gigantischen Getreidesilos, verwinkelte, vergleichsweise schmale Korridore aus 4 Richtungen, aufwändig gepflasterte Treppen und Räume führen. In der Hofmitte liegt ein Brandopferaltar: Vier Ziegelsteinpfeiler umgeben eine Grube, in der Asche gefunden wurde, die tierische Brandopfer belegt. Die Pfeiler dürften einst Roste gehalten haben, auf die das Brandopfer gelegt wurde. An der Westseite sind viele kleinere Räume, zwei monumentale Treppenanlagen, die belegen, dass der Palast mindestens zwei Stockwerke hatte, und auch ausgedehnte Lagerräume und Schreine.

Die Räume im Nordwesten werden als königliche Gemächer gedeutet. Hier befand sich auch ein Bad. In diesem Teil befindet sich ein weiterer Platz, der einem griechisch-römischen Marktplatz ähnelt, weshalb er Agora genannt wird. Aus der mykenischen Nachpalastzeit rührt ein schräg zur übrigen Bebauung stehender Gebäuderest im Norden. Auch an der Südseite befindet sich eine Treppe.

An der Südwestseite liegt ein ungewöhnlich bearbeiteter Stein von 90 cm Durchmesser, der *Kernos*, einem Mühlstein nicht unähnlich, mit einem Zapfenloch im Zentrum und 34 kranzartig verteilten, napfartigen Vertiefungen sowie einer seitlich herausragenden Vertiefung. Vermutlich war es ein Opferstein. An der Ostseite des Zentralhofs befinden sich Lagerräume mit irdenen *pithoi* von bis zu 2 m Höhe. Sie wurden wahrscheinlich zur Aufbewahrung von Olivenöl und anderen Flüssigkeiten genutzt. Der Boden dieser Räume weist ein komplexes Drainagesystem auf, vermutlich um verschüttete Flüssigkeiten abzuleiten.

Nach dem Erdbeben zwischen 1.750 und 1.700 wurde Malia um 1.650 wieder aufgebaut, um 1.450 v. Chr. jedoch erneut zerstört. Ob es der Flutwelle des Vulkanausbruchs von Thera/Santorin oder weiteren Erdbeben zum Opfer gefallen ist, lässt sich nicht eindeutig klären. Ein Erdbeben gilt mittlerweile jedoch als wahrscheinlich, da der Palast von Phaistos zur selben Zeit zerstört wurde und eine Flutwelle die Südseite der Insel nicht hätte erreichen können. Eine Flutwelle würde außerdem nicht die Brandspuren an den Mauern des Palastes von Malia erklären. Nach dieser Zerstörung wurde Malia nur noch kurze Zeit genutzt.

Die **minoische Nekropole Chrysolakkos** (griechisch Goldgrube) 500 m nördlich der Palastanlage in Richtung Küste stammt aus der älteren Palastzeit. Das Bauwerk hat eine Ausdehnung von 30 m × 38 m. Hier befinden sich Königsgräber aus dem 19. und 18. Jh. v. Chr., die ohne Türen nur von oben durch eine Steinplatte verschlossen wurden. Obwohl die Gräber bereits geplündert waren, wurden in den Kammern reiche Funde gemacht, darunter die Bienen von Malia, die im Archäologischen Museum in Iraklio ausgestellt sind. Anderes wird in Agios Nikolaos gezeigt.

Die **Entdeckung** erfolgte 1915 durch Iosif Chatzidakis, einen griechischen Archäologen. 1922 übernahm die École française d'Athènes die Arbeiten. Die Ausgrabungen sind seitdem – ausgenommen während des Weltkriegs – noch immer im Gang. Anders als Evans verzichteten die Franzosen auf Rekonstruktionen. Die jüngeren Ausgrabungen sind durch transparente, auf Stahlstützen stehende Dächer überwölbt, die sie vor Regen schützen. An einigen Stellen kann man die Ruinen betreten, an anderen erlauben Holzwege nur eine Annäherung. Räume wurden als Metallwerkstätten, Keramikwerkstätten und Versammlungsräume identifiziert. Im Nebengebäude sind Fundstücke ausgestellt.

Kloster Kardiótissa, Lasithi-Hochebene, Zeus-Höhle, Krási

Zwischen Malia und Chersonissos verlassen wir die Küstenstraße und fahren zum **Kloster Kardiótissa** (Moni Kerá) hinauf, schön gelegen in 560 m Höhe, zwischen Platanen und Walnußbäumen. Von der Terrasse bietet sich ein weiter Blick über die Bergwelt. Das Kloster ist der Geburt Marias gewidmet. Die Klosterkirche wurde mehrmals erweitert und besteht aus vier ineinandergehenden Räumen. Im Chorraum, dem ältesten Teil, sind Fresken aus dem 14. Jh. erhalten. An einem Pfeiler sieht man das Bild der Stifterin der Malereien; mit ihrer an venezianischer Mode ausgerichteten Kleidung unterscheidet sie sich von den anderen dargestellten Personen. (Ähnlich ist das in der Panagía Kera, Kritsa). Wie in vielen Kirchen wird hier eine wundertätige Ikone verehrt. Diese Muttergottes-Ikone sei zweimal nach Konstantinopel verfrachtet worden, aber auf wundersame Weise zurückgekehrt. Damit sie nicht ein drittes Mal verschleppt werde, kettete man sie an eine Steinsäule. Doch erneut war sie eines Morgens verschwunden, diesmal samt Kette und

Säule. Aber der Glaube versetzt nicht nur Berge: jetzt kehrte die Ikone samt Säule und Kette ins Kloster zurück. Die Säule steht heute im Klosterhof, die Kette ist an der Ikonostase zu finden. Gläubige hängen sie sich bisweilen um, um von Krankheiten befreit zu werden. 1982 wurde die Ikone dann erneut gestohlen, doch auch diesmal kehrte sie zurück, denn die Diebe wurden gefasst. In feierlicher Prozession wurde die Ikone diemal ins Kloster zurückgebracht.

Im 19. Jh. tat sich das Kloster Kardiótissa als ein Zentrum des Widerstandes gegen die Türken hervor und wurde mehrmals niedergebrannt.

Die Straße windet sich nun bis auf 900 m Höhe hinauf. Vom Ambelou-Paß mit seinen zahlreichen Windmühlenresten aus kann man seinen Blick hinunter zur kretischen Nordküste schweifen lassen oder über die Lassíthi-Hochebene und hinüber zum Díkti-Gebirge im Süden, dessen höchster Gipfel 2148 m erreicht. Dann fahren wir auf die Ebene hinunter, 100 m tiefer. An der Kreuzung in Pinakianó beginnt die Rundstraße. Bald treffen wir auf eine zweite Passstraße, die von Agios Nikolaos heraufführt.

Die **Lassithi Hochebene** ist mit 10 km Länge und 5-7 km Breite die größte Hochebene auf Kreta. Sie liegt in 820 m Höhe und ist ringsum von Bergen umgeben. An der Rundstraße liegen die meisten der 20 Dörfer, in denen etwa 5.000 Menschen leben. Um kein wertvolles Ackerland zu verschwenden, wurden die Dörfer an den Hängen am Rand der Ebene gebaut. Siedlungen im Zentrum der Ebene gibt es nicht. Man kann auf Wegen quer über die Ebene gehen.

Die Lassithi-Ebene ist wasserreich und fruchtbar. Seit der Antike wird intensiv Landwirtschaft betrieben. Früher wurde hauptsächlich Getreide angebaut, heute auch Kartoffel, Bohnen, Früchte und anderes.

Bekannt geworden ist die Lassithi-Hochebene wegen ihrer **Windräder**. Sie waren ihr Wahrzeichen. Ganz ökologisch pumpten sie das nötige Grundwasser, das dank der umliegenden Berge reichlich vorhanden ist, in Sammelbecken, von denen aus es zur Bewässerung weiter geleitet wurde. Tausende solcher Räder, die mit ihrer hellen Segeltuchbespannung ein stimmungsvolles Bild boten, standen hier. Heute werden die Pumpen überwiegend mit Strom betrieben. Nur wenige Windräder stehen noch, auch die sehen etwas heruntergekommen aus. Als ich in 1980er Jahren zum ersten Mal hier oben war, sah das anders aus.

Die Hochebene war schon früh als Hort des Widerstands und Zufluchtsort für Verfolgte bekannt. Nach einem Aufstand im 13. Jh. untersagten die venezianischen Besatzer für zwei Jahrhunderte die landwirtschaftliche Tätigkeit, und die Gegend verwilderte. Erst ab 1463 durfte die Region erneut besiedelt werden.

Eine Attraktion ist die **Zeus-Höhle von Psichro** (auch Dikteon Höhle genannt). Vom Parkplatz steigt man in etwa 15 Minuten hinauf zum Eingang der Höhle. Nach dem antiken Mythos ist die Höhle der Ort, an dem Rhea ihren Sohn Zeus zur Welt brachte, um ihn vor seinem Vater Kronos zu schützen. Der verschlang nämlich alle seine Kinder, nachdem ihm prophezeit worden war, er würde seinen Thron an einen seiner Sprösslinge verlieren.

Zweifellos wurde die Höhle schon in der Jungsteinzeit bewohnt. Während der minoischen Epoche diente sie zuerst als Begräbnisplatz, später als Kultraum. Zahlreiche Funde, darunter Doppeläxte, Bronzestatuen und das Modell eines zweirädrigen Karrens, der von Ochs und Widder gezogen wird, machen die Bedeutung dieser Kultstätte, die bis in die römische Zeit hinein genutzt wurde, deutlich.

Die Höhle führt 84 m in den Berg hinein, bis zu 15 m hoch ist ihr riesiger Raum. Man sieht Stalagmiten und Stalagti-ten, Fledermäuse und Vögel. 20 Minuten dauert der Rundweg. Der Besuch der Höhle ist kein Muss, aber dennoch, trotz aller Kommerzialisierung, nicht ganz uninteressant.

Für 10 Euro bieten Einheimische Esel als Reittiere für die Touristen an, die nicht zu Fuß vom Parkplatz zur Höhle gehen möchten. Die Tavernen am Parkplatz sind überteuert. Getränke bekommt man am billigsten am Kiosk. Im Mai wurde wie fast überall auf der Insel frisch gepresster Orangensaft angeboten. Zur Rast geht man besser in eine nette Taverne in einem der Dörfer an der Lassithi-Ebene.

Ein Abstecher ins Dorf **Krási** etwas unterhalb vom Kloster Kardiótissa führte uns zur größten Platane Kretas. Gleich daneben steht ein großes venezianisches Quellhaus, das erfrischendes Naß aus den Bergen spendet. Das Restaurant unter der Platane ist ein schöner Platz fürs Abendessen; auch ein guter Rosé-Wein wird ausgeschenkt.

Agios Nikolaos

Bei einem Tagesausflug von Malia aus kann man den Besuch von Agios Nikolaos, Kritsá, Insel Spinalonga, Napoli und Kloster Selinari verbinden.

Agios Nikolaos ist eine Stadt mit 12.000 Einwohnern 29 km südöstlich von Malia am Westufer der Bucht von Mirabello. Historische Gebäude oder schöne Strände hat der besuchte Touristenort nicht zu bieten. Die Innenstadt lädt zum Einkaufen ein. Das Archäologische Museum gilt nach dem in Heraklion als das zweitwichtigste auf Kreta. Es beherbergt Sammlungen aus der frühminoischen Zeit. Das Volkskunde-museum (Folklore-Museum) hat Stücke aus den letzten Jahrhunderten, Gegenstände für den täglichen Ge-brauch, solche aus dem Beginn der Textilindustrie und die traditionellen kretischen Musikinstrumente.

Schön ist die Stadt am Ufer des kleinen Voulismeni-Sees (Limni Voulismeni). Er ist fast kreisrund mit einem Durchmesser von 130 m. Auf der Vorderseite befinden sich Geschäfte, Restaurants und Cafés an einer netten Promenade. Auf der Rückseite ist Steilküste. Der See ist seit 150 Jahren durch einen kurzen, schmalen Kanal mit dem Meer verbunden. Seither ist kein Süßwasser mehr, sondern Salzwasser im See. Durch die Ausfahrt können kleine Fischerboote in den Voulismeni einfahren. 20 bis 30 bunte Boote sind an den Ufern vertäut. Über den Kanal verläuft eine Brücke.

Auf breitem Weg und über Treppen zu den Felsen hoch gehen wir um den See. Vom Ufer aus sehen wir Schwärme kleiner Fische im Wasser hin- und her schießen. Der *King* hier ist der Rallenreiher, der auf den Booten ansitzt und nach Fischen jagt. Er hat ein überwiegend helles Federkleid, lange gelbe Beine und einen kräftigen blauen Schnabel mit dunkler Spitze. Er ist der kleinste aller Reihervögel und Brutvogel in Südosteuropa; in Mitteleuropa ist er ein seltener Sommergast.

Der See war in der Antike Stoff für Sagen. Athena, Göttin der Weisheit und des Kampfes, soll hier gebadet haben. Daran wird jedes Jahr um Ostern mit einem großen Fest mit Feuerwerk erinnert. Voulismeni, das bedeutet *bodenlos*. Lange Zeit glaubte man, das Gewässer sei unendlich tief. Es sind 65 m, ziemlich viel für einen so kleinen See.

Die kleine **Agios Nikolaos-Kirche** steht auf einer Halbinsel nordöstlich der Stadt auf einem Gelände, das heute zum Luxushotel Minos Palace gehört. Sie ist eine der ältesten noch intakten Kirchen Kretas und eine der ganz wenigen, in der anikonische Fresken zu sehen sind, Wandmalereien also, auf denen abstrakte Symbole und nicht Christus oder Heilige dargestellt sind. Sie sind daher sicher ins 8. oder 9. Jahrhundert zu datieren, in die Zeit des Ikonoklasmus. Den Schlüssel zur Kirche bekommt man kostenlos an der Hotelrezeption, muss aber den Personalausweis hinterlegen.

Kritsá

In 10 km Entfernung von Agios Nikolaos erreichen wir das Bergdorf **Kritsá**. Es hat dem Urlauber drei Dinge zu bieten: es ist ein typisch kretisches, historisch erhaltenes bzw. teilweise wiederaufgebautes Dorf mit engen Gassen und malerischen Plätzen. Kritsa ist bekannt für gewebte und gehäkelte Tücher und Decken. Nirgendwo in Kreta wird dieses alte Handwerk so intensiv gepflegt wie in Kritsá. Und:
Die kleine Kirche namens **Panajia i Kerá** ist eine der bedeutendsten Kirchen auf Kreta. Von außen nichts Besonderes, ist sie doch für ihr Inneres, für gut erhaltene und ungewöhnlichen **Fresken** (Wandmalereien) aus dem 15.- 17. Jh. berühmt. In der Kuppel ist nicht wie sonst Christus als Pantokrator, der Weltenherrscher, dargestellt. Die Kuppelfläche ist in vier Felder aufgeteilt vier, in denen Szenen aus dem neuen Testament dargestellt sind: Maria im Tempel, Taufe Jesu im Jordan, Auferweckung des Lazarus und Einzug Jesu in Jerusalem am Palmsonntag. Im Zentrum der Kuppel repräsentieren vier Engel den Himmel. Am unteren Rand sind Propheten des Alten Testaments zu sehen, die das Kommen Christi vorhergesagt hatten.
Auch für Theologisch weniger Interessierte dürfte die Darstellung der Höllenstrafen an der Westwand beeindruckend sein. Ferner wird ein Blick ins Paradies gezeigt: Propheten

haben die Kinder auf dem Schoß gemäß dem Jesuswort „lasset die Kindlein zu mir kommen"; dem Betrachter wird auffallen, dass es statt Kinderköpfen die Köpfe erwachsener Männer sind. Und gerade hat sich die Himmelspforte geöffnet, wer tritt ein? Der Heilige Dismas – der Schächer rechts neben Jesus am Kreuz. Während der linke Schächer, Gesmas, am Kreuz über Jesus lästerte, bat der Verbrecher Dismas Jesus um Verzeihung für seine Sünden... Jesus sagte zu ihm: „Heute noch wirst du bei mir im Paradiese sein!"

Spinalonga

Die kleine Insel liegt 15 km nördlich von Agios Nikolaos in der Mirabello-Bucht. Die Insel Spinalonga darf man nicht mit der gleichnamigen nahen Halbinsel verwechseln, die mit Kreta über einen Damm verbunden ist.

Im 15. Jh. errichteten die Venezianer auf Spinalonga eine riesige Festung. 1669 eroberten die Türken Kreta. Jedoch hielten die Venezianer, trotz heftiger türkischer Angriffe, fast 50 weitere Jahre die Festung. Ein Fort mit solch dicken Mauern war zu dieser Zeit praktisch uneinnehmbar. Bis die Türken um 1900 Kreta endgültig verließen, diente die Burg als Wohnraum für türkische Siedler.

Mit dem Jahr 1913 begann ein neuer Zeitabschnitt für Spinalonga: Die Regierung von Kreta hatte beschlossen, die Insel in eine Leprakolonie umzuwandeln und brachte alle, die an dieser Krankheit litten, dorthin.

Lepra, schon jahrhundertelang bekannt, ohne daß man der Ursache auf die Spur gekommen war (erst Ende des 19. Jhs. wurde der Erreger, ein Bakterium, entdeckt) ließ die Erkrankten zu Verfemten werden. Wie bei vielen Erkrankungen mit unbekannter Ursache sah man darin eine Strafe

Gottes. Die Leprösen hausten in Höhlen oder abgelegenen Dörfern in den Bergen ohne Kontakt zur Außenwelt. Lepra wirkt verängstigend auf alle Gesunden auch deshalb, weil das Krankheitsbild erschreckende äußere Formen annimmt. Häufig faulen die Extremitäten ab – Ohren, Lippen, Arme, Beine – und große Wunden entstehen. Ein äußerst schmerzhaftes Dahinsiechen ist die Folge.

Die Isolierung der Kranken auf der Insel sollte eine Ausbreitung der Krankheit verhindern. Übernachtungen auf der Insel, selbst von engsten Verwandten, waren strengstens untersagt, Besuche stets mit kompletter Desinfektion verbunden. Die Kranken erwartete ein lebenslanger Aufenthalt. In Spitzenzeiten lebten mehr als 1000 Kranke hier, nur durch wenige hundert Meter Meer von Kreta getrennt.

In den ersten Jahrzehnten waren die Lebensbedingungen erbärmlich. Die Menschen lebten in heruntergekommenen Häusern auf engstem Raum, eine medizinische Betreuung gab es bis auf sporadische Besuche eines Arztes nicht. Erst im Laufe der Jahre verbesserten sich die Bedingungen, vor allem durch die Selbstorganisation der Kranken.

Die Geschichte der Leprainsel ist nicht nur mit dem Elend der Kranken verknüpft. Aus politischen Gründen wurden auch Gesunde auf die Insel verbannt. Einige Bewohner der Region nutzten die Tatsache aus, daß die Kranken eine bescheidene staatliche Unterstützung erhielten. Mit Booten brachten sie Lebensmittel, die sie zu überhöhten Preisen verkauften. Auf diese Versorgung von außen angewiesen, waren die Inselbewohner wehrlos.

Als in den 1940er Jahren eine Medizin zur Behandlung der Krankheit entdeckt wurde, begann Lepra langsam seinen einstigen Schrecken zu verlieren. Damit verbesserte sich auch das Schicksal der Verbannten. 1957 schließlich verließen die letzten zehn Überlebenden die Insel, Spinalonga war von nun an nur noch ein historisches Relikt.

Wohnhäuser, das Krankenhaus, die kleine Kirche und anderes blieben erhalten und können besichtigt werden. Auch die Zisternen für die Wasserversorgung und den Friedhof sollte man sich anschauen; die Leprakranken wurden auch hier bestattet. Im Desinfektionsraum mussten sich Angehörige, die kranke Verwandte auf Spinalonga besucht hatten, beim Verlassen der Insel desinfizieren lassen.

Man kommt mit dem Boot im Süden von Spinalonga an. Der Rundweg um die Insel ist 1,5 km lang. Geht man am Hafen links, erreicht man nach wenigen Metern die Wohnsiedlung. Einige Häuser sind restauriert, hier sind Fotoausstellungen und ein Informationsbüro.

Unter den Kranken gab es Handwerker, Bauern, einen Frisör und sogar einen Priester; Ehen wurden geschlossen, Kinder geboren. Gesunde Neugeborene wurden ihren Müttern aber sofort weggenommen und in ein Waisenhaus auf Kreta gebracht. Brot und andere Lebensmittel wurden von Pláka aus geliefert.

Für viele Touristen ist auch die Besteigung des großen venezianischen Forts ein Höhepunkt des Inselbesuchs. Von oben hat man einen guten Ausblick auf die Umgebung.

Von Agios Nikolaos und Elounda verkehren Fähren. Die Ausflugsfahrten mit Führung dauern 4-5 Stunden. Man sollte vorher fragen, wie lange man anlegt – 60 Minuten, wie viele Veranstalter es anbieten, ist zu wenig, um alles anzuschauen. Von Elounda und von Plaka, 5 km nördlich von Elounda, gibt es im Sommer mindestens zwei Überfahrten pro Stunde mit einem größeren Boot. Man kann bleiben so lange man will. Bei der Rückfahrt nimmt man einfach das nächste Boot. Eine Führung gibt es dabei nicht.

Von Agios Nikolaos nach Agia Galini

Ausgrabungsstätte Gourniá

An einem Hügel, nicht weit von der Bucht von Mirabello, erstreckt sich Gournia, die einzige bislang fast vollständig ausgegrabene minoische Stadt. Ihre Bewohner konnten vom Fischfang leben, in der umliegenden Ebene Felder bestellen und, wie Funde aus dem Töpfer- und Schreinerhandwerk belegen, handwerklichen Tätigkeiten nachgehen. An der schmalsten Stelle Kretas gelegen, 19 km von Agios Nikolaos und 20 km von Ierapetra entfernt, dürfte Gournia auch ein Handelsknotenpunkt mit Verbindungen zum Libyschen Meer und damit Afrika gewesen sein, da Handelsgüter von hier relativ einfach auf dem Landweg an die Südküste gebracht werden konnten, was die gefährlichere Umschiffung Ostkretas ersparte.

Wenngleich schon früher besiedelt, stammt der Großteil der Stadt aus der Zeit der Jüngeren Paläste (17. bis 15. Jh. v. Chr.). Sie wurde, wie fast alle minoischen Niederlassungen und Paläste, um 1.450 – wahrscheinlich durch kriegerische Auseinandersetzungen oder Erdbeben – zerstört und um 1.200 v. Chr. endgültig aufgegeben. Die Ruinen umfassen eine Fläche von rund 25.000 Quadratmetern.

Als Besucher sollte man freilich nichts Spektakuläres erwarten. Die kaum hüfthohen steinernen Fundamentreste und gepflasterten Gassen erfordern viel Phantasie vom archäologischen Laien. Assoziationen mit verschlungenen Gassen einer orientalischen Stadt werden dennoch wach.

Alle Gebäude stehen auf Tuchfühlung. Erstaunen ruft die geringe Größe der Zimmer hervor: Mehr als 5 mal 5 m Grundfläche hat keines der einfachen Häuser. Was zu sehen

ist – nur Fundamente blieben erhalten – bildete die Vorrats-
kammern und Viehställe im Erdgeschoß der zwei- bis
dreistöckigen Häuser; die aus Lehmziegeln errichteten
Obergeschosse dienten als Wohnung. Hohlräume und Ein-
lassungen an den Wänden zeugen von Fachwerkbauweise
zum Schutz gegen Erdbeben. Vermutlich gliederten kleine
Sprossenfenster die Fassade. Die Fenster waren möglicherweise mit geölten Tierhäuten bespannt.

Wer eine Vorstellung vom damaligen Aussehen der Häuser
bekommen möchte, sollte sich das im Archäologischen Museum von Heraklion ausgestellte Stadtmosaik nicht entgehen
lassen.

Drei schmale Straßen, die über Treppen zur Anhöhe hinauf-
laufen, rechtwinklig abzweigende kleine Gassen und Treppchen und eine Ringstraße sind gut erkennbar. Diese Stadt-
struktur zeugt von einer planmäßig errichteten Siedlung und
ist ein Hinweis auf die entwickelte Sozialstruktur und das
hohe Kulturniveau der Menschen.

Das Fehlen einer Befestigungsanlage um die Stadt scheint
die These von den friedliebenden Minoern zu bestätigen.
Denkbar ist aber, dass man sich zur Verteidigung allein auf
eine starke Flotte verließ.

Nördlich eines einst von mehreren Gebäuden umgebenen
Zentralplatzes – man erreicht ihn, wenn man vom Eingang
aus den Hügel hoch geht – schloss sich ein palastähnlicher
Bau an. Opfersteine mit Vertiefungen weisen auf den zumindest teilweise kultischen Charakter des Gebäudes hin.
Der Platz wird von Resten einer Treppenanlage abgegrenzt,
bei der wieder zwei Stufenreihen im rechten Winkel aufeinander treffen.

Eine kleine Kultstätte nördlich des Palasts barg mehrere
Gegenstände, darunter eine Gottheit in Vogelgestalt und

Tonidole, die an die Schlangengöttin von Knossos erinnern. Alle Fundstücke wurden in Museen gebracht.

Der minoische Name der Siedlung ist unbekannt. Der Name Gourniá (griech. = Tränke) geht auf die in einigen Häusern zu findenden Viehtränken, die in den Boden eingelassen sind, zurück. Ein Bach fließt hier nicht.

Man findet Gourniá relativ einfach. Fährt man auf der Schnellstraße von Agios Nikolaos Richtung Sitia ist Gournia ausgeschildert. Der Eingang ist 100 m von dieser Straße entfernt. Von der höchsten Stelle hat man einen Überblick über die antike Stadt, man sieht auch das Meer; es ist heute etwa 1 km in Richtung Norden entfernt. Früher, in der Zeit der Minoer, verlief die Küste anders.

Entdeckt wurde Gournia von der amerikanischen Archäologin Harriet Boyd-Hawes mit einer Forschungsgruppe der Pennsylvania-Universität 1901. Sie verzichtete auf eine Rekonstruktion, wie sie in Knossos unternommen wurden.

Ierápetra

Nach 32 km ab Agios Nikolaos erreichen wir Kretas Südküste und Ierápetra, die einzige Stadt an der Südküste, mit etwa 25.000 Einwohner. Sie ist die südlichste Stadt in Europa, wenn man Zypern und die Kanaren ausnimmt, und auch einer der wärmsten Orte in der EU.

Die Jahresdurchschnittstemperatur von 19,9 Grad liegt über den Temperaturen des deutschen Sommers. Im Januar ist die durchschnittliche Höchsttemperatur 16,5 Grad, das Wasser im Meer hat dann 16 Grad; Strandwetter darf man im Winter trotzdem nicht erwarten. Die Sommer sind lang, sehr trocken, im Juli und August regnet es so gut wie nie, Wolken sind die Ausnahme.

Das trocken-warme Klima lockt auch im Winter vereinzelt Touristen an, besonders Langzeiturlauber. Die Stadt hat eine etwas ländlich langweilige Atmosphäre. Es gibt nach wie vor keinen großen Massentourismus wie an der Nordküste. Die Umgebung ist auch nicht sehr attraktiv. Treibhäuser bestimmen das Bild, auch entlang der Küste. Viele Bewohner der Gegend um Ierapetra leben von der Landwirtschaft. Durch das wärmere Klima als anderswo in Europa ist das Gemüse etwas früher reif. Dadurch lässt sich ein höherer Preis erzielen. In der Regionen werden sogar Bananen angebaut. Hauptprodukte sind jedoch Tomaten und Salat-Gurken.

In der Altstadt sind die schmalen Gassen, in denen man sich leicht verlaufen kann, zu eng für Autos. Die Moschee und ihr Minarett sind in den letzten Jahren aufwändig renoviert worden. Die ins Meer hinausgebaute Festung (17. Jh.) wurde von Piraten aus Venedig errichtet. Das bekannteste Ausstellungsstück des Archäologischen Museums in der vormaligen türkischen Schule ist eine 1,5 m hohe Statue der Madonna aus dem ersten Jahrhundert n. Chr. Sie wurde von einem Bauern bei der Feldarbeit gefunden.

Das Haus, in dem Napoleon hier 1798 übernachtet haben soll, bevor er nach Ägypten weiterzog, ist beschildert. Napoleon sei mit ein paar Seeleuten an Land gegangen, um nach frischem Wasser für seine Schiffe Ausschau zu halten. In kretischer Gastfreundschaft habe ein Einwohner ihn zum Essen eingeladen und ihm Quartier für die Nacht angeboten, jedoch ohne zu wissen, wen er vor sich hatte. Am nächsten Morgen fand der Gastgeber auf dem leeren Bett einen Zettel vor, auf dem sich der General zu erkennen gab.

Das Zentrum hat eine kleine Fußgängerzone mit Geschäften. Große Supermärkte (Lidl) sind 2 km nördlich des Zentrums. Hier kauft man Lebensmittel preiswerter ein als im Zentrum.

Der Strand unweit des Hafens ist abschnittsweise ein Sand-strand, in anderen Bereich ein Kiesstrand. Schöner ist der auch bei Einheimischen beliebte Strand 2 km östlich der Innenstadt in Richtung Makrigialos. Dieser Sandstrand wird von den Kretern als Agios Andreas (Heiliger Andreas) bezeichnet. In den Ortschaften etwa 10 km weiter östlich wie in Agia Fotia gibt es schöne Strände.

Dorf und Gedenkstätte Áno Viánnos

Áno Viánnos liegt an der südlichen Seite des Dikti-Ge-birges in einer durchschnittlichen Höhe von 560 m, etwa 40 km von Ierapetra. Wir halten beim Denkmal für die hingerichteten kretischen Kämpfer im Widerstand gegen die deutschen Besatzer und für die unschuldig Ermordeten in Áno Viánnos. Die Massaker der deutschen Besatzer auf griechischem Boden begannen nämlich auf Kreta. Kretische Dörfer waren die ersten in Griechenland, die verwüstet und entvölkert wurden.

Am 12. September 1943 kam es im Süden Kretas erstmals zu einer direkten Auseinandersetzung zwischen deutschen Besatzern und den erstarkenden Andarten (Partisanen). Da-bei starben 12 Besatzer. Das Dorf Ano Viannos wurde aus Rache zerstört, an seine mehr als 400 ermordeten Bewohner erinnert diese Gedenkstätte. Die Marmorstelen am Rande des Plateaus bilden eine gespenstische Reihe. Auf jeder Stele ist eine Tafel mit Namen der Ermordeten montiert. Nach dem Krieg wurde das Dorf wieder aufgebaut.

In den Commons zum Wikipedia-Artikel über Ano Viannos findet der Leser eine Serie von Fotos aus dem Bundes-archiv; deutsche Landser sind am 6. Juni 1943 durch das Dorf spaziert und haben fotografiert. So bekommt man eine

Vorstellung, wie ein **kretisches Bergdorf vor mehr als 70 Jahren** ausgesehen hat. Das war vor dem Massaker und der Zerstörung.

Zu den Fotographien gehören auch die historischen Originalbeschreibungen, die das Bundesarchiv aus dokumentarischen Gründen übernommen hat. Diese können allerdings fehlerhaft, tendenziös, überholt oder politisch extrem sein. Einige Fehler habe ich korrigiert.

„6. Juni 1943. An der Südküste Kretas. Die Südküste wird jetzt besonders von den deutschen Besatzungstruppen ausgebaut. Von Ano Wianos, einem malerischen Gebirgsdorf im Süden, wird jetzt eine Straße nach Iccapetra (richtig: Ireapetra) ausgebaut." „Ein sehr alter Bergahorn beschließt die alte Dorfstraße." (Es ist eine orientalische Platane, die man häufig auf den Dorfplätzen Kretas bzw. Griechenlands antrifft). „Dorfstraße in Ano Wianos. Steile Gäßchen mit malerischen Winkeln", „Motive in Ano Wianos. Die Getreidemühle mit Wasserantrieb", „Dorfbrunnen enthält klares Gebirgswasser. Eine Seltenheit in den anderen Gebieten der Insel", „Steil geht der Weg in die oberen Etagen des Weges", „Die Wohnhäuser", „Motiv", „Kreta-Frau am Dorfbrunnen", „Ein gut angelegtes Netz von kleinen Wasserrinnen durchfließt sämtliche Terassen des Dorfes. Beim Wäschewaschen." „Das Dorf Ano-Wianos".

Áno Viánnos war nicht das erste kretische Dorf, dem Racheaktionen deutscher Besatzer gegolten hatten. Schon am 3. Juni 1941 hatte es Kandanós getroffen. Die Soldaten töteten die noch im Dorf aufgefundenen alten Männer und Frauen und alles Vieh und zerstörten die Häuser. Ebenfalls im Juni 1941 wurde das Dorf Skines zerstört, seine Frauen und Kinder wurden zwangsumgesiedelt und viele der Männer erschossen.

Besonders perfide waren Geiselnahmen völlig Unbeteiligter. Am 3. Juni 1942 etwa wurden 12 und am 14. Juni 1942 50 ‚Sühnegefangene‘ erschossen. Im August 1944 traf es Anogiá, und zwar nach der Entführung des Generals Kreipe. Alle Einwohner, auch Kinder und Greise, wurden ermordet. Diese Aufzählung ermordeter Kreter und niedergebrannter Orte ist unvollständig. Und doch heißt es im DuMont-Reiseführer Kreta: „Dass Deutsche auf Kreta mit großer Sympathie empfangen werden, selbst an Orten schmerzhafter Erinnerung, beruht nicht auf Vergessen, sondern auf Verzeihung und Aufarbeitung des Geschehenen."

Agía Galíni

Dank seiner malerischen Lage über dem libyschen Meer hat sich Agía Galíni in den 1980er-Jahren von einem kleinen Fischerdorf zu einem Zentrum des Pauschaltourismus entwickelt und verfügt über zahlreiche Hotels, Pensionen, Tavernen, Bars, Diskotheken und einen Campingplatz. Wie in vielen touristischen Zentren findet man in Agía Galíni eine so genannte Fressgasse, in der sich eine Taverne an die andere reiht. Schöne Fotomotive bietet der Hafenplatz mit seinen am Hang hinaufgestaffelten Hausfassaden.
Einige Strände östlich von Agía Galíni sind zu Fuß zu erreichen; es sind überwiegend Kiesstrände. Auch bieten sich die nahen Strände von Agios Georgios und Agios Pavlos an, die mit dem Auto oder Ausflugsbooten erreichbar sind.
Agía Galíni ist der Schauplatz des Romans *Der kretische Gast* von Klaus Modick, der von der deutschen Besatzung Kretas im Zweiten Weltkrieg erzählt.
Agía Galíni ist ein günstiger **Ausgangspunkt für Touren** ins Hinterland sowie zu den Ausgrabungsstätten von Festos,

Agia Triada und Gortys. An jedem Samstag findet in der Kleinstadt Mires ein bunter Wochenmarkt statt.

In der Umgebung von Agía Galíni gibt es attraktive Ortschaften, die einen Ausflug lohnen. Das Dorf **Zaros** liegt nordöstlich von Agía Galíni etwa 37 km entfernt auf einer Höhe von 340 m. Es ist schön in die umgebenden Hügel am Südhang des Ida-Gebirges eingebettet; die beeindruckende Berglandschaft im Hintergrund wird vom Psiloritis (2456 m) dominiert; Ende Mai liegt dort noch Schnee.

Zaros ist bekannt für sein Quellwasser, das man auch in Agía Galíni trinkt. Der Name leitet sich von den altgriechi-schen Wörtern *za* und *rous* ab, ungefähr zu übersetzen mit *wo viel Wasser fließt*. Wegen der Quellen und des Wasserreichtums ist die Gegend auch im Hochsommer üppig grün. Die Besichtigung der Häuser im traditionellen Architektur-Stil und alter Wassermühlen lassen die Zeit im Flug vergehen. Beliebt ist der kleine Votomos-See. In den Tavernen am Ufer isst man fangfrische Forellen. In der Nähe des Sees beginnt die gut begehbar gemachte Rouvas-Schlucht. Einen Besuch wert ist auch das Kloster Vrontissi mit Fresken und Brunnen aus exquisitem Marmor.

Den kleinen Ort **Spili**, 26 km nordwestlich von Agía Galíni in 430 m Höhe, erreichen wir über die Straße nach Réthimnon. Er liegt am Fuß des 930 m hohen Vorizi, der zum Kedros-Massiv gehört. Spili bedeutet Höhle und leitet sich wahrscheinlich ab von den zahlreichen Höhlen im Berg, der mitten im Dorf steil ansteigt. Auch diese Gegend ist wasserreich. In der Dorfmitte steht der venezianische Kefalovrissi-Brunnen; seine 19 Löwen-Köpfe spenden kristallklares Trinkwasser. Naturfreunde kommen im Frühjahr wegen der Wildblumen, der Orchideen und roten Tulpen.

Festós (Phaistós)

Über der Messara-Ebene erhebt sich der minoische Palast von Festós; am Fuße des Hügels sieht man die Reste einer dazugehörigen Stadt. Die Ausgrabungsstätten können besichtigt werden. Man nimmt an, dass die Ebene und der Höhenrücken schon in der späten Jungsteinzeit ab ca. 4.000 v. Chr. besiedelt waren. Um 3.500 v. Chr. lag Phaistos noch unmittelbar an der Meeresbucht des Mires-Beckens. Durch Anlandungs- und Auflandungsprozesse hat sich die Bucht bis 2.100 v. Chr. mit Schwemmsand aufgefüllt.

Von 2.000 bis 1.700 v. Chr. existierte ein erster Palast, der zweimal durch Erdbeben zerstört und wieder aufgebaut wurde. Um 1.600 v. Chr. wurde auf den Ruinen eine neue Anlage errichtet, die wie alle anderen minoischen Zentren um 1.450 v. Chr. der Zerstörung zum Opfer fiel.

Auch in nachminoischer Zeit waren Palast und Umgebung von Bedeutung; Homer erwähnt sie als Teilnehmer am Trojanischen Krieg und nannte sie eine reich bevölkerte Stadt. Nachdem Festos vom benachbarten Gortys Mitte des 2. Jhs. v. Chr. zerstört worden war, erlosch seine Bedeutung.

Der Gang über die Ausgrabungsstätte beginnt am Nordwesthof mit Resten aus hellenistischer Zeit, dann folgen eine große, neunstufige Schautreppe, ein Prozessionsweg, das dreiteilige Heiligtum des Alten Palastes, der Westhof mit gepflasterten Prozessionswegen, daneben Räume und Magazine des Alten Palastes. Eine zwölfstufige Treppe führt in den Neuen Palast. Wir betreten Vorhalle und Lichthof des Propylons mit anschließenden Magazinräumen des Alten Palastes, sehen Magazine aus der Zeit des Neuen Palastes. Neben einigen ‚pithoi' gibt es Steine mit eingeritzten Zeichen zu entdecken (Doppelaxt, Blumen etc.). Der

Pfeilerraum war möglicherweise ein Heiligtum. Kultische Reinigungsbecken sind bis heute gut erhalten geblieben.

Wir betreten den Zentralhof des Alten Palastes. Deutlich sind noch die Säulenstellungen zu erkennen, die einstige Pracht erahnen lassen. Der griechisch-antike Rhea-Tempel ist nur von oben zu sehen. Es folgen Reinigungsbecken aus der Zeit des Neuen Palastes mit Vorraum. Oft als Privatgemächer eines Prinzen bezeichnete Räume hatten wohl eher eine kultische Funktion. Im Zentrum des Osthofs wurde ein Metallschmelzofen freigelegt, im Westen des Hofes Werkstätten. Durch einen weiteren Hof kommen wir zum Megaron der Königin (Raum mit Wandbänken und Lichtschacht in der Mitte) und zum Megaron des Königs. Schließlich erreichen wir den Nordostkomplex des Alten Palastes.

Aus der Zeit um 1.700 v. Chr. stammt einer der berühmtesten Funde, nicht nur von Festos, sondern von ganz Kreta, ausgestellt im Archäologischen Museum von Heráklion (siehe dort): der Diskos von Festós, eine tönerne Scheibe, in der spiralförmig eine bildhafte Schrift eingearbeitet ist, die bis heute nicht zweifelsfrei entziffert werden konnte,

Agia Triada

Der villenähnliche minoische Palast Agia Triada ist 3 km von Festos entfernt, die zweitgrößte Siedlung der minoischen Kultur in der westlichen Messara. Sie wurde nach der zweischiffigen Kirche der ‚Heiligen Dreifaltigkeit‘ aus dem 14. Jh. südwestlich der ehemaligen Palastanlage benannt. Der antike Name ist nicht überliefert.

Bedeutende Funde sind im Archäologischen Museum in Heraklion zu sehen: die berühmte ‚Schnittervase‘ aus schwarzem Steatit und der ‚Prinzenbecher‘. Aus dem Zeitabschnitt 1.350 bis 1.250 v. Chr. stammt ein bemalter Sarkophag: mehrere im Profil dargestellte Priesterinnen bringen ein Stieropfer dar. Der Stier wird auf einem separaten Tisch geschlachtet. Im Hintergrund ist ein Flötenspieler erkennbar. Am rechten Bildrand sind ein Altar, ein mit einer Doppelaxt geschmückter Pfeiler sowie eine Art Schrein mit Doppelhörnern und einem Baum zu erkennen.

Von Agia Triada stammt das größte Archiv mit Linear-A-Täfelchen und Siegeln auf Kreta. Ein Raum, ursprünglich farbenprächtig mit Lilien und Wildkatzen bemalt, kann in restaurierter Form in Heraklion bewundert werden.

150 Meter nordöstlich des Palasts fand man eine Nekropole mit Grabbeigaben, darunter einen Steinsarkophag, dessen bunte Darstellungen auf allen vier Seiten das wichtigste Zeugnis einer religiösen Zeremonie der Minoer bilden.

Górtys (Górtin)

Im Mythos ist **Górtin** (oder Górtyn, neugriechisch Gortys) der Ort, an dem Zeus mit der entführten Europa die Söhne Minos, Sarpedon und Rhadamantys zeugte. Viele Münzen von Gortys zeigen deshalb auch Europa mit dem Stier.

Bedeutung erhielt Gortys mit dem **Einfall der Dorer**. Im 7. Jh. v. Chr. wurden Tempel für Athena und Apollo errichtet, und aus dem 5. Jh. v. Chr. stammt eine berühmte Inschrift, das Recht von Gortys, eine Art Gesetzessammlung, die in ihrer Länge einmalig ist. Die Regelungen betreffen Staats- und Familienrecht, Erbschafts- und Vermögensfragen sowie Themen wie Ehebruch und Vergewaltigung.

Mit Knossos und Festos war Gorthys zeitweise in kriegerische Auseinandersetzungen verwickelt. Nach einem Sieg über Festos verfügte Gortys mit Matala und Levin eine Zeit lang über zwei Häfen, von denen aus reger Handel mit den Ländern des südlichen Mittelmeerraums getrieben wurde.

Die **römische Herrschaft** brachte Gortys den Höhepunkt seiner Macht. Es hatte sich von Anfang an auf die Seite der neuen Herren gestellt, blieb unzerstört und wurde 64 v. Chr. sogar zur Hauptstadt der Provinz ernannt. **Apostel Paulus**, der kurz darauf in Kreta ankam, ließ hier seinen Begleiter Titus zurück. **Titus** wurde von Paulus als der erste Bischof von Kreta eingesetzt, der auch in Gortys seinen Sitz hatte. Unter römischer Herrschaft wurden zahlreiche Bauten errichtet, die teilweise freigelegt wurden und zu beiden Seiten der Durchgangsstraße besichtigt werden können. Die Reste der dreischiffigen **Basilika des Titus** aus dem 6. Jh. sowie das **Odeon** sind dabei die bemerkenswertesten Gebäude. Im 9. Jh. wurde Gortys von einfallenden Arabern zerstört.

Die Titusbasilika – in der heutigen Gestalt aus dem 6. Jh. – wurde einer Legende zufolge an der Stelle errichtet, an der Bischof Titus den Tod als Märtyrer fand und auch begraben wurde. Nach der Zerstörung ragt heute noch der Ostteil des Baus eindrucksvoll gen Himmel.

Nur wenige Schritte sind es zum **Odeon**, einem römischen Theater mit zwei Eingängen, einer halbrunden Orchestra (der Platz zwischen Bühne und Sitzreihen) und immer noch gut erhaltenen Sitzreihen aus Marmor. Gleich dahinter, nur durch ein Gitter zu betrachten, die berühmten, in Stein gemeißelten Gesetze von Gortys, die ihren Platz ursprünglich auf der Agora hatten, so dass jeder Bürger der Stadt sie lesen konnte. Auffallend ist die Anordnung der Zeilen: Die erste Zeile wird von links nach rechts gelesen, die zweite von rechts nach links, die nächste wiederum von links nach rechts usw. Ein Auszug: *Wenn Mann und Frau sich scheiden, soll sie das Ihrige haben, was sie mitbrachte zu dem Manne, und* *von dem Ertrage die Hälfte, wenn solcher aus ihrem eigenen Vermögen vorhanden ist, und von dem, was sie einwob* (erarbeitete), *die Hälfte, was es auch ist ...*

Fast modern mutet diese Regelung der Besitzverhältnisse bei Scheidung an. Doch wer darin Ansätze zur Gleichberechtigung der Geschlechter erkennt, muss sich bei genauer Kenntnis des Textes eines Anderen belehren lassen.

Wie lässt sich der Text einordnen? Die Gesetzesinschriften sind nicht, wie man vielleicht vermuten könnte, die schriftliche Fassung der damals geltenden gesamten Rechtsauffassung. Die vorgefundenen Rechtsbestimmungen lassen eine einsichtige Systematik vermissen, alles deutet darauf hin, dass sie nur Änderungen und Klarstellungen eines älteren Rechtssystems fixieren. Das ältere Recht selbst wurde bisher nicht gefunden. Doch lassen die aufgefundenen Rechtsausführungen in ihrer Konzentration auf bestimmte Themen klare Rückschlüsse zu auf die Problemkreise, die damals offensichtlich einer neuen Regelung bedurften.

Fast alle Ausführungen, ob sie sich mit Ehe und Familie, mit Sklaven oder den Organen der Justiz befassen, berühren Eigentumsfragen. Wir finden zahlreiche Klarstellungen zu Fragen des Erbrechts oder zu Höhe und Art der Abfindungen bei auferlegten Strafen.

Das Recht von Górtys läßt trotz der Lückenhaftigkeit der Texte Rückschlüsse auf die gesellschaftlichen Verhältnisse einer dorischen Stadt zu. Wie im übrigen Griechenland waren Blutsverwandtschaftsverhältnisse die dominierenden Bindungen in der Gesellschaft. Alle Maßnahmen waren darauf ausgerichtet, Besitz und Vermögen innerhalb der Verwandtschaft zu erhalten. So musste eine erbberechtigte Tochter den Bruder ihres Vaters heiraten, damit der Besitz in der eigenen Phyle, der Großfamilie, blieb. Ein unabhängiges Staats- und Gerichtssystem war offensichtlich erst in Ausbildung begriffen, die Verwandtschaftssysteme bestimmten die Rechtsprechung.

Deutlich ist auch die tiefe Verwurzelung des patriarchalen Systems, das kaum Aufweichungen zuließ. Es herrschte absolutes Vaterrecht, ein Kind war, streng genommen, nur mit dem Vater verwandt, nicht mit der Mutter. Der Vater entschied über das Leben des Kindes, war berechtigt es auszusetzen oder zu töten. Erbberechtigt waren prinzipiell die Söhne, nur wenige Abänderungen oder Ausnahmen von dieser Regel waren erlaubt.

Deutlich wird auch die unterschiedliche Behandlung der Menschen im Rechtssystem: *Wer einen Freien oder eine Freie vergewaltigt, soll hundert Stateren erlegen...wenn aber ein Freier einen Häusler oder Häuslerin, soll er fünf Drachmen...erlegen (bezahlen)...Wer seine eigene Sklavin vergewaltigt, soll zwei Stateren bezahlen.* Wenn also in den Inschriften von Górtys zu lesen ist: *Götter! Es beschloß die Stadt der Gortynier...,* so bedeutet das: Hier beschloss der männliche, besitzende Teil der städtischen Bevölkerung.

Mires

Mit etwa 10.000 Einwohnern ist Mires die größte Stadt in der Messara-Ebene. Sie liegt an der vielbefahrenen Landstraße von Timbaki nach Heraklion, über die man auch die antiken Ausgrabungsstätten in der Messara erreicht.

Der Wochenmarkt in Mires ist der größte der Region. Jeden Samstag ab 7 Uhr wird die Hauptstraße gesperrt, und die Stände werden aufgebaut. Auf der Hälfte des 1 km langen Markts werden regionale landwirtschaftliche Produkte wie Obst, Gemüse, Käse, Honig, auch totes und lebendes Getier angeboten. Auf der anderen Hälfte werden Kleidung, Stoffe, Schuhe und Handtaschen verscherbelt, nicht gerade die neueste Mode, dafür günstig. Die Hausfrauen kommen auch nicht zu kurz. Vom Plastikgeschirr bis zum Druckkochtopf kriegt man hier alles. Je weiter man zum Ende des Marktes kommt, desto höher wird die Lautstärke der Marktschreier und umso niedriger die Preise; es wird fast echte Markenware ‚made in fake' an den Kunden gebracht.

Chaniá

Mit 60.000 Einwohnern ist Chaniá die zweitgrößte Stadt Kretas. Chaniá hat mehr Atmosphäre als Iráklion, und anders als dort blieben in Chaniá große Teile des Stadtkerns aus venezianischer und osmanischer Zeit erhalten.
Reizvoll ist die Front ockerfarbener Häuser am **venezianischen Hafen**, auch wenn einige der Gebäude der Restaurierung bedürften. Wer Trubel bis in die Nacht liebt, findet hier Cafés und Tavernen. Eines der auffallenden Gebäude am Hafen ist die **Hassan-Pascha-Moschee**, die 1645 fertiggestellt wurde. Der Name geht auf den Anführer der Türken bei der Eroberung Chaniás zurück. Bekannt ist sie auch als Janitscharen-Moschee, benannt nach der Elitetruppe der osmanischen Sultane. Bis 1923 war das Gebäude Moschee. Heute wird es für Ausstellungen genutzt. Einen Besuch wert ist das Nautische Museum am Hafen.
Das Viertel **Topanas**, das sich an die westliche, also linke Hafenseite anschließt, war gegen Ende der türkischen Herrschaft reichen Christen vorbehalten. Der Name stammt aus türkischer Zeit (türk.: top = Kanonenkugel), als Kanonen hier lagerten. In Topanas stößt man auf Reste osmanischer und venezianischer Architektur, sieht kunstvolle venezia-

nische Fassaden und Portale und osmanische Holzerker. Beachtenswerte venezianische Häuser entdecken wir in der kleinen Straße Aggelou, die zum Hafen hinunterführt.

Südlich schließt sich das ehemals jüdische Viertel **Evraiki** an. Die Venezianer zwangen die Juden, sich ausschließlich dort niederzulassen. Die Rabbiner wohnten in der Kondylaki, Reste der Synagoge sind in der Parallelstraße erhalten.

Im Stadtteil **Kasteli** erstreckte sich das antike **Kydonia**. In Homers Odyssee wird Kydonia zweimal erwähnt, im 3. Gesang, Zeile 292: „Wo der Kydonen Volk …", und im 19. Gesang, Zeile 176: „Aber ich will dir doch, was du mich fragest, verkünden. Kreta ist ein Land im dunkelwogenden Meere, fruchtbar und anmutsvoll und ringsumflossen. Es wohnen dort unzählige Menschen, und ihrer Städte sind neunzig: Völker von mancherlei Stamm und mancherlei Sprachen. Es wohnen dort Achaier, **Kydonen** und eingeborene Kreter, Dorier, welche sich dreifach verteilet, und edle Pelasger. Ihrer Könige Stadt ist Knossos, wo Minos geherrscht hat, der neunjährig mit Zeus, dem großen Gotte, geredet. (Übersetzung von Johann Heinrich Voß, 1781).

In Kasteli stand eine byzantinische Festung, in der später die venezianischen und osmanischen Statthalter residierten. Die Venezianer errichteten längs der heutigen Odós Kanevaro öffentliche Gebäude. Der 2. Weltkrieg hat mit deutschen Bombardierungen das meiste davon zerstört.

Im alten türkischen Viertel **Splantzi** östlich von Kasteli trifft man auf kleine Kirchen, so die venezianische Kirche St. Rocco an der Platía 1821 sowie die Renaissancekirche Agía Ekateríni. Die um 1320 als San Nicolo erbaute, jetzt griechisch-orthodoxe Kirche Agios Nikolaos, auch an der Platia 1821, gehörte ursprünglich zu einem Dominikanerkloster aus dem 13. Jh. Sultan Ibrahim wandelte den venezianischen Bau in eine Moschee um und gab ihr seinen Namen. Auch nach Rückbenennung der Ibrahim-Moschee in Agios-Nikolaos-Kirche behielt die Kirche das Minarett der Moschee an Stelle des rechten Glockenturmes, was ihr in Verbindung mit dem linksseitigen Campanile ein ungewöhnliches Aussehen verleiht. Die Fassade ist klassizistisch-neobyzantinisch. Der Innenraum bietet eine Mischung verschiedener Baustile, von toskanischen und ionischen Säulenordnungen bis zur klassizistischen Kassettendecke. Erhalten ist ein gotischer Chor.

Die **Stadtmauer** ist in Teilen erhalten. Zahlreiche Spolien sind hier verbaut, also Steine von Gebäuden aus der Antike, z.B. liegende Säulentrommeln von römischen Tempeln; die Höhlungen für die Holzzapfen schauen nun zur Straße.

Ein Höhepunkt für Shopping-Freunde ist die klassizistische **Markthalle** südlich, d.h. außerhalb der alten Stadtmauer, vermutlich der schönste Markt Kretas. Sie wurde 1913 nach dem Vorbild der Markthalle von Marseille erbaut. Neben einheimischen Lebensmitteln wie Obst, Gemüse, Fleisch, Käse und Fisch werden auch viele Produkte angeboten, die für Touristen interessant sind, z.B. typische Gewürze und Kräuter aus Kreta, Olivenöl, Raki oder einheimische Süßwaren. Es ist interessant, das laute und rege Handeln in der Markthalle zu beobachten. Vieles ist hier billiger als anderswo in Chaniá. Die Restaurants in der Markthalle sind preiswert und gut. Man sollte daran denken, dass der Markt nur am Vormittag und frühen Nachmittag geöffnet hat. Sonntags und feiertags ist er geschlossen. Sonst sind die Öffnungszeiten in Chaniá dem Tourismus angepasst.

Das **Archäologische Museum** präsentiert in der ehemaligen Klosterkirche des Franziskanerordens San Francesco in der Chalidon 21 Fundstücke aus verschiedenen Epochen der

Ur- und Frühgeschichte Westkretas. Der dreischiffige gotische Bau stammt aus den Jahren 1606 bis 1617 und wurde während der osmanischen Zeit als Jusuf Pascha Moschee in gotischem Stil um etwa ein Drittel erweitert.

Neolithische Keramik, minoische Steinvasen, Gemmen und Keramik, Schriftrelikte in Linear A und B auf gehärtetem Ton, Tonsarkophage und minoischer Goldschmuck sind ausgestellt. Ferner wird ein Überblick über die Besiedlung des Insel-Westens von der geometrischen über die klassisch griechische bis zur römischen Epoche geboten und durch Skulpturen, Goldschmuck, Glas, Terrakotten, Tongefäße, Marmorporträts und Statuen dokumentiert. Bodenmosaiken (3. Jh. n. Chr.) stellen mythologische Szenen dar.

Viele Touristen kommen in Chania an. Einige Kilometer vor der Stadt sind ein **Flughafen** und ein großer Fährhafen. Große Hotels sind nicht direkt in Chania, sondern in den Badeorten einige Kilometer westlich. Es gibt aber auch in Chania selbst mehr als 100 Hotels und Pensionen.

Der Wiederaufbau nach Zerstörungen im 2. Weltkrieg und im Bürgerkrieg führte zu reger Bautätigkeit in Chaniá, vor allem in der Altstadt; sie wurde unter Denkmalschutz gestellt. Die ausufernde Zersiedelung des Umlandes der Stadt konnte nicht verhindert werden.

Réthimnon

Réthimnon, mit 24.000 Einwohnern drittgrößte kretische Stadt, ist ähnlich attraktiv wie Chaniá.

Im Kern der **Altstadt** mit venezianischen Gässchen, mit alten Wappen und lateinischen Inschriften, mit hölzernen Vorbauten, *kiosk* genannt, aus osmanischer Zeit und den Minaretten und Moscheen, die noch ein wenig orientalische

Atmosphäre verbreiten, liegt wohl die größte Faszination dieser Stadt. Bauten der beiden großen Herrschernationen über Kreta, Venezianer und Türken, die über Jahrhunderte hinweg das Bild der Insel mitformten, sind hier auf engstem Raum konzentriert. Sie rufen die Geschichte der Insel und dieser Stadt wach, sie sind sozusagen die vordergründigste Erinnerung daran, welche kulturellen Einflüsse hier wirkten und Spuren hinterließen. Die Mischung aus venezianischer Kunstfertigkeit und osmanisch-fremdartigem Zauber ist es, die eine besondere Atmosphäre schafft.

Zwar reicht die Geschichte der Stadt in spätminoische Zeit zurück, doch erst unter den Venezianern trat sie aus ihrem Dasein als unbedeutende Siedlung heraus und entwickelte sich zu einer bedeutenden Handels- und Verwaltungsstadt, die sie auch in türkischer Zeit blieb. Verbunden mit diesem Aufstieg war eine wachsende kulturelle Bedeutung; ein hohes Niveau in Architektur und Literatur seit dem 16. Jh. zeugen davon. So ist es sicher kein Zufall, wenn heute in Réthimnon die philosophische Fakultät der kretischen Universität untergebracht ist.

Neben Kultur und Kommerz in Réthimnon ist es heute natürlich der 12 km lange Sandstrand, der bereits innerhalb des Stadtgebiets beginnt und Touristen anzieht.

Unser Spaziergang durch die Altstadt beginnt an der Porta Guora, einst das Haupttor, nun letztes Überbleibsel der Stadtmauer (16. Jh.). Erbauer war Michele Sanmichele, der berühmteste venezianische Architekt und Festungsbauer jener Zeit. Die Ethnikis Antistasseos führt uns an der Kirche Agios Franziskos mit sehenswertem Portal und der daneben liegenden ehemaligen Mädchen-Schule mit reliefverzierter Eingangstür vorbei. Dann stehen wir vor der Nerazza-Moschee mit eindrucksvollem kanneliertem Minarett, dem einst größten mohammedanische Gotteshaus der Stadt in der Odos Vernardou. Vor 1657 war das Gebäude eine der Jungfrau Maria geweihte katholische Kirche der Augustinermönche. Ein prächtiges Portal erinnert daran.

An der Platia Petichaki buhlen Tavernen, Kafenia und Geschäfte um der Touristen Gunst. Wir bewundern den **Rimondi-Brunnen.** Er wurde vom venezianischen Präfekten der Stadt, Alvise Rimondi, in Auftrag gegeben und 1629 fertig gestellt. Trinkwasser erhielt die Stadtbevölkerung zu jener Zeit nur an solchen öffentlichen Brunnen. Vier Säulen mit korinthischen Kapitellen bilden sein Schmuckwerk, frisches Nass schießt aus drei Löwenmäulern heraus.

Dann lohnt sich ein Abstecher in die kleine Gasse Souliou mit zahlreichen Geschäften. In den Cafés am Platz trifft sich die Jugend der Stadt, ein lebendiges Fleckchen zum Verweilen. Die **Loggia** aus dem 16. Jh. in der Arkadiou / Ecke Paleologou wurde nach Vorbildern in Florenz und Venedig geschaffen und diente venezianischen Adligen und Lehnsherren als Treffpunkt für Versammlungen, aber auch dem Glücksspiel. Das später in eine Moschee umgewandelte Gebäude zieren an drei Seiten halbrunde Bögen. Durch die Petichaki erreichen wir den venezianischen Hafen, wo sich Tisch an Tisch reiht und Kellner bummelnde Touristen zum Verbleiben nötigen. Der Hafen zählt zu den schönsten Kretas. Reste aus venezianischer und türkischer Zeit blieben erhalten, darunter der kleine Leuchtturm. Die Häuser am Hafenbecken stehen unter Denkmalschutz.

Durch die Salaminos und Chimarras kommen wir zur Fortezza. Diese mächtige Wehranlage innerhalb der selbst noch einmal befestigten Stadt stellt – im Vergleich mit Iraklion oder Chaniá – eine Besonderheit dar. 1573 wurde der Bau begonnen. Der Umfang der Fortezza beträgt 1.300 m.

Unter den Venezianern war die Festung Sitz der Verwaltung, der Militärbehörden und der römischen Bischöfe und diente als Zufluchtsort für die Bevölkerung der Stadt. Nach der Eroberung Réthimnons durch die Osmanen 1646 und der Kapitulation wurde die unversehrt übergebene Fortezza weiter ausgebaut. Die innerhalb ihrer Mauern entstandene ‚Oberstadt' war dicht bebaut; sie wurde nun von Türken und von zum Islam konvertierten Kretern bewohnt.

Wir betreten die Festung durch das Haupttor im Osten. Heute ist der Innenbereich ein großes Freigelände; die alten Häuser sind längst abgerissen. Von den inneren Gebäuden ist neben einigen der Wachhäuser nur noch der ab 1646 auf den Ruinen der Kathedrale San Nicolo errichtete Kuppelbau der **Sultan-Ibrahim-Moschee** erhalten. Nach der Unabhängigkeit von den Osmanen wurde das Minarett der Moschee an deren Westseite abgerissen. Die Kuppel wurde jüngst restauriert. Sie ist aus zahlreichen kleinen Steinen zusammengesetzt, ihr Durchmesser beträgt elf Meter. Auch die Gebetsnische (*mihrab*) ist erhalten geblieben.

Kloster Arkádi

Das 500 m hoch gelegene Kloster Arkadi 23 km südöstlich von Rethimnon stammt aus dem 16./17. Jh., es geht jedoch auf ältere Vorgängerbauten zurück. Die Fassade der Klosterkirche ist im kretisch-venezianischen Stil gestaltet. Küche, Refektorium und ein kleines Museum kann man besichtigen. Kloster Arkadi ist so etwas wie ein Nationalheiligtum der Kreter, markiert es doch in gewisser Hinsicht einen Wendepunkt im Befreiungskampf Kretas.

Die Tragödie begann am 1. Mai 1866, als sich hier zahlreiche Aufständische versammelten und Vertreter für jede der kretischen Provinzen wählten. Für Réthimnon war das der Abt des Klosters Arkadi, Gabriel Marinakis. Das Kloster wurde zu einem Zentrum der revolutionären Aktivitäten. Den osmanischen Behörden blieb das nicht verborgen. Der türkische Pascha forderte den Abt auf, das Kommitee der Aufständischen aufzulösen, andernfalls würde das Kloster zerstört werden. Bereits im Juli verwüsteten türkische Truppen Teile Arkádis, ohne dass dies jedoch zu einer veränderten Haltung des Abts führte. Im September erneuerten die osmanischen Behörden die Warnung, ohne Erfolg.

Am 7. November hatten sich 964 Menschen im Kloster versammelt, darunter 259 Bewaffnet. Die meisten aber waren Frauen und Kinder aus umliegenden Dörfern, die aus Angst vor türkischen Truppen hier Zuflucht gesucht hatten. Am Morgen des 8. November rückten 15.000 türkische Soldaten gegen Arkádi vor. Sie forderten die im Kloster Verschanzten ein letztes Mal zur Kapitulation auf, doch die Antwort bestand aus Gewehrsalven. Ein ungleicher Kampf begann. Den ganzen Tag dauerten die Schießereien an, Frauen und Kinder beteiligten sich nach Kräften an der Verteidigung, auf beiden Seiten gab es viele Tote. Der Klosterhof war von Leichen überdeckt.

Am Morgen des 9. November entbrannte der Angriff neu, die Kanonen der türkischen Truppen brachten das Westtor zum Einsturz, die Soldaten drangen ins Kloster ein. Die Verteidiger beschlossen, sich ins Arsenal zurückzuziehen und dort Feuer zu legen, um nicht in die Hände der Türken zu fallen, getreu der Losung ‚Freiheit oder Tod'. Viele flohen dort hinein. Als sich die Angreifer anschickten einzudringen, schoss einer der Verteidiger mit der Pistole in die aufgehäuften Pulverfässer. Die folgende Explosion tötete Dutzende Verteidiger und Angreifer.

Die Kämpfe waren daraufhin bald beendet, die Türken nahmen Gefangene, nur wenige Verteidiger konnten entfliehen. Unter den Toten war auch Abt Gabriel. Auch die Verluste der Türken waren groß, von 1.500 Gefallenen ist die Rede. Militärisch gesehen war die Verteidigung des Klosters sinnlos, trug jedoch dazu bei, der Weltöffentlichkeit den kretischen Freiheitskampf auf drastische Weise nahe zu bringen. Alljährlich finden vom 7. bis 9. November Gedenkfeiern zum Jahrestag des blutigen Ereignisses statt.

Deutsche Besatzungszeit auf Kreta

Griechenland, zu Anfang des 2. Weltkriegs formal neutral, war nach Annahme der britischen Garantie 1939, der Nichterneuerung des Pakts mit Italien von 1929 und der kriegswirtschaftlichen Unterstützung Großbritanniens faktisch ein Verbündeter der Westmächte. General Metaxas, der Griechenland diktatorisch regierte, lehnte im Oktober 1940 ein italienisches Ultimatum zur Kapitulation ab und konnte die angreifenden italienischen Truppen bis hinter die albanische Grenze zurückdrängen. Die griechische Regierung bat nun Großbritannien um Unterstützung, dessen erste Vorauskommandos schon im November 1940 vom ägyptischen Alexandria aus auf Kreta landeten.

Im April 1941 griff das Deutsche Reich als Verbündeter Italiens in die Kämpfe ein. Die griechischen Verbände und das britische Expeditionskorps wurden geschlagen und ganz Griechenland mit Ausnahme Kretas besetzt. Nach der Kapitulation am 21. April 1941 verließen die griechische Regierung unter dem neuen Ministerpräsidenten Tsouderos sowie König Georg II. das Festland und versuchten, mit britischer Unterstützung von Kreta aus den Widerstand gegen die Achsenmächte fortzusetzen. Chaniá wurde bis Mai 1941 Regierungssitz des unabhängigen Griechenland.

Am 20. Mai begann die Luftlandeschlacht um Kreta; es war das bis dahin größte Luftlandeunternehmen der Geschichte. Die Kämpfe konzentrierten sich auf das Gebiet um Chaniá. Bei ersten Angriffen deutscher Bomber wurde die Altstadt stark beschädigt. Schon am 22. Mai eroberten deutsche Truppen das Flugfeld von Maleme 15 km westlich von.

Trotz starker Verluste der Invasoren hatten die zahlenmäßig überlegenen alliierten Verbände der Griechen, Briten, Australier und Neuseeländer der deutschen Luftüberlegenheit nichts Gleichwertiges entgegenzusetzen. In der Nacht zum 27. Mai beschoss das britische Oberkommando, Kreta zu räumen. Chaniá und der Hafen in der Souda-Bucht fielen in deutsche Hand. Am 29. Mai 1941 kapitulierte auch Rethymnon.

Die alliierten Truppen zogen sich durch die Berge zur Südküste zurück, von wo fast 17.000 Mann der britischen und Empire-Truppen nach Ägypten ausgeschifft werden konnten. Am 1. Juni 1941 hatten die letzten alliierten Verbände und mit ihnen die griechische Regierung, die von Chaniá aus durch die Samaria-Schlucht geflohen war, Kreta verlassen. Viele Griechen und Briten, die kein Evakuierungsschiff mehr erreicht hatten, blieben zurück und hielten sich oft mit Unterstützung der einheimischen Bevölkerung versteckt. Etwa 15.000 alliierte Soldaten gerieten bei der Schlacht um Kreta in deutsche Gefangenschaft. Die Kriegsgefangenenlager befanden sich westlich von Chaniá.

Nach der vollständigen Einnahme der Insel wurde Kreta in zwei Besatzungszonen aufgeteilt. Im äußersten Osten waren italienische Truppen bis 1943 stationiert, der größte Teil mit dem Westen kam unter deutsche Militärverwaltung mit Sitz in Chania.

Viele Kreter ergaben sich jedoch nicht der Besatzungsmacht, sondern führten den Krieg aus dem Untergrund heraus, unterstützt durch den britischen Geheimdienst, als sogenannte Andarten (Partisanen) weiter. Im Herbst 1942 gründete sich aus ihnen die nationalliberal orientierte Widerstandsorganisation *Ethnikis Organosis Kritis* (EOK). Im Laufe der Besatzungszeit nahmen die Auseinandersetzungen an Härte zu, weshalb zeitweise bis zu 50.000 deutsche Wehrmachtsangehörige auf der Insel stationiert wurden. Den auf beiden Seiten blutig geführten Partisanenkämpfen folgten grausame Vergeltungsaktionen der deutschen Truppen an der Zivilbevölkerung, Kriegsverbrechen, bei denen unter anderem 40 Dörfer der Insel zerstört und viele ihrer Einwohner umgebracht wurden.

Auch Einwohner Kretas, die nicht den Andarten zuzurechnen waren, wurden Opfer deutscher Verbrechen während der Besatzungszeit.

Am 29. Mai 1944 umstellten Einheiten unter dem Befehl des Kommandanten der *Festung Kreta*, General Bruno Bräuer, das jüdische Viertel von Chania. Flüchtende Einwohner wurden erschossen. Fast 300 Juden wurden in das Gefängnis *Agia* gebracht und sollten Anfang Juni mit dem Transportschiff *Tanais* in deutsche Konzentrationslager deportiert werden. Die *Tanais* wurde auf der Überfahrt von einem britischen U-Boot torpediert und sank. Fast alle jüdischen wie auch etwa 600 griechische und italienische Gefangene kamen dabei um.

Im Herbst 1944 zogen die deutschen Truppen sich mit etwa 12 000 Soldaten auf die *Kernfestung Westkreta*, das Gebiet um Chaniá, zurück und unternahmen von dort aus bis zum

Juni 1945 noch einzelne Einsätze gegen kretische Partisanen. Chaniá blieb bis zum 23. Mai 1945 besetzt.

Nach der Kapitulation der deutschen Armee sollte die Kernfestung von britischen Truppen übernommen werden. Diese befanden sich bald nach ihrer Ankunft auf der Insel im Kampf gegen die kommunistisch geführte *Griechische Volksbefreiungsarmee* (*ELAS*), dem militärischen Flügel der *Nationalen Befreiungsfront* (*EAM*). Die Briten ließen den Deutschen die Waffen, damit diese nicht den Kretern in die Hände fallen sollten, und ließen sich sogar von deutschen Panzerwagen Geleitschutz geben.

Die Kreter betrachteten diese Wendung ihrer vorherigen Verbündeten als Verrat. So ging der Kampf gegen die deutschen Truppen auf Kreta nahtlos in den Bürgerkrieg über, der zwischen der griechischen Regierung, den Briten und national gesinnten Kräften auf der einen und Linksliberalen, Sozialisten und Kommunisten der ELAS auf der anderen Seite geführt wurde.

Der Bürgerkrieg suchte allerdings Kreta in weit geringerem Maße heim als das griechische Festland. Traditionell war ein Großteil der Kreter antimonarchistisch eingestellt, sodass die von den Briten mit militärischem Nachdruck unterstützte Rückkehr von König Georg II. auch außerhalb der EAM keine breite Unterstützung fand. Die von der nationalen Führung der EAM angeordnete Revolte fand auf Kreta jedoch nicht statt.

Im April 1947 versuchten die Kommunisten erneut einen Aufstand. Die *Demokratische Armee Kretas* wurde aber innerhalb kurzer Zeit entwaffnet, ihr Anführer Podias erschossen.

Quellen

Reiseführer Kreta: von MARCO POLO, vom ADAC, aus dem Michael-Müller-Verlag, von Lonely Planet.

https://de.wikipedia.org/wiki/... Die Artikel in der freien Enzyklopädie Wikipedia stehen unter der GNU-Lizenz für freie Dokumentation. In der Wikipedia sind Listen der Autoren verfügbar.

http://www.schwarzaufweiss.de/kreta/... .htm. Das ist ein Online-Reisemagazin und nennt sich auch Portal deutschsprachiger Reisejournalisten.

www.antikefan.de/staetten/griechenland/kreta/...

www.discoveronfoot.com/kreta

Empfehlenswerte Lektüre zu Knossos und den Minoern:
Baikie, James: The Sea Kings of Crete, London 1910. ISBN 1-4102-1256-4

Fitton, J. Lesley: Die Minoer, Konrad Theiss Verlag, Stuttgart 2004. ISBN 3-8062-1862-5

Pars, Hans: Göttlich aber war Kreta, Dt. Taschenbuch Verlag, München 1981. ISBN 3-423-01649-3

Otto, Brinna: König Minos und sein Volk, Artemis & Winkler Verlag, Düsseldorf/Zürich 1997. ISBN 3-7608-1219-8

Wunderlich, Hans Georg: Wohin der Stier Europa trug, Rowohlt Verlag, Reinbek bei Hamburg 1972. ISBN 3-498-07269-2

Zu den Linearschriften:

Werner Ekschmitt, Die Kontroverse um Linear B, Beck, München, 1982 ISBN 3406009824

Antonin Bartonek, Handbuch des mykenischen Griechisch, Universitätsverlag Winter, 2002, ISBN 3825314359

Deutsche Besatzung:

Die Nazi-Massaker auf Kreta 1941-44, Ursula Wöll, 9.2.2016, in: das Marburger Online-Magazin.

Klaus Modick, Der kretische Gast, Roman, Piper, München, 14. Auflage 2016. ISBN 978-3-492-24206-6

Leprainsel Spinalonga:

Victoria Hislop, Insel der Vergessenen, Roman, Diana Verlag, München, 10. Auflage 2016. ISBN 978-3-453-35160-8

Wolfgang Hachtel,
geboren 1940, studierte Naturwissenschaften, wurde 1971
an der Universität Tübingen promoviert, habilitierte 1982,
ist seit 1989 Professor für Botanik an der Universität Bonn
und Autor zahlreicher fach- und populärwissenschaftlicher
Artikel.
Nach seiner Emeritierung wandte er sich verstärkt der
belletristischen Schriftstellerei zu und verfasste zudem
einige Reiseberichte.

2009 erschienen acht Erzählungen unter dem Titel
Der Fremde und andere Erzählungen.
2010 folgten
Als Wessi in der DDR – Reisen und Begegnungen,
Erinnerungen zwanzig Jahre nach dem Ende des anderen
deutschen Staats, und
Die Söhne der Indios. Roman.
2011:
Grenzen, überall. Ein weiterer Band Kurzgeschichten und
Erzählungen.

Zwischen Algarve und Oman. Reisen + Aktuelle Themen
2015.
Sommer in Hellas mit Berichten über Reisen nach
Griechenland, 2. Auflage 2015.
Oman. Reisen + Themen, 2. Aufl. 2016.

Der Autor ist Erster Preisträger des Bad-Godesberger
Literaturwettbewerbs 2012.

Notizen